財經法規與
會計職業道德

主編　胥愛荣

前　　言

　　會計從業資格證書是會計人員進入會計職業、從事會計工作的一種法定資質，是進入會計職業的「門檻」。「財經法規與會計職業道德」是取得會計從業資格證書的必考科目之一。本教材依據2014年4月財政部修訂的會計從業資格考試大綱及有關法律法規，結合中職學校會計專業「財經法規與會計職業道德」課程教學的需要而編寫，體現了「以就業為導向，以考證為目標」的指導思想。通過對本教材的學習，學生不但可以提升專業素質、會計職業道德修養和就業能力，而且可以為考取會計從業資格證書打下良好的基礎。

　　本教材根據中職教育的特點編寫，既能滿足教學的需要，又能兼顧考證的要求，具有以下特點：

　　1. 內容新。本教材根據《營業稅改徵增值稅試點實施辦法》(財稅〔2016〕36號)詳細介紹了「營改增」的有關內容。根據2015年12月發布的修訂後的《會計檔案管理辦法》，全面細緻地闡述了會計檔案管理的具體規定與要求。

　　2. 緊扣考試大綱。本教材與考試大綱要求完全一致，重點突出，詳略得當，有利於學生順利考取會計從業資格證書。

　　3. 注重邊學習邊訓練。本教材通過每章的「自測題」及時強化學生對知識點的掌握與運用，以提高學習效率。

　　4. 例題豐富。本教材的每個章節都穿插大量的典型例題，通過對這些例題的學習，學生既可以較快地掌握理論知識，也可以為考證儲備知識。

　　5. 注重知識拓展。通過對本教材中「知識連結」的學習，可拓寬學生知識面，開闊學生視野，提高教學效果。

　　6. 在線服務。為幫助廣大考生更好地學習、理解和鞏固教材內容，我們採用了「教材＋題庫」的學習模式，考生可以進行在線練習。

隨著中國財稅制度改革的不斷深化,相關法律法規還在修訂完善,建議授課教師在教學過程中把最新的法律法規及時補充到教學內容中,以便學生能學以致用。

　　本教材既可作為職業學校財經類專業教材,又可作為會計從業資格考試培訓教材。

　　本教材由河南省駐馬店財經學校胥愛榮擔任主編,李琰擔任副主編。參加本教材編寫的有:駐馬店市豫龍同力水泥有限公司總會計師張國民、中國聯通駐馬店市分公司高級會計師謝靜、駐馬店市丁偉會計服務有限公司會計師翟丁偉、駐馬店財經學校李琰、付小峪、於鴿。本教材編寫分工如下:胥愛榮編寫第一章與第三章,李琰編寫第二章,付小峪編寫第三章,於鴿編寫第五章。全書由胥愛榮統稿。

　　本教材是編寫組共同努力的結果,在本教材的編寫過程中,參考了一些權威教材,得到了有關專家及西南財經大學出版社的大力支持與幫助,在此一併表示感謝。由於時間倉促,編者水平有限,書中難免存在紕漏,敬請專家與讀者批評指正。

編　者
2016 年 6 月

目　錄

第一章　會計法律制度 …………………………………………（1）
- 第一節　會計法律制度的概念與構成 ………………………（1）
- 第二節　會計工作管理體制 …………………………………（3）
- 第三節　會計核算 ……………………………………………（7）
- 第四節　會計監督 ……………………………………………（18）
- 第五節　會計機構與會計人員 ………………………………（25）
- 第六節　法律責任 ……………………………………………（37）
- 自測題 …………………………………………………………（40）

第二章　結算法律制度 …………………………………………（49）
- 第一節　現金結算 ……………………………………………（49）
- 第二節　支付結算概述 ………………………………………（53）
- 第三節　銀行結算帳戶 ………………………………………（58）
- 第四節　票據結算方式 ………………………………………（71）
- 第五節　銀行卡 ………………………………………………（85）
- 第六節　其他結算方式 ………………………………………（88）
- 自測題 …………………………………………………………（95）

第三章　稅收法律制度 …………………………………………（105）
- 第一節　稅收概述 ……………………………………………（105）
- 第二節　主要稅種 ……………………………………………（112）
- 第三節　稅收徵收管理 ………………………………………（140）
- 自測題 …………………………………………………………（154）

目　錄

第四章　財政法律制度 ……………………………………………（162）

　　第一節　預算法律制度 ……………………………………（162）

　　第二節　政府採購法律制度 ………………………………（177）

　　第三節　國庫集中收付制度 ………………………………（188）

　　自測題 ………………………………………………………（192）

第五章　會計職業道德 ………………………………………（201）

　　第一節　會計職業道德概述 ………………………………（201）

　　第二節　會計職業道德規範的主要內容 …………………（206）

　　第三節　會計職業道德教育 ………………………………（213）

　　第四節　會計職業道德建設組織與實施 …………………（215）

　　第五節　會計職業道德的檢查與獎懲 ……………………（216）

　　自測題 ………………………………………………………（219）

第一章　會計法律制度

學習目標

1. 瞭解會計法律制度的構成
2. 熟悉會計工作管理體制
3. 熟悉會計檔案管理
4. 熟悉內部控製制度
5. 熟悉會計機構的設置
6. 掌握會計核算的要求
7. 掌握會計工作交接的要求
8. 掌握會計違法行為的法律責任

第一節　會計法律制度的概念與構成

一、會計法律制度的概念

會計法律制度是指國家權力機關和行政機關制定的，用以調整會計關係的各種法律、法規、規章和規範性文件的總稱。

會計作為一項經濟管理工作，首先表現為單位內部的一項經濟管理活動，即對本單位的經濟活動進行核算和監督。在處理經濟業務事項中，必然會涉及有關方面的經濟利益。例如供銷關係、債權債務關係、分配關係、稅款徵納關係、管理與被管理關係等。而會計關係是指會計機構和會計人員在辦理會計事務過程中，以及國家在管理會計工作過程中發生的各種經濟關係。為了規範會計行為和調整會計關係，保證會計工作有序進行，需要國家制定實施一系列的會計法律制度。

二、會計法律制度的構成

中國會計法律制度主要包括會計法律、會計行政法規、會計部門規章和地方性會計法規。

(一)會計法律

會計法律是指由全國人民代表大會及其常務委員會經過一定立法程序制定的有關會計工作的法律。中國目前有兩部會計法律,分別是《中華人民共和國會計法》(以下簡稱《會計法》)和《中華人民共和國註冊會計師法》(以下簡稱《註冊會計師法》)。

1.《會計法》

《會計法》於1985年頒布,1993年、1999年全國人民代表大會常務委員會兩次對《會計法》進行了修訂。現行《會計法》是1999年修訂後自2000年7月1日起施行的。《會計法》屬於會計法律制度中層次最高的法律規範,是中國會計工作的根本大法,是制定其他會計法規的依據,也是指導會計工作的最高準則。

《會計法》第二條規定,國家機關、社會團體、公司、企業、事業單位和其他組織必須依照本法辦理會計事務。

2.《註冊會計師法》

《註冊會計師法》於1993年頒布,自1994年1月1日起施行。該法是規範註冊會計師及其行業行為規範的最高準則,也是中國仲介行業的第一部法律。

(二)會計行政法規

會計行政法規是指由國務院制定發布,或者國務院有關部門擬定並經國務院批准發布,用於調整經濟生活中某些方面會計關係的法律規範。中國當前施行的會計行政法規有兩部,分別是國務院發布的《企業財務會計報告條例》(2000年6月21日發布)和《中華人民共和國總會計師條例》(1990年12月31日發布)。會計行政法規的法律效力僅次於會計法律。

(三)會計部門規章

會計部門規章是指國家主管會計工作的行政部門,即財政部以及其他相關部委根據法律和國務院的行政法規、決定、命令,在本部門的權限範圍內制定的、調整會計工作中某些方面內容的國家統一的會計準則制度和規範性文件,包括國家統一的會計核算制度、會計監督制度、會計機構和會計人員管理制度以及會計工作管理制度等。如財政部發布的《會計從業資格管理辦法》《企業會計準則——基本準則》《會計基礎工作規範》《財政部門實施會計監督辦法》《代理記帳管理辦法》等。

第一章 會計法律制度

國務院其他部門根據其職責權限制定的會計方面的規範性文件也屬於會計規章,但必須報財政部審核或備案。

(四)地方性會計法規

地方性會計法規是指由省、自治區、直轄市人民代表大會或常務委員會在同憲法、會計法律、行政法規和國家統一的會計準則制度不相抵觸的前提下,根據本地區情況制定發布的關於會計核算、會計監督、會計機構和會計人員以及會計工作管理的規範性文件。如《四川省會計管理條例》《雲南省會計條例》等。

此外,實行計劃單列市、經濟特區的人民代表大會及其常務委員會,在憲法、法律和行政法規允許範圍內也可制定會計規範性文件。

[例 1-1] 下列各項中,屬於會計部門規章的有(　　)。

A.《會計法》　　　　　　　　B.《會計從業資格管理辦法》
C.《代理記帳管理辦法》　　　D.《企業財務會計報告條例》

【解析】選 BC。《會計法》屬於會計法律,《企業財務會計報告條例》屬於會計行政法規。

第二節　會計工作管理體制

會計工作管理體制是指國家劃分會計工作管理權限的制度。中國會計工作管理體制主要包括會計工作行政管理、會計工作的自律管理、單位內部的會計工作管理三個方面。

一、會計工作的行政管理

(一)會計工作行政管理體制

中國會計工作行政管理體制實行「統一領導、分級管理」的原則。《會計法》第七條規定,國務院財政部門主管全國的會計工作,縣級以上地方各級人民政府財政部門管理本行政區域內的會計工作。

財政、審計、稅務、人民銀行、證券監管、保險監管等部門應當依照有關法律、行政法規規定的職責對有關單位的會計資料實施監督檢查。

(二)會計工作行政管理的內容

1.制定國家統一的會計準則制度

國家統一的會計準則制度是指在全國範圍內實施的會計工作管理方面的規範

3

性文件。國家統一的會計準則制度由國務院財政部門制定並公布,它主要包括四個方面:國家統一的會計核算制度;國家統一的會計監督制度;國家統一的會計機構和會計人員管理制度;國家統一的會計工作管理制度。

國務院有關部門可以依照《會計法》和國家統一的會計準則制度制定對會計核算和會計監督有特殊要求的行業實施國家統一的會計制度的具體辦法或者補充規定,報國務院財政部門審核批准。各省、自治區、直轄市、計劃單列市財政廳(局)(簡稱省級財政部門)、新疆生產建設兵團財務局、中央軍委後勤保障部和中國人民武裝警察部隊後勤部可以根據《會計法》和國家統一的會計準則制度制定具體實施辦法,並報國務院財政部門備案。

2. 會計市場管理

中國財政部門對會計市場的管理包括會計市場的准入管理、會計市場的運行管理(過程監管)和會計市場的退出管理三個方面。

會計市場的准入管理是指財政部門對會計從業資格的取得、註冊會計師執業資格的取得、會計師事務所的設立、代理記帳機構的設立等進行的條件限制。

會計市場的運行管理是指財政部門對獲準進入會計市場的機構和人員是否按照各項法律法規執行業務所進行的監督和檢查。

會計市場的退出管理是指財政部門對在執業過程中有違反《會計法》和《註冊會計師法》行為的機構和個人進行處罰,情節嚴重的,吊銷其執業資格,強制其退出會計市場。

對會計出版市場、培訓市場、境外「洋資格」的管理也屬於會計市場管理。

3. 會計專業人才評價

目前中國基本形成了階梯式的會計專業人才評價機制,包括初級、中級、高級會計人才評價機制及會計行業領軍人才培養評價等。各級財政部門對先進會計工作者的表彰獎勵也屬於會計人才評價的範疇。

4. 會計監督檢查

財政部門實施的會計監督檢查包括對會計信息質量的檢查、對會計師事務所的執業質量的檢查以及對會計行業自律組織的監督和指導。

財政部組織實施對全國的會計信息質量檢查,並對違法行為實施行政處罰;縣級以上財政部門組織實施本行政區域內的會計信息質量檢查,並依法對本行政區域內單位或人員的違法會計行為實施行政處罰。

財政部組織實施全國會計師事務所的執業質量檢查,並對違反《註冊會計師法》的行為實施行政處罰;省、自治區、直轄市人民政府財政部門組織實施本行政區

第一章　會計法律制度

域內的會計師事務所執業質量檢查，並依法對本行政區域內會計師事務所或註冊會計師違反《註冊會計師法》的行為實施行政處罰。

[例1-2]　主管全國會計工作的政府部門是(　　)。
　　A.稅務部門　　　　　　　　B.監察部門
　　C.審計部門　　　　　　　　D.財政部門
【解析】選D。國務院財政部門主管全國的會計工作，縣級以上地方各級人民政府財政部門管理本行政區域內的會計工作。

二、會計工作的自律管理

(一)中國註冊會計師協會

中國註冊會計師協會是依據《註冊會計師法》和《社會團體登記條例》的有關規定設立，在財政部和理事會領導下開展行業管理和服務的法定組織。

(二)中國會計學會

中國會計學會創建於1980年，是財政部所屬由全國會計領域各類專業組織，以及會計理論界、實務界會計工作者自願結成的學術性、專業性、非營利性社會組織。

(三)中國總會計師協會

中國總會計師協會是經財政部審核同意、民政部正式批准，依法註冊登記成立的跨地區、跨部門、跨行業、跨所有制的非營利性國家一級社團組織，是總會計師行業的全國性自律組織。

三、單位內部的會計工作管理

(一)單位負責人的職責

1.單位負責人的概念

單位負責人是指單位法定代表人或者法律、行政法規規定代表單位行使職權的主要負責人。單位負責人主要包括兩類人員：

(1)單位的法定代表人。單位的法定代表人是指依法代表法人單位行使職權的負責人，如國有企業的廠長(經理)、公司制企業的董事長、國家機關的最高行政官員等。

(2)按照法律、行政法規規定代表非法人單位行使職權的負責人。如代表合夥企業執行合夥企業事務的合夥人、個人獨資企業的投資人等。

2.單位負責人的職責

(1)單位負責人對本單位的會計工作和會計資料的真實性、完整性負責。

(2)單位負責人應當保證會計機構、會計人員依法履行職責。

(3)單位負責人不得授意、指使、強令會計機構和會計人員違法辦理會計事項。

(二)會計機構的設置

各單位應當根據會計業務的需要，設置會計機構，或者在有關機構中設置會計人員並指定會計主管人員；不具備設置條件的，應當委託經批准設立從事會計代理記帳業務的仲介機構代理記帳。

國有的和國有資產占控股地位或者主導地位的大、中型企業必須設置總會計師。設置總會計師的企業，不得設置與其職權重複的副職。

(三)會計人員的選拔任用

從事會計工作的人員，必須取得會計從業資格證書。擔任單位會計機構負責人(會計主管人員)的，除取得會計從業資格證書外，還應當具備會計師以上專業技術職務資格或從事會計工作3年以上經歷。擔任總會計師應當在取得會計師任職資格後，主管一個單位或者單位內部一個重要方面的財務會計工作的時間不少於3年。

取得相關資格或者符合有關條件的會計人員能否具體從事相關工作，由所在單位自行確定。

(四)會計人員迴避制度

國家機關、國有企業、事業單位任用會計人員應當實行迴避制度。單位負責人的直系親屬不得擔任本單位的會計機構負責人、會計主管人員。會計機構負責人、會計主管人員的直系親屬不得在本單位會計機構中擔任出納工作。

直系親屬包括夫妻關係、直系血親關係、三代以內旁系血親以及近姻親關係。直系血親關係是指具有直接血緣關係的親屬，如祖父母、父母、子女等；也包括本來沒有自然的或直接的血緣關係，但法律上確定其地位與血親相等，如養父母和養子女之間的關係。三代以內旁系血親關係包括自己的兄弟姐妹及其子女與父母的兄弟姐妹及其子女。近姻親關係包括配偶的父母、兄弟姐妹、兒女的配偶及兒女配偶的父母。

[例1-3] 下列屬於單位負責人的有(　　)。

A.單位法定代表人　　　　　　B.個人獨資企業的投資人

C.公司制企業的總經理　　　　D.單位總會計師

【解析】選AB。單位負責人主要包括兩類人員：一是單位的法定代表人，是指依法代表法人單位行使職權的負責人，如國有企業的廠長(經理)、公司制企業的董事長、國家機關的最高行政官員等；二是按照法律、行政法規規定代表非法人單位

第一章 會計法律制度

行使職權的負責人,如代表合夥企業執行合夥企業事務的合夥人、個人獨資企業的投資人等。

[例1-4] 單位負責人的直系親屬不得在本單位擔任的會計工作崗位是( )。

A.會計檔案保管員　　　　B.材料會計
C.會計機構負責人　　　　D.出納

【解析】選C。單位負責人的直系親屬不得擔任本單位的會計機構負責人、會計主管人員。

第三節　會　計　核　算

會計核算是會計最基本的職能,是整個會計工作的核心。中國會計法律從以下幾個方面對會計核算進行了統一規定。

一、總體要求

(一)會計核算的依據

各單位必須根據實際發生的經濟業務事項進行會計核算,填製會計憑證,登記會計帳簿,編製財務會計報告。任何單位不得以虛假的經濟業務事項或者資料進行會計核算。

實際發生的經濟業務事項,是指各單位在生產經營或者預算執行過程中發生的包括引起資金增減變化的經濟活動。當然並不是所有實際發生的經濟業務事項都需要進行會計核算,比如,一項投資計劃在制定時無須進行會計核算,在實施這項計劃並引起資金變動時,才需要對投資這種經濟業務事項進行記錄和反應。以實際發生的經濟業務事項為依據進行會計核算,是會計核算客觀性原則的要求,也是保證會計信息真實、可靠的重要前提。

以虛假的經濟業務事項或資料進行會計核算是一種嚴重的違法行為。因為以不真實或虛假的經濟業務事項為依據進行會計核算,據此提供的會計信息不僅沒有可信度,反而會誤導會計信息使用者做出錯誤決策,擾亂社會經濟秩序。

(二)對會計資料的基本要求

會計資料是指在會計核算過程中形成的,記錄和反應實際發生的經濟業務事項的資料,包括會計憑證、會計帳簿、財務會計報告和其他會計資料。

7

1. 會計資料的生成和提供必須符合國家統一的會計準則制度的規定

會計資料作為記錄會計核算過程和結果的載體,它反應單位財務狀況和經營成果等信息,是國家進行宏觀調控、經營者進行管理、投資者進行投資決策的重要依據。會計資料同時也是一種重要的社會資源。因此,會計資料必須符合國家統一的會計準則制度的規定。

使用電子計算機進行會計核算的,其軟件及生成的會計資料也必須符合國家統一的會計準則制度的要求。

2. 提供虛假的會計資料是違法行為

會計資料的真實性與完整性,是對會計資料最基本的質量要求,是會計工作的生命線。任何單位和個人不得偽造、變造會計憑證、會計帳簿和其他會計資料,不得提供虛假的財務會計報告。

所謂偽造會計憑證、會計帳簿及其他會計資料,是指以虛假的經濟業務事項或者資金往來為前提編製虛假的會計憑證、會計帳簿和其他會計資料的行為,即無中生有。如製作假發票、假收據等原始憑證,或者根據偽造的原始憑證編製記帳憑證、登記帳簿等行為。

所謂變造會計憑證、會計帳簿及其他會計資料,是指用塗改、挖補等手段來改變會計憑證、會計帳簿等的真實內容、歪曲事實真相的行為,即篡改事實。如塗改原始憑證中的日期、單價、數量、金額等內容或者根據變造的原始憑證編製記帳憑證、登記帳簿等行為。

所謂提供虛假財務會計報告,是指根據偽造或變造的會計憑證、會計帳簿及其他會計資料編製財務會計報告或直接篡改財務會計報告上的數據,借以誤導會計信息使用者的行為。

[例 1-5] 某縣財政局在對甲公司檢查時發現:該公司根據假發票編製了記帳憑證,登記了會計帳簿,並據此編製了財務會計報告。該公司的違法行為應被認定為( )。

  A. 偽造會計憑證   B. 偽造會計帳簿
  C. 變造會計憑證   D. 提供虛假財務會計報告

【解析】選 ABD。所謂偽造會計憑證、會計帳簿及其他會計資料,是指以虛假的經濟業務事項或者資金往來為前提編製虛假的會計憑證、會計帳簿和其他會計資料的行為,即無中生有。所謂提供虛假財務會計報告,是指根據偽造或變造的會計憑證、會計帳簿及其他會計資料編製財務會計報告或直接篡改財務會計報告上的數據,借以誤導會計信息使用者的行為。

(三)會計核算的其他要求

1. 會計年度

《會計法》規定,中國的會計年度採用公曆制,即會計年度自每年公曆1月1日起至12月31日止。這是為了與中國的財政、計劃、統計、稅務等年度保持一致,以便於國家宏觀經濟管理。

2. 記帳本位幣

《會計法》規定,中國會計核算以人民幣為記帳本位幣。業務收支以人民幣以外的貨幣為主的單位,可以選定其中一種貨幣作為記帳本位幣,但是編製的財務會計報表應當折算為人民幣反應。在境外設立的中國企業向國內報送的財務報表,也應當折算為人民幣反應。

3. 會計文字記錄

會計信息作為一種商業語言和社會資源,必須使用規範統一的文字才能使會計信息使用者真正全面地瞭解會計信息反應的實際情況。因此,《會計法》規定,會計記錄的文字應當使用中文。為了方便使用不同文字的人閱讀會計資料,《會計法》又規定,會計記錄在使用中文的前提下,在民族自治地方,會計記錄可以同時使用當地通用的一種民族文字;在中華人民共和國境內的外商投資企業、外國企業和其他外國組織的會計記錄可以同時使用一種外國文字。

4. 會計處理方法

《會計法》規定,各單位採用的會計處理方法,前後各期應當一致,不得隨意變更;確有必要變更的,應當按照規定進行變更,並將變更的原因、情況及影響在財務會計報告中說明。

滿足下列條件之一的,可以變更會計政策:一是法律、行政法規或國家統一的會計準則制度等要求變更;二是會計政策變更能夠提供更可靠、更相關的會計信息。

二、會計憑證

會計憑證是指記錄經濟業務發生或者完成情況的書面證明,是登記帳簿的依據。填製、審核會計憑證是會計核算工作的首要環節。

會計憑證按照填製程序和用途可分為原始憑證和記帳憑證。

(一)原始憑證

原始憑證是指在經濟業務事項發生時,由經辦人員直接取得或者填製,用以表明某項經濟業務事項已經發生或完成情況,明確有關經濟責任的原始憑據。

1.原始憑證的基本內容

原始憑證應當具備以下基本內容(也稱為原始憑證要素):①憑證的名稱;②填制憑證的日期;③填製憑證的單位名稱或者填製人姓名;④經辦人員的簽名或者蓋章;⑤接受憑證的單位名稱;⑥經濟業務內容;⑦經濟業務事項的數量、單價和金額。

2.原始憑證填製的基本要求

原始憑證的填製必須符合下列要求:記錄真實;內容完整;手續完備;書寫清楚、規範;連續編號;不得塗改、刮擦、挖補;填製及時。

3.原始憑證的審核

會計機構、會計人員必須按照國家統一會計準則制度的規定審核原始憑證。經審核的原始憑證應按以下不同情況處理:

(1)對於不真實、不合法的原始憑證,會計人員有權不予受理,並向單位負責人報告,請求查明原因,追究有關當事人的責任。

(2)對於真實、合法、合理,但內容不完整、填寫有誤的原始憑證,會計人員應予以退回,並要求經辦人員按照國家統一會計準則制度的規定進行更正、補充。

(3)對於完全符合要求的原始憑證,應及時據以填製記帳憑證入帳。

4.原始憑證的錯誤更正

為了規範填製原始憑證的內容,明確相關人員的經濟責任,防止利用原始憑證進行舞弊,《會計法》《會計基礎工作規範》對原始憑證錯誤的更正做出了具體規定,其內容包括:

(1)原始憑證所記載的各項內容均不得塗改。

(2)原始憑證記載的內容有錯誤的,應當由開具單位重開或更正,更正工作須由原始憑證出具單位進行,並在更正處加蓋出具單位印章。

(3)原始憑證金額出現錯誤的,不得更正,只能由原始憑證開具單位重新開具。

(4)原始憑證開具單位應當依法開具準確無誤的原始憑證,對於填製有誤的原始憑證,負有更正和重新開具的法律義務,不得拒絕。

(二)記帳憑證

記帳憑證,又稱記帳憑單,是指會計人員根據審核無誤的原始憑證,按照經濟業務的內容加以歸類,並據以確定會計分錄後所填製的會計憑證。記帳憑證是登記帳簿的直接依據。

1.記帳憑證的基本內容

記帳憑證應當具備以下基本內容:①填製憑證的日期;②憑證編號;③經濟業

務事項摘要；④會計科目；⑤金額；⑥所附原始憑證張數；⑦填製憑證人員、稽核人員、記帳人員、會計機構負責人、會計主管人員簽名或者蓋章。收款和付款記帳憑證還應當由出納人員簽名或者蓋章。

以自制的原始憑證或者原始憑證匯總表代替記帳憑證的，也必須具備記帳憑證應有的項目。

2.記帳憑證填製的基本要求

記帳憑證根據審核無誤的原始憑證或原始憑證匯總表填製。記帳憑證填製正確與否，直接影響整個會計系統最終提供信息的質量。記帳憑證填製的要求具體如下：

(1)記帳憑證各項內容必須完整，書寫應當清楚、規範。

(2)除結帳和更正錯誤的記帳憑證可以不附原始憑證外，其他記帳憑證必須附原始憑證。

(3)記帳憑證可以根據每一張原始憑證填製，或根據若干張同類原始憑證匯總填製，也可以根據原始憑證匯總表填製，但不得將不同內容和類別的原始憑證匯總填製在一張記帳憑證上。

(4)一張原始憑證所列支出需要幾個單位共同負擔的，應當將其他單位負擔的部分，開給對方原始憑證分割單，進行結算。

(5)記帳憑證應連續編號。如果一筆經濟業務需要填製兩張以上(含兩張)記帳憑證的，可以採用「分數編號法」編號。

(6)填製記帳憑證時若發生錯誤，應當重新填製。

(7)記帳憑證填製完成後，如有空行，應當自金額欄最後一筆金額數字下的空行處至合計數上的空行處劃線註銷。

3.記帳憑證的審核

為了保證會計信息的質量，在記帳之前應由有關稽核人員對記帳憑證進行嚴格的審核，審核的內容主要包括內容是否真實、項目是否齊全、科目是否正確、金額是否正確、書寫是否規範、手續是否完備等。

三、會計帳簿

會計帳簿是指由一定格式的帳頁組成的，以經過審核的會計憑證為依據，全面、系統、連續地記錄各項經濟業務的簿籍。設置和登記帳簿，是編製財務報表的基礎，是連接會計憑證和財務報表的中間環節。

(一)建帳的法律規定

各單位在建帳時應遵守以下要求：

(1)國家機關、社會團體、企業、事業單位和其他經濟組織,要按照要求設置會計帳簿,進行會計核算。不具備建帳條件的,應實行代理記帳。

(2)設置會計帳簿的種類和具體要求,要符合《會計法》和國家統一的會計準則制度的規定。

(3)各單位發生的經濟業務事項應當在依法設置的會計帳簿上統一登記、核算,不得違反《會計法》和國家統一的會計準則制度的規定私設會計帳簿進行登記、核算。

(二)會計帳簿的登記要求

根據有關規定,會計帳簿的登記應符合以下要求:

(1)必須以經過審核無誤的會計憑證為依據登記會計帳簿。這是基本的會計記帳規則,是保證會計帳簿記錄質量的重要環節。

(2)按照記帳規則登記會計帳簿。《會計工作基礎規範》中規定的記帳規則包括:會計帳簿應當按照連續編號的頁碼順序登記;會計帳簿記錄發生錯誤或隔頁、缺號、跳行的,應當按照會計準則制度規定的方法更正,並由會計人員和會計機構負責人(會計主管人員)在更正處蓋章,以明確責任等。

(3)實行會計電算化的單位,其會計帳簿的登記、更正,也應當符合國家統一的會計制度的規定。

(4)禁止帳外設帳。各單位發生的各項經濟業務事項應當在依法設置的會計帳簿上統一登記、核算,不得私設帳外帳。

(三)帳目核對

帳目核對也稱對帳,是保證會計帳簿記錄質量的重要程序。根據《會計法》規定,帳目核對要做到帳實相符、帳證相符、帳帳相符。

1.帳實相符

帳實相符是會計帳簿記錄與實物、款項實有數核對相符的簡稱。通過會計帳簿記錄與實物、款項的實有數相核對,可以檢查、驗證會計帳簿記錄的正確性,發現財產物資和現金管理中存在的問題,有利於查明原因、明確責任,有利於改善管理、提高效益,有利於保證會計資料真實、完整。

2.帳證相符

帳證相符是會計帳簿記錄與會計憑證有關內容核對相符的簡稱。通過帳證核對,可以檢查、驗證會計帳簿記錄和會計憑證的內容是否正確無誤,以保證會計帳簿資料真實、完整。各單位應當定期將會計帳簿記錄與其相應的會計憑證記錄逐

項核對,檢查是否一致。

3.帳帳相符

帳帳相符是會計帳簿之間對應記錄核對相符的簡稱。通過定期核對帳帳之間的記錄,可以檢查、驗證、確認會計帳簿記錄的正確性,便於及時發現問題,糾正錯誤,保證會計資料的真實、完整和準確無誤。

4.帳表相符

帳表相符是會計帳簿記錄與會計報表有關內容核對相符的簡稱。會計報表是根據會計帳簿記錄及有關資料編製的,兩者之間存在著必然的聯繫。通過檢查帳表之間的相互關係,可以發現其中是否存在違法行為。

四、財務報表

財務報表是對企業財務狀況、經營成果和現金流量的結構性表述。財務報表至少應當包括下列組成部分:資產負債表、利潤表、現金流量表、所有者權益(或股東權益)變動表和附註。財務報表中,上述組成部分具有同等的重要程度。

財務報表應當由單位負責人和主管會計工作的負責人、會計機構負責人(會計主管人員)簽名並蓋章;設置總會計師的單位,還須由總會計師簽名並蓋章。

單位負責人應當保證財務報表真實、完整。財務報表雖然主要由會計人員編製,但財務報表的編製不是會計人員的個人行為,單位負責人作為法定代表人,依法代表單位行使職權,應當對本單位對外提供的財務報表負責。

各單位應當按照規定的期限,及時對外提供財務報表。凡是法律、行政法規規定財務報表須經註冊會計師審計的單位,應將註冊會計師及其所在的會計師事務所出具的審計報告隨同財務報表一併提供。

[例1-6] 按照《會計法》的規定,下列應當在財務會計報告上簽名並蓋章的有( )。

A.單位負責人　　　　　　B.主管會計工作的負責人
C.出納　　　　　　　　　D.會計機構負責人

【解析】選ABD。財務報表應當由單位負責人和主管會計工作的負責人、會計機構負責人(會計主管人員)簽名並蓋章。設置總會計師的單位,還須由總會計師簽名並蓋章。

五、會計檔案管理

(一)會計檔案的內容

會計檔案是指單位在進行會計核算等過程中接收或形成的,記錄和反應單位

經濟業務事項的,具有保存價值的文字、圖表等各種形式的會計資料,包括通過計算機等電子設備形成、傳輸和存儲的電子會計檔案。會計檔案具體包括以下幾類:

1. 會計憑證類

會計憑證類包括原始憑證與記帳憑證。

2. 會計帳簿類

會計帳簿類包括總帳、明細帳、日記帳、固定資產卡片及其他輔助性帳簿。

3. 財務會計報告類

財務會計報告類包括月度、季度、半年度、年度財務會計報告。

4. 其他會計資料類

其他會計資料類包括銀行存款餘額調節表、銀行對帳單、納稅申報表、會計檔案移交清冊、會計檔案保管清冊、會計檔案銷毀清冊、會計檔案鑒定意見書及其他具有保存價值的會計資料。

(二)會計檔案的管理部門

財政部和國家檔案局主管全國會計檔案工作,並共同制定全國統一的會計檔案工作制度,對全國會計檔案工作實行監督和指導。縣級以上地方人民政府財政部門和檔案行政管理部門管理本行政區域內的會計檔案工作,並對本行政區域內會計檔案工作實行監督和指導。

單位應當加強會計檔案管理工作,建立和完善會計檔案的收集、整理、保管、利用和鑒定銷毀等管理制度,採取可靠的安全防護技術和措施,保證會計檔案的真實、完整、可用、安全。

單位的檔案機構或者檔案工作人員所屬機構(以下統稱單位檔案管理機構)負責管理本單位的會計檔案。單位也可以委託具備檔案管理條件的機構代為管理會計檔案。

(三)會計檔案的歸檔

各單位每年形成的會計檔案,應當由單位的會計機構或會計人員所屬機構(以下統稱單位會計管理機構)按照歸檔範圍和歸檔要求負責整理立卷歸檔,編製會計檔案保管清冊。

當年形成的會計檔案,在會計年度終了後,可由單位會計管理機構臨時保管一年,再移交單位檔案管理機構保管。因工作需要確需推遲移交的,應當經單位檔案管理機構同意。

單位會計管理機構臨時保管會計檔案最長不超過三年。臨時保管期間,會計檔案的保管應當符合國家檔案管理的有關規定,並且出納人員不得兼管會計檔案。

(四)會計檔案的移交

單位會計管理機構在辦理會計檔案移交時,應當編製會計檔案移交清冊,並按照國家檔案管理的有關規定辦理移交手續。

電子會計檔案移交時應當將電子會計檔案及其元數據一併移交,且文件格式應當符合國家檔案管理的有關規定。特殊格式的電子會計檔案應當與其讀取平臺一併移交。

單位檔案管理機構接收電子會計檔案時,應當對電子會計檔案的準確性、完整性、可用性、安全性進行檢測,符合要求的才能接收。

建設單位在項目建設期間形成的會計檔案,需要移交給建設項目接受單位的,應當在辦理竣工財務決算後及時移交,並按照規定辦理交接手續。

(五)會計檔案的查閱

單位保存的會計檔案一般不得對外借出。確因工作需要且根據國家有關規定必須借出的,應當嚴格按照規定辦理相關手續。

會計檔案借用單位應當妥善保管和利用借入的會計檔案,確保借入會計檔案的安全、完整,並在規定時間內歸還。

單位的會計檔案及其複製件需要攜帶、寄運或者傳輸至境外的,應當按照國家有關規定執行。

(六)會計檔案的保管期限

會計檔案的保管期限分為永久和定期兩類。定期保管會計檔案期限一般分為10年和30年。會計檔案的保管期限,從會計年度終了後的第一天算起。企業和其他組織會計檔案保管期限見表1-1。

表1-1　　　　　　　　　　企業和其他組織會計檔案保管期限表

序　號	檔案名稱	保管期限	備　註
一	會計憑證類		
1	原始憑證	30年	
2	記帳憑證	30年	
二	會計帳簿類		
3	總帳	30年	
4	明細帳	30年	
5	日記帳	30年	

表 1-1(續)

序　號	檔案名稱	保管期限	備　註
6	固定資產卡片		固定資產報廢清理後保管5年
7	其他輔助性帳簿	30年	
三	**財務會計報告類**		
8	月度、季度、半年度財務會計報告	10年	
9	年度財務會計報告	永久	
四	**其他會計資料**		
10	銀行存款餘額調節表	10年	
11	銀行對帳單	10年	
12	納稅申報表	10年	
13	會計檔案移交清冊	30年	
14	會計檔案保管清冊	永久	
15	會計檔案銷毀清冊	永久	
16	會計檔案鑒定意見書	永久	

註：本表中會計檔案保管期限為最低保管期限。

知識鏈接

　　同時滿足下列條件的,單位內部形成的、屬於歸檔範圍的電子會計資料可僅以電子形式保存,形成電子會計檔案：①形成的電子會計資料來源真實、有效,由計算機等電子設備形成和傳輸；②使用的會計核算系統能夠準確、完整、有效接收和讀取電子會計資料,能夠輸出符合國家標準歸檔格式的會計憑證、會計帳簿、財務會計報表等會計資料,設定了經辦、審核、審批等必要的審簽程序；③使用的電子檔案管理系統能夠有效接收、管理、利用電子會計檔案,符合電子檔案的長期保管要求,並建立了電子會計檔案與相關聯的其他紙質會計檔案的檢索關係；④採取有效措施,防止電子會計檔案被篡改；⑤建立電子會計檔案備份制度,能夠有效防範自然災害、意外事故和人為破壞的影響；⑥形成的電子會計資料不屬於具有永久保存價值或者其他重要保存價值的會計檔案。

　　單位從外部接收的電子會計資料滿足上述規定的條件且附有符合《中華人民共和國電子簽名法》規定的電子簽名的,可僅以電子形式歸檔保存,形成電子會計檔案。

第一章　會計法律制度

(七)會計檔案的銷毀

單位應當定期對已到保管期限的會計檔案進行鑒定,並形成會計檔案鑒定意見書。經鑒定,仍需繼續保存的會計檔案,應當重新劃定保管期限;對保管期滿,確無保存價值的會計檔案,可以銷毀。

會計檔案鑒定工作應當由單位檔案管理機構牽頭,組織單位會計、審計、紀檢監察等機構或人員共同進行。

1.銷毀程序

經鑒定可以銷毀的會計檔案,應當按照以下程序銷毀:

(1)單位檔案管理機構編製會計檔案銷毀清冊,列明擬銷毀會計檔案的名稱、卷號、冊數、起止年度、檔案編號、應保管期限、已保管期限和銷毀時間等內容。

(2)單位負責人、檔案管理機構負責人、會計管理機構負責人、檔案管理機構經辦人、會計管理機構經辦人在會計檔案銷毀清冊上簽署意見。

(3)單位檔案管理機構負責組織會計檔案銷毀工作,並與會計管理機構共同派員監銷。監銷人在會計檔案銷毀前,應當按照會計檔案銷毀清冊所列內容進行清點核對;在會計檔案銷毀後,應當在會計檔案銷毀清冊上簽名或蓋章。

電子會計檔案的銷毀還應當符合國家有關電子檔案的規定,並由單位檔案管理機構、會計管理機構和信息系統管理機構共同派員監銷。

2.不得銷毀的會計檔案

對於保管期滿但未結清的債權債務會計憑證和涉及其他未了事項的會計憑證,不得銷毀,紙質會計檔案應當單獨抽出立卷,電子會計檔案單獨轉存,保管到未了事項完結時為止。

單獨抽出立卷或轉存的會計檔案,應當在會計檔案鑒定意見書、會計檔案銷毀清冊和會計檔案保管清冊中列明。

[例1-7]　下列屬於會計檔案的有(　　)。

　　A.會計憑證　　　　　　　B.會計檔案保管清冊
　　C.財務報表　　　　　　　D.財務計劃

【解析】選ABC。財務計劃屬於文書檔案。

[例1-8]　下列屬於需要永久保管的會計檔案有(　　)。

　　A.會計檔案保管清冊　　　B.庫存現金日記帳
　　C.會計檔案移交清冊　　　D.年度財務報表

【解析】選AD。需要永久保管的會計檔案有年度財務會計報告、會計檔案保管清冊、會計檔案銷毀清冊和會計檔案鑒定意見書。

第四節 會計監督

會計監督是會計的基本職能之一,是中國經濟監督體系的重要組成部分。目前中國已形成了三位一體的會計監督體系,包括單位內部會計監督、以政府財政部門為主體的政府監督和以註冊會計師為主體的社會監督。

一、單位內部會計監督

(一)單位內部會計監督的概念

單位內部會計監督是指會計機構、會計人員依照法律的規定,通過會計手段對經濟活動的合法性、合理性和有效性進行的一種監督。

(二)會計機構、會計人員在單位內部會計監督中的職責

(1)依法開展會計核算與會計監督,對違反《會計法》和國家統一的會計準則制度規定的會計事項,有權拒絕辦理或者按照職權予以糾正。

(2)對單位內部的會計資料和財產物資實施監督。發現會計帳簿記錄與實物、款項及有關資料不相符的,按照國家統一的會計準則制度的規定有權自行處理的,應當及時處理;無權處理的,應當立即向單位負責人報告,請求查明原因,做出處理。

任何人都應當支持會計機構、會計人員依法行使會計監督權。一切妨礙、阻撓會計機構、會計人員進行會計監督的行為都是違法行為。

(三)建立單位內部會計監督制度的要求

各單位應當建立、健全本單位內部會計監督制度。單位內部會計監督制度應當符合下列要求:

(1)記帳人員與經濟業務或會計事項的審批人員、經辦人員、財物保管人員的職責權限應當明確,並相互分離、相互制約。

(2)重大對外投資、資產處置、資金調度和其他重要經濟業務,應當明確其決策和執行程序,並體現相互監督、相互制約的要求。

(3)財產清查的範圍、期限和組織程序應當明確。

(4)對會計資料定期進行內部審計的辦法和程序應當明確。

(四)內部控製

1. 內部控製的概念與目標

對企業而言,內部控製是指由企業董事會、監事會、經理層和全體員工實施的、

旨在實現控制目標的過程。對行政事業單位而言,內部控製是指單位為實現控製目標,通過制定制度、實施措施和執行程序,對經濟活動的風險進行防範和管控。

企業內部控製的目標主要包括合理保證企業經營管理合法合規、資產安全、財務報告及相關信息真實完整,提高經營效率和效果,促進企業實現發展戰略。行政事業單位內部控製的目標主要包括合理保證單位經濟活動合法合規、資產安全和使用有效、財務信息真實完整,有效防範舞弊和預防腐敗,提高公共服務的效率和效果。

2. 內部控製的原則

企業、行政事業單位建立與實施內部控製,均應遵循全面性原則、重要性原則、制衡性原則和適應性原則。此外,企業還應遵循成本效益原則。

全面性原則是指內部控製應當貫穿決策、執行和監督的全過程,覆蓋企業及其所屬單位的各種業務和事項,實現全過程、全員性控製,不存在內部控製空白點。

重要性原則是指內部控製應當在兼顧全面控製的基礎上,關注重要業務事項和高風險領域,並採取更為嚴格的控製措施,確保不存在重大缺陷。

制衡性原則是指內部控製應當在治理結構、機構設置及權責分配、業務流程等方面形成相互制約、相互監督的機制,同時兼顧營運效率。制衡性原則要求企業完成某項工作必須經過互不隸屬的兩個或兩個以上的崗位和環節,同時還要求履行內部控製監督職責的機構或人員具有良好的獨立性。

適應性原則是指內部控製應當與企業經營規模、業務範圍、競爭狀況和風險水平等相適應,並隨著情況的變化加以調整。

成本效益原則是指內部控製應當權衡實施成本與預期效益,以適當的成本實現有效控製。

3. 內部控製的責任人

對企業而言,董事會負責內部控製的建立健全和有效實施。監事會對董事會建立與實施內部控製進行監督。經理層負責組織領導企業內部控製的日常運行。企業應當成立專門機構或者指定適當的機構具體負責組織協調內部控製的建立實施及日常工作。

對行政事業單位而言,單位負責人對本單位內部控製的建立健全和有效實施負責。單位應當建立適合本單位實際情況的內部控製體系,並組織實施。

4. 內部控製的內容

企業建立與實施有效的內部控製應當包括下列要素：內部環境、風險評估、控製活動、信息與溝通和內部監督。

內部環境是指企業實施內部控製的基礎，一般包括治理結構、機構設置及權責分配、內部審計、人力資源政策、企業文化等。

風險評估是指企業及時識別、系統分析經營活動中與實現內部控製目標相關的風險，合理確定風險應對策略。

控製活動是指企業根據風險評估結果，採用相應的控製措施，將風險控製在可承受度之內。

信息與溝通是指企業及時、準確地收集、傳遞與內部控製相關的信息，確保信息在企業內部、企業與外部之間進行有效溝通。

內部監督是指企業對內部控製建立與實施情況進行監督檢查，評價內部控製的有效性，發現內部控製缺陷，應當及時加以改進。

行政事業單位建立與實施內部控製的具體工作包括梳理單位各類經濟活動的業務流程，明確業務環節，系統分析經濟活動風險，確定風險點，選擇風險應對策略，在此基礎上根據國家有關規定建立健全單位各項內部管理制度並督促相關工作人員認真執行。

5. 內部控製的控製措施

企業內部控製的控製措施一般包括不相容職務分離控製、授權審批控製、會計系統控製、財產保護控製、預算控製、營運分析控製和績效考評控製等。

（1）不相容職務分離控製要求企業全面系統地分析、梳理業務流程中所涉及的不相容職務，實施相應的分離措施，形成各司其職、各負其責、相互制約的工作機制。

不相容職務是指那些如果由一個人擔任，既可能發生錯誤和舞弊行為，又可能發生掩蓋其錯誤和弊端行為的職務。不相容職務主要包括審批與業務經辦、業務經辦與會計記錄、業務經辦與業務審核、會計記錄與財產保管等職務。

（2）授權審批控製要求企業根據常規授權和特別授權的規定，明確各崗位辦理業務和事項的權限範圍、審批程序和相應責任。

企業應當編製常規授權的權限指引，規範特別授權的範圍、權限、程序和責任，

第一章 會計法律制度

嚴格控制特別授權。常規授權是指企業在日常經營管理活動中按照既定的職責和程序進行的授權。特別授權是指企業在特殊情況、特定條件下進行的授權。

企業各級管理人員應當在授權範圍內行使職權和承擔責任。

企業對於重大的業務和事項,應當實行集體決策審批或者聯簽制度,任何個人不得單獨進行決策或者擅自改變集體決策。

(3)會計系統控制要求企業嚴格執行國家統一的會計準則制度,加強會計基礎工作,明確會計憑證、會計帳簿和財務會計報告的處理程序,保證會計資料真實完整。

(4)財產保護控制要求企業建立財產日常管理制度和定期清查制度,採取財產記錄、實物保管、定期盤點、帳實核對等措施,確保財產安全。企業應當嚴格限制未經授權的人員接觸和處置資產。

(5)預算控制要求企業實施全面預算管理制度,明確各責任單位在預算管理中的職責權限,規範預算的編製、審定、下達和執行程序,強化預算約束。

(6)營運分析控制要求企業建立營運情況分析制度,經理層應當綜合運用生產、購銷、投資、籌資、財務等方面的信息,通過因素分析、對比分析、趨勢分析等方法,定期開展營運情況分析,發現存在的問題,及時查明原因並加以改進。

(7)績效考評控制要求企業建立和實施績效考評制度,科學設置考核指標體系,對企業內部各責任單位和全體員工的業績進行定期考核和客觀評價,將考評結果作為確定員工薪酬以及職務晉升、評優、降級、調崗、辭退等的依據。

行政事業單位內部控制的控制措施一般包括不相容崗位相互分離、內部授權審批控制、歸口管理、預算控制、財產保護控制、會計控制、單據控制、信息內部公開等。

(五)內部審計

1. 內部審計的概念

內部審計是指通過單位內部獨立的審計機構和審計人員審查和評價本部門、本單位財務收支和其他經營活動以及內部控制的適當性、合法性和有效性來促進單位目標的實現。內部審計是單位內部一種獨立客觀的監督和評價活動。

2. 內部審計的內容及特點

內部審計的內容是一個不斷發展變化的範疇,主要包括財務審計、經營審計、經濟責任審計、管理審計和風險管理等。

內部審計的審計機構和審計人員都設在本單位內部,審計的內容更側重於經營過程是否有效、各項制度是否得到遵守與執行。審計結果的客觀性和公正性較

低,並且以建議性意見為主。

3.內部審計的作用

內部審計在單位內部會計監督制度中的重要作用主要體現在以下三個方面:

(1)預防保護作用。內部審計機構通過對會計部門工作的監督,有助於強化單位內部管理控製制度,及時發現問題,糾正錯誤,堵塞管理漏洞,減少損失,保護資產的安全與完整,提高會計資料的真實性、可靠性。

(2)服務促進作用。內部審計機構作為企業內部的一個職能部門,熟悉企業的生產經營活動等情況,工作便利。因此,通過內部審計,可在企業改善管理、挖掘潛力、降低生產成本、提高經濟效益等方面起到積極的促進作用。

(3)評價鑒證作用。內部審計是基於受託經濟責任的需要而產生和發展起來的,是經營管理分權制的產物。隨著企業單位規模的擴大,管理層次增多,對各部門經營業績的考核與評價是現代管理不可缺少的組成部分。通過內部審計,可以對各部門活動做出客觀、公正的審計結論和意見,起到評價和鑒證的作用。

[例 1-9] 企業、行政事業單位均應遵循的內部控製原則包括( )。

　　A.全面性原則　　　　　　B.成本效益原則

　　C.適應性原則　　　　　　D.重要性原則

【解析】選 ACD。企業、行政事業單位建立與實施內部控製,均應遵循全面性原則、重要性原則、制衡性原則和適應性原則。此外,企業還應遵循成本效益原則。

二、會計工作的政府監督

(一)會計工作政府監督的概念

會計工作的政府監督主要是指財政部門代表國家對單位和單位中相關人員的會計行為實施的監督檢查,以及依法對違法會計行為實施的行政處罰。會計工作的政府監督是一種外部監督。

財政部門是會計工作政府監督的實施主體。除財政部門外,審計、稅務、人民銀行、銀行監管、證券監管、保險監管等部門依照有關法律、行政法規規定的職責和權限,可以對有關單位的會計資料實施監督檢查。

(二)財政部門會計監督的主要內容

財政部門實施會計監督檢查的內容主要包括:

1.對單位依法設置會計帳簿的檢查

對單位依法設置會計帳簿的檢查具體包括按照國家的相關法律、行政法規和國家統一的會計制度的規定,應當設置會計帳簿的單位是否設置會計帳簿;已經設

置會計帳簿的單位,所設置的會計帳簿是否符合相關法律、行政法規和國家統一會計制度的要求;各單位是否存在帳外設帳的違法行為等。

2. 對單位會計資料真實性、完整性的檢查

對單位會計資料真實性、完整性的檢查具體包括各單位對所發生的經濟業務事項是否及時辦理會計手續,進行會計核算;各單位的會計資料是否與實際發生的經濟業務事項相符,是否完整;各單位財務會計報告的內容是否符合法律、行政法規和國家統一會計準則制度的規定;使用的會計軟件及其生成的會計資料是否符合法律、行政法規和國家統一會計準則制度的規定等。

3. 對單位會計核算情況的檢查

對單位會計核算情況的檢查具體包括採用的會計年度、使用的記帳本位幣和會計記錄文字是否符合有關規定;填製或取得的原始憑證、編製的記帳憑證、登記的會計帳簿是否符合有關規定;財務會計報告的編製程序、報送對象和報送期限是否符合有關規定;會計處理方法的採用與變更是否符合有關規定;是否按照有關規定建立並實施內部會計監督制度;會計檔案的建立、保管和銷毀是否符合有關規定等。

4. 對單位會計人員從業資格和任職資格的檢查

對單位會計人員從業資格和任職資格的檢查具體包括各單位從事會計工作的人員是否持有會計從業資格證;會計機構負責人(會計主管人員)的任職資格是否符合條件等。

5. 對會計師事務所出具的審計報告的程序和內容的檢查

國務院財政部門和省、自治區、直轄市人民政府財政部門,應當對會計師事務所出具審計報告的程序和內容進行監督檢查。這是對社會監督的再監督,有利於會計監督的強化和完善。

[例1-10] 下列各項中,屬於財政部門實施會計監督檢查的內容有(　　)。

A. 是否依法設置會計帳簿　　B. 會計人員是否具備會計從業資格
C. 企業是否存在偷稅行為　　D. 會計核算是否符合規定

【解析】選ABD。財政部門實施會計監督檢查的內容主要包括:對單位依法設置會計帳簿的檢查;對單位會計資料真實性、完整性的檢查;對單位會計核算情況的檢查;對單位會計人員從業資格和任職資格的檢查;對會計師事務所出具的審計報告的程序和內容的檢查。

三、會計工作的社會監督

(一)會計工作社會監督的概念

會計工作的社會監督主要是指由註冊會計師及其所在的會計師事務所依法對委託單位的經濟活動進行審計、鑒證的一種外部監督。此外,單位和個人檢舉違反《會計法》和國家統一的會計準則制度規定的行為,也屬於會計工作社會監督的範疇。

會計工作的社會監督是一種外部監督,是對單位內部監督的再監督,其特徵是監督行為的獨立性和有償性,因而社會監督具有很強的權威性與公正性。

(二)註冊會計師審計與內部審計的關係

註冊會計師審計與內部審計既有聯繫又有區別。

1. 二者的聯繫

(1)都是現代審計體系的重要組成部分。

(2)都關注內部控制的健全性和有效性。

(3)註冊會計師審計可能涉及對內部審計成果的利用等。

2. 二者的區別

(1)審計獨立性不同。註冊會計師審計為需要可靠信息的第三方提供服務,不受被審計單位管理層的領導和制約,獨立性較強;內部審計為單位內部服務,接受總經理或董事會的領導,獨立性較弱。

(2)審計方式不同。註冊會計師審計是受託審計,審計時必須遵循註冊會計師審計準則;內部審計由本單位根據管理需要組織審計,審計時遵循的是內部審計準則。

(3)審計的職責和作用不同。註冊會計師審計需要對投資者、債權人以及其他利益相關者負責,對外出具的審計報告具有鑒證作用;內部審計的結果只對本部門、本單位負責,不對外公開,對外不起鑒證作用。

(4)接受審計的自願程度不同。註冊會計師審計是以獨立的第三方對被審計單位進行的審計,委託人可自由選擇會計師事務所;內部審計是代表總經理或董事會實施的組織內部監督,單位內部的組織必須接受內部審計人員的監督。

(三)註冊會計師的業務範圍

中國註冊會計師可以承辦審計業務和會計諮詢、會計服務業務。

1. 審計業務

(1)審查企業財務會計報告,出具審計報告。

(2)驗證企業資本,出具驗資報告。

第一章 會計法律制度

(3)辦理企業合併、分立、清算事宜中的審計業務,出具有關報告。
(4)法律、行政法規規定的其他審計業務。

2.會計諮詢、會計服務業務

(1)設計財務會計制度。
(2)擔任會計顧問,提供會計、財務、稅務和其他經濟管理諮詢。
(3)代理記帳。
(4)代理納稅申報。
(5)代辦申請註冊登記,協助擬訂合同、協議、章程和其他經濟文件。
(6)培訓會計、審計和財務管理人員。
(7)審核企業前景財務資料。
(8)資產評估。

註冊會計師執行業務,應當加入會計師事務所。註冊會計師承辦業務,由其所在的會計師事務所統一受理並與委託人簽訂委託合同。會計師事務所對本所註冊會計師承辦的業務,承擔民事責任。

[例 1-11] 下列屬於註冊會計師可承辦的審計業務有( )。
　　A.審查企業財務會計報告,出具審計報告
　　B.驗證企業資本,出具驗資報告
　　C.辦理企業合併、分立、清算事宜中的審計業務,出具有關報告
　　D.法律、行政法規規定的其他審計業務

【解析】選 ABCD。註冊會計師可承辦的審計業務包括審查企業財務會計報告,出具審計報告;驗證企業資本,出具驗資報告;辦理企業合併、分立、清算事宜中的審計業務,出具有關報告;法律、行政法規規定的其他審計業務。

第五節　會計機構與會計人員

　　會計機構是各單位辦理會計事務的職能機構,會計人員是直接從事會計工作的人員。各單位應建立健全會計機構,配備合適的會計人員,這是各單位做好會計工作、充分發揮會計職能作用的重要保證。

一、會計機構的設置

(一)辦理會計事務的組織方式

各單位辦理會計事務的組織方式有以下三種:

1.單獨設置會計機構

單獨設置會計機構是指單位依法設置獨立負責會計事務的內部機構。一個單位是否需要單獨設置會計機構,一般取決於以下幾個方面的因素:

(1)單位規模的大小。從有效發揮會計職能作用的角度看,實行企業化管理的事業單位,大、中型企業應當設置會計機構;業務較多的行政單位、社會團體和其他組織也應設置會計機構。而對那些規模很小的企業、業務和人員都不多的行政單位等,可以不單獨設置會計機構,將會計業務並入其他職能部門,或者委託代理記帳機構記帳。

(2)經濟業務和財務收支的簡繁。大、中型單位的經濟業務重複多樣,在會計機構和會計人員的設置上應考慮全面、合理、有效的原則,但是也不能忽視單位經濟業務的性質和財務收支的繁簡問題。有些單位的規模相對較小,但其經濟業務重複多樣,財務收支頻繁,也要設置相應的會計機構和會計人員。

(3)經營管理的要求。經營管理上對會計機構和會計人員的設置要求是最基本的。單位設置會計機構和會計人員的目的,就是為了適應單位在經營管理上的需要。

2.在有關機構中配置專職會計人員

不具備單獨設置會計機構條件的,應當在有關機構中配備專職會計人員並指定會計主管人員。會計主管人員是指在不單獨設置會計機構的單位裡,負責組織管理會計事務、行使會計機構負責人職權的負責人。

3.實行代理記帳

沒有設置會計機構且未配備會計人員的單位,應當委託會計師事務所或者其他代理記帳機構代理記帳。

(二)代理記帳

代理記帳是指從事代理記帳業務的社會仲介機構接受委託人的委託辦理會計業務。委託人是指委託代理記帳機構辦理會計業務的單位。代理記帳機構是指從事代理記帳業務的仲介機構。

1.代理記帳機構的設立條件

申請設立除會計師事務所以外的代理記帳機構,應當經所在地的縣級以上人民政府財政部門批准,並領取由財政部統一印製的代理記帳許可證書。

設立代理記帳機構,除國家法律、行政法規另有規定外,應當同時符合下列條件:

(1)有三名以上持有會計從業資格證書的專職從業人員。
(2)主管代理記帳業務的負責人具有會計師以上專業技術職務資格。
(3)有固定的辦公場所。
(4)有健全的代理記帳業務規範和財務會計管理制度。

2.代理記帳的業務範圍

代理記帳機構可以根據委託人的委託,辦理下列業務:

(1)根據委託人提供的原始憑證和其他資料,按照國家統一會計制度的規定,進行會計核算,包括審核原始憑證、填製記帳憑證、登記會計帳簿、編製財務會計報告。

(2)對外提供財務會計報告。代理記帳機構為委託人編製的財務會計報告,經代理記帳機構負責人和委託人簽名並蓋章後,按照有關法律、行政法規和國家統一的會計制度的規定對外提供。

(3)向稅務機構提供稅務資料。

(4)委託人委託的其他會計業務。

3.委託代理記帳的委託人的義務

委託人應當履行以下義務:

(1)對本單位發生的經濟業務事項,應當填製或者取得符合國家統一的會計制度規定的原始憑證。

(2)應當配備專人負責日常貨幣收支和保管。

(3)及時向代理記帳機構提供真實、完整的憑證和其他相關資料。

(4)對於代理記帳機構退回的要求按照國家統一會計制度的規定進行更正、補充的原始憑證,應當及時予以更正、補充。

4.代理記帳機構及其從業人員的義務

(1)按照委託合同辦理代理記帳業務,遵守有關法律、行政法規和國家統一的會計制度的規定。

(2)對在執行業務中知悉的商業秘密應當保密。

(3)對委託人示意要求做出的會計處理,提供不實會計資料,以及其他不符合法律、行政法規和國家統一的會計制度規定的要求的,應當拒絕。

(4)對委託人提出的有關會計處理原則問題應當予以解釋。

(三)會計機構負責人(會計主管人員)的任職資格

會計機構負責人(會計主管人員)是指一個單位內部具體負責會計工作的中層

領導人員。設置會計機構的應當配備會計機構負責人；在有關機構中配備專職會計人員的，應在專職會計人員中指定會計主管人員。

擔任單位會計機構負責人(會計主管人員)的，除取得會計從業資格證書外，還應當具備會計師以上專業技術職務資格或者從事會計工作3年以上經歷。

[例1-12] 下列各項中，代理記帳機構可以接受委託，代表委託人辦理的業務事項有(　　)。

　　A.登記會計帳簿　　　　　　B.編製財務會計報告
　　C.出具審計報告　　　　　　D.向稅務機構提供納稅資料

【解析】選ABD。根據《代理記帳管理辦法》的規定，登記會計帳簿、編製財務會計報告、向稅務機構提供納稅資料均屬於代理記帳機構可以接受委託辦理的業務事項。

二、會計工作崗位設置

(一)會計工作崗位的概念

會計工作崗位是指單位會計機構內部根據業務分工而設置的從事會計工作、辦理會計事項的具體職位。

設置會計工作崗位，有利於明確分工和建立崗位責任制，有利於會計工作的規範化和程序化，有利於提高會計工作效率和質量等。

(二)會計工作崗位設置的要求

1. 按需設崗

各單位會計工作崗位的設置應與本單位業務活動的規模、特點和管理要求相適應。通常，業務活動規模大、業務過程重複、經濟業務量較多和管理較嚴格的單位，會計機構相應較大，會計機構內部的分工相應較細，會計人員和崗位也相應較多；相反，業務活動規模小、業務過程簡單、經濟業務量較少和管理要求不高的單位，會計機構相應較小，會計機構內部的分工相應較粗，會計人員和崗位也相應較少。

2. 符合內部牽制制度的要求

內部牽制制度是指凡涉及款項或者財物的收付、結算以及登記工作，必須由兩人或者兩人以上分工辦理，以起到相互制約作用的一種控製制度。它是內部控製制度的重要內容之一。

根據規定，會計工作崗位可以一人一崗、一人多崗或者一崗多人，但出納不得兼管稽核、會計檔案保管和收入、支出、費用、債權債務帳目的登記工作。出納以外的人員不得經管庫存現金、有價證券、票據。

3.建立崗位責任制

會計機構內部崗位責任制是指明確各項具體會計工作的職責範圍、具體內容和要求,並落實到每個會計工作崗位或會計人員的一種會計工作責任制度。會計崗位責任制是單位會計人員履行會計崗位職責,提高工作效率的有效保證。

4.建立輪崗制度

會計人員輪崗,不僅是會計工作本身的需要,也是加強會計人員隊伍建設的需要。對會計人員的工作崗位有計劃地進行輪崗,以促進會計人員全面熟悉業務和不斷提高業務素質,有利於增強會計人員之間的團結合作意識,進一步完善單位內部會計控製制度。

(三)主要會計工作崗位

會計工作崗位一般分為:

(1)總會計師(或行使總會計師職權)崗位。

(2)會計機構負責人(會計主管人員)崗位。

(3)出納崗位。

(4)稽核崗位。

(5)資本、基金核算崗位。

(6)收入、支出、債權債務核算崗位。

(7)職工薪酬核算、成本核算、財務成果核算崗位。

(8)財產物資的收發、增減核算崗位。

(9)總帳崗位。

(10)財務會計報告編製崗位。

(11)會計機構內部會計檔案管理崗位。

(12)其他會計崗位等。

對於會計檔案管理崗位,在會計檔案正式移交之前,屬於會計崗位。正式移交檔案管理部門之後,不再屬於會計崗位。

單位內部審計、社會審計、政府審計工作不屬於會計崗位。醫院門診收費員、住院處收費員、藥房收費員、藥品庫房記帳員、商場收款(銀)員等所從事的工作也不屬於會計崗位。

[例1-13] 下列各項中,屬於會計崗位的有(　　)。

　　A.職工薪酬核算崗位　　　　B.會計主管人員崗位

　　C.計劃管理崗位　　　　　　D.總帳崗位

【解析】選ABD。「計劃管理崗位」不屬於會計崗位。

三、會計工作交接

會計工作交接是指會計人員工作調動、離職或因病暫時不能工作,應與接管人員辦理交接手續的一種工作程序。

做好會計工作交接,有利於分清移交人員和接管人員的責任,可以使會計工作前後銜接,保證會計工作連續進行。同時,做好會計交接工作,還可以防止因會計人員的更換出現帳目不清、財務混亂等現象。

(一)交接的範圍

下列情況需要辦理會計工作交接:

(1)會計人員臨時離職或者因病不能工作、需要接替或代理的,會計機構負責人(會計主管人員)或單位負責人必須指定專人接替或者代理,並辦理會計工作交接手續。

(2)臨時離職或者因病不能工作的會計人員恢復工作時,應當與接替或者代理人員辦理交接手續。

(3)移交人員因病或者其他特殊原因不能親自辦理移交手續的,經單位負責人批准,可由移交人委託他人代辦交接手續,但委託人應當對所移交的會計憑證、會計帳簿、財務會計報告和其他有關會計資料的真實性、完整性承擔法律責任。

(二)交接程序

會計人員工作調動或者因故離職,必須將本人所經管的會計工作全部移交給接替人員。沒有辦清交接手續的,不得調動或者離職。辦理會計工作交接,應按以下程序進行:

1. 提出交接申請

會計人員在向單位提出調動工作或者離職的申請時,應當同時向會計機構提出會計交接申請,以便會計機構早做準備,安排其他會計人員接替工作。交接申請的內容通常包括申請人姓名、申請調動工作或者離職的緣由、時間、會計交接的具體安排、有無重大報告事項或者建議等。

2. 辦理移交手續前的準備工作

會計人員在辦理會計工作交接前,必須做好以下準備工作:

(1)已經受理的經濟業務尚未填製會計憑證的,應當填製完畢。

(2)尚未登記的帳目,應當登記完畢,結出餘額,並在最後一筆餘額後加蓋經辦人員印章。

(3)整理應該移交的各項資料,對未了事項和遺留問題要寫出書面說明材料。

(4)編製移交清冊,列明應該移交的會計憑證、會計帳簿、財務會計報告、公章、現金、有價證券、支票簿、發票、文件、其他會計資料和物品等內容;實行會計電算化的單位,從事該項工作的移交人員應在移交清冊上列明會計軟件及密碼、數據盤、磁帶等內容。

(5)會計機構負責人(會計主管人員)移交時,應將財務會計工作、重大財務收支問題和會計人員情況等向接替人員介紹清楚。

3.移交點收

移交人員離職前,必須在規定的期限內將本人經管的會計工作全部向接管人員移交清楚。接管人員應認真按照移交清冊逐項點收。具體要求如下:

(1)庫存現金要根據會計帳簿記錄餘額進行當面點交,不得短缺,接替人員發現不一致或「白條抵庫」現象時,由移交人員在規定期限內負責查清處理。

(2)有價證券的數量要與會計帳簿記錄一致,有價證券面額與發行價不一致時,按照會計帳簿餘額交接。

(3)會計憑證、會計帳簿、財務會計報告和其他會計資料必須完整無缺,不得遺漏。如有短缺,必須查清原因,並在移交清冊中加以說明,由移交人員負責。

(4)銀行存款帳戶餘額要與銀行對帳單核對相符,如有未達帳項,應編製銀行存款餘額調節表調節相符;各種財產物資和債權債務的明細帳戶餘額,要與總帳有關帳戶的餘額核對相符;對重要實物要實地盤點;對餘額較大的往來帳戶要與往來單位、個人核對。

(5)公章、收據、空白支票、發票、科目印章以及其他物品等必須交接清楚。

(6)實行會計電算化的單位,交接雙方應在電子計算機上對有關數據進行實際操作,確認有關數字正確無誤後,方可交接。

4.專人負責監交

為了明確責任,會計人員辦理工作交接,必須有專人負責監交。監交的具體要求如下:

(1)一般會計人員辦理交接手續,由會計機構負責人(會計主管人員)負責監交。

(2)會計機構負責人(會計主管人員)辦理交接手續,由單位負責人監交,必要時,主管單位可以派人會同監交。以下幾種情況需要主管單位派人會同監交:

①所屬單位負責人不能監交,如因單位撤並而辦理交接手續。

②所屬單位負責人不能盡快監交,如主管單位責成所屬單位撤換不合格的會計機構負責人(會計主管人員),所屬單位負責人卻以種種借口拖延不辦理交接手續。

③不宜由所屬單位負責人單獨監交,如所屬單位負責人與辦理交接手續的會計機構負責人(會計主管人員)有矛盾,可能發生單位負責人借機刁難的情況。

④上級主管單位認為存在某些問題需要派人會同監交。

5.交接後的有關事宜

(1)會計工作交接完畢後,交接雙方和監交人在移交清冊上簽名或蓋章,並應在移交清冊上註明單位名稱、交接日期、交接雙方和監交人的職務、姓名、移交清冊頁數以及需要說明的問題和意見等。

(2)接管人員應繼續使用移交前的帳簿,不得擅自另立帳簿,以保證會計記錄前後銜接,內容完整。

(3)移交清冊一般應填製一式三份,交接雙方各執一份,存檔一份。

(三)交接人員的責任

交接工作完成後,移交人員應當對其所移交的會計資料的真實性、完整性承擔法律責任,即便接替人員在交接時因疏忽沒有發現所交接的會計資料在真實性、完整性方面的問題,如事後發現仍應由原移交人員負責,原移交人員不應以會計資料已移交而推脫責任。

[例1-14] 下列應當辦理會計工作交接手續的有(   )。

　　A.因病不能工作　　　　　　B.離職
　　C.調動工作　　　　　　　　D.臨時離職

【解析】選ABCD。會計人員工作調動、離職或因病不能工作,都應當辦理會計工作交接手續。沒有辦清交接手續的,不得調動或者離職。

四、會計從業資格

(一)會計從業資格的概念

會計從業資格是指進入會計職業、從事會計工作的一種法定資質,是進入會計職業的「門檻」。

會計從業資格證書是具備會計從業資格的證明文件,在全國範圍內有效。持有會計從業資格證書的人員不得塗改、出借會計從業資格證書。

(二)會計從業資格證書的適用範圍

在國家機關、社會團體、企業、事業單位和其他組織中擔任會計機構負責人(會計主管)的人員,以及從事下列會計工作的人員應當取得會計從業資格證書:①出納;②稽核;③資本、基金核算;④收入、支出、債權債務核算;⑤職工薪酬、成本費用、財務成果核算;⑥財產物資的收發、增減核算;⑦總帳;⑧財務會計報告編製;

⑨會計機構內會計檔案管理;⑩其他會計工作。

單位不得任用(聘用)不具備會計從業資格的人員從事會計工作。不具備會計從業資格的人員,不得從事會計工作,不得參加會計專業技術資格考試或評審、會計專業技術職務的聘任,不得申請取得會計人員榮譽證書。

(三)會計從業資格的取得

1. 會計從業資格的取得實行考試製度

會計從業資格的取得實行無紙化考試,考試科目為財經法規與會計職業道德、會計基礎、會計電算化(或者珠算)。會計從業資格考試科目應當一次性通過。

會計從業資格考試大綱由財政部統一制定並公布。無紙化考試題庫由財政部統一組織建設。

財政部負責全國會計從業資格考試工作,各省、自治區、直轄市、計劃單列市財政廳(局)(簡稱省級財政部門)、新疆生產建設兵團財務局,中央軍委後勤保障部、中國人民武裝警察部隊後勤部負責管理本地區會計從業資格考試有關工作。

2. 會計從業資格報名條件

申請參加會計從業資格考試的人員,應當符合下列基本條件:

(1)遵守會計和其他財經法律、法規。

(2)具備良好的道德品質。

(3)具備會計專業基本知識和技能。

被依法吊銷會計從業資格證書的人員,自被吊銷之日起5年內不得參加會計從業資格考試,不得重新取得會計從業資格證書。

因有提供虛假財務會計報告、做假帳、隱匿或者故意銷毀會計憑證、會計帳簿、財務會計報告,貪污、挪用公款,職務侵占等與會計職務有關的違法行為,被依法追究刑事責任的人員,不得參加會計從業資格考試,不得取得或者重新取得會計從業資格證書。

(四)會計從業資格的管理

1. 會計從業資格的管理機構

縣級以上地方人民政府財政部門負責本行政區域內的會計從業資格管理。新疆生產建設兵團財務局應當按照財政部有關規定,負責所屬單位的會計從業資格的管理。中央軍委後勤保障部、中國人民武裝警察部隊後勤部應當按照財政部有關規定,分別負責中國人民解放軍、中國人民武裝警察部隊系統的會計從業資格的管理。

2. 信息化管理制度

會計從業資格實行信息化管理。會計從業資格管理機構應當建立持證人員從業檔案信息系統,及時記載、更新持證人員的下列信息:①持證人員的相關基礎信息;②持證人員從事會計工作情況;③持證人員的變更、調轉登記情況;④持證人員換發會計從業資格證書情況;⑤持證人員接受繼續教育情況;⑥持證人員受到表彰獎勵情況;⑦持證人員因違反會計法律、法規、規章和會計職業道德被處罰情況。

3. 監督檢查制度

會計從業資格管理機構應當對下列情況實施監督檢查:①從事會計工作的人員持有會計從業資格證書情況;②持證人員換發、調轉、變更登記會計從業資格證書情況;③持證人員從事會計工作和執行國家統一的會計準則制度情況;④持證人員遵守職業道德等情況;⑤持證人員接受繼續教育情況。

4. 持證人員繼續教育制度

持證人員應當接受繼續教育。持證人員參加繼續教育採取學分制管理制度,每年參加繼續教育取得的學分不少於24學分。會計人員參加繼續教育取得的學分,在全國範圍內有效。

單位應當鼓勵和支持持證人員參加繼續教育,保證學習時間,提供必要的學習條件。

5. 變更登記制度

持證人員的姓名、有效身分證件及號碼、照片、學歷或學位、開始從事會計工作時間、會計專業技術職務資格等基礎信息及繼續教育、表彰獎勵等情況發生變化的,應當持相關有效證明和會計從業資格證書,到所屬會計從業資格管理機構辦理從業檔案信息變更。會計從業資格管理機構應當在核實相關信息後,為持證人員辦理從業檔案信息變更。

持證人員的其他相關信息發生變化的,應當登陸所屬會計從業資格管理機構指定網站進行信息變更,也可以到所屬會計從業資格管理機構辦理。

6. 調轉登記制度

持證人員所屬會計從業資格管理機構發生變化的,應當及時辦理調轉登記手續。

知識鏈接

持證人員所屬會計從業資格管理機構在各省級財政部門、新疆生產建設兵團財務局各自管轄範圍內發生變化的,應當持會計從業資格證書、工作證明(或戶籍證明、居住證明)到調入地所屬會計從業資格管理機構辦理調轉登記。

持證人員所屬會計從業資格管理機構跨省級財政部門、新疆生產建設兵團財務局、中央軍委後勤保障部和中國人民武裝警察部隊後勤部管轄範圍發生變化的,應當及時填寫調轉登記表,持會計從業資格證書,到原會計從業資格管理機構辦理調出手續。持證人員應當自辦理調出手續之日起3個月內,持會計從業資格證書、調轉登記表和在調入地的工作證明(或戶籍證明、居住證明),到調入地會計從業資格管理機構辦理調入手續。

7.定期換證制度

會計從業資格證書實行6年定期換證制度。持證人員應當在會計從業資格證書到期前6個月內,填寫定期換證登記表,持有效身分證件原件和會計從業資格證書,到所屬會計從業資格管理機構辦理換證手續。

8.會計從業資格的撤銷

有下列情形之一的,會計從業資格管理機構可以撤銷持證人員的會計從業資格:

(1)會計從業資格管理機構工作人員濫用職權、玩忽職守,做出給予持證人員會計從業資格決定的。

(2)超越法定職權或者違反法定程序,做出給予持證人員會計從業資格決定的。

(3)對不具備會計從業資格的人員,做出給予會計從業資格決定的。

持證人員以欺騙、賄賂、舞弊等不正當手段取得會計從業資格的,會計從業資格管理機構應當撤銷其會計從業資格。

9.會計從業資格的註銷

持證人員死亡或者喪失行為能力以及會計從業資格被依法吊銷的,會計從業資格管理機構應當註銷其會計從業資格。

10.法律責任

參加會計從業資格考試舞弊的,2年內不得參加會計從業資格考試,由會計從

業資格管理機構取消其考試成績,已取得會計從業資格的,由會計從業資格管理機構撤銷其會計從業資格。

[例1-15] 會計從業資格證書實行( )定期換證制度。
A.3年　　　　　　　　　　B.5年
C.8年　　　　　　　　　　D.6年

【解析】選D。會計從業資格證書實行6年定期換證制度。

五、會計專業技術資格與職務

(一)會計專業技術資格

會計專業技術資格是指擔任會計專業職務的任職資格。會計專業技術資格分為初級會計資格、中級會計資格和高級會計資格。

初級、中級資格的取得實行全國統一考試製度。初級會計資格考試科目包括初級會計實務和經濟法基礎;中級會計資格考試科目包括中級會計實務、財務管理和經濟法。

高級會計師資格的取得實行考試與評審相結合制度。凡申請參加高級會計師資格評審的人員,須經考試合格後,方可參加評審。考試科目為高級會計實務。參加考試並達到國家合格標準的人員,由全國會計專業技術資格考試辦公室核發高級會計師資格考試成績合格證,該證在全國範圍內3年有效。

(二)會計專業技術資格報名條件

報考初級會計資格考試的人員必須具備會計從業資格證書及教育部認可的高中以上的學歷。報考中級會計資格考試的人員除具備上述條件外,還必須具備下列條件之一:

(1)取得大專學歷的,從事會計工作滿5年。
(2)取得本科學歷的,從事會計工作滿4年。
(3)取得雙學士學位或研究生班畢業的,從事會計工作滿2年。
(4)取得碩士學位,從事會計工作滿1年。
(5)取得博士學位。

(三)會計專業職務

會計專業職務是區分會計人員從事業務工作的技術等級。會計專業職務分為高級會計師、會計師、助理會計師、會計員。其中,高級會計師為高級職務,會計師為中級職務,助理會計師與會計員為初級職務。

[例 1-16] 下列屬於會計專業職務的有( )。
A. 總會計師　　　　　　　　B. 高級會計師
C. 註冊會計師　　　　　　　D. 助理會計師

【解析】選 BD。會計專業職務分為高級會計師、會計師、助理會計師、會計員。

第六節　法　律　責　任

一、法律責任概述

法律責任是指違反法律規定的行為應當承擔的法律後果。《會計法》規定的法律責任主要有行政責任和刑事責任兩種責任形式。

(一)行政責任

行政責任是指犯有一般違法行為的單位或個人,依照法律、法規的規定應承擔的法律責任。行政責任主要有行政處罰和行政處分兩種方式。

1. 行政處罰

行政處罰是指行政機關或其他行政主體依照法定職權和程序對違反行政法規但尚未構成犯罪的行政管理相對人所實施的一種行政制裁措施。

行政處罰的類別主要有:①罰款;②責令限期改正;③吊銷會計從業資格證書等。

縣級以上人民政府財政部門可依法對違反《會計法》行為的單位與個人做出行政處罰。

2. 行政處分

行政處分是指對國家工作人員故意或者過失侵犯行政相對人的合法權益所實施的法律制裁。行政處分對象僅針對國家工作人員。

行政處分的形式主要有:①警告;②記過;③記大過;④降級;⑤撤職;⑥開除。

(二)刑事責任

刑事責任是指行為人因犯罪行為觸犯《中華人民共和國刑法》應當承擔的法律責任。刑事責任包括主刑和附加刑兩種。主刑分為管制、拘役、有期徒刑、無期徒刑和死刑。附加刑分為罰金、剝奪政治權利、沒收財產。對犯罪的外國人,也可以獨立或附加適用驅逐出境。

二、違反會計法律制度行為的法律責任

(一)違反會計法律制度的行為

(1)不依法設置會計帳簿的行為。該行為是指違反《會計法》和國家統一的會計制度的規定,應當設置會計帳簿的單位不設置會計帳簿或者未按規定的種類、形式及要求設置會計帳簿的行為。

(2)私設會計帳簿的行為。該行為是指不在依法設置的會計帳簿上對經濟業務事項進行統一會計核算,而另外私自設置會計帳簿進行會計核算的行為,即常說的「帳外帳」。

(3)未按照規定填製、取得原始憑證或者填製、取得的原始憑證不符合規定的行為。

(4)以未經審核的會計憑證為依據登記會計帳簿或者登記會計帳簿不符合規定的行為。

(5)隨意變更會計處理方法的行為。

(6)向不同的會計資料使用者提供的財務會計報告編製依據不一致的行為。

(7)未按照規定使用會計記錄文字或者記帳本位幣的行為。

(8)未按照規定保管會計資料,致使會計資料毀損、滅失的行為。

(9)未按照規定建立並實施單位內部會計監督制度,或者拒絕依法實施的監督,或者不如實提供有關會計資料及有關情況的行為。

(10)任用會計人員不符合《會計法》規定的行為。

(二)違反會計法律制度行為應承擔的法律責任

根據《會計法》規定,上述各種違法行為應承擔以下法律責任:

(1)責令限期改正。縣級以上人民政府財政部門有權責令違法行為人限期改正,停止違法行為。

(2)罰款。縣級以上人民政府財政部門根據違法行為人的違法性質、情節及危害程度,在責令限期改正的同時,有權對單位並處 3,000 元以上 5 萬元以下的罰款,對其直接負責的主管人員和其他直接責任人員,處 2,000 元以上 2 萬元以下的罰款。

(3)給予行政處分。對上述違法行為中直接負責的主管人員和其他直接責任人員中的國家工作人員,視情節輕重,由其所在單位或有關單位給予行政處分。

(4)吊銷會計從業資格證書。會計工作人員有上述所列行為之一,情節嚴重的,由縣級以上人民政府財政部門吊銷會計從業資格證書。

(5)上述行為構成犯罪的,依法追究刑事責任。

三、其他會計違法行為的法律責任

(一)偽造、變造會計憑證、會計帳簿,編製虛假財務會計報告的法律責任

偽造、變造會計憑證、會計帳簿,編製虛假財務會計報告,構成犯罪的,依法追究刑事責任。不構成犯罪的,由縣級以上人民政府財政部門予以通報,可以對單位並處 5,000 元以上 10 萬元以下的罰款;對其直接負責的主管人員和其他直接責任人員,可以處 3,000 元以上 5 萬元以下的罰款;屬於國家工作人員的,還應由其所在單位或者有關單位依法給予撤職直至開除的行政處分;對其中的會計人員,由縣級以上人民政府財政部門吊銷會計從業資格證書。

(二)隱匿或者故意銷毀依法應當保存的會計憑證、會計帳簿、財務會計報告的法律責任

隱匿或者故意銷毀依法應當保存的會計憑證、會計帳簿、財務會計報告,構成犯罪的,依法追究刑事責任。不構成犯罪的,由縣級以上人民政府財政部門予以通報,可以對單位並處 5,000 元以上 10 萬元以下的罰款;對其直接負責的主管人員和其他直接責任人員,可以處 3,000 元以上 5 萬元以下的罰款;屬於國家工作人員的,還應由其所在單位或者有關單位依法給予撤職直至開除的行政處分;對其中的會計人員,由縣級以上人民政府財政部門吊銷會計從業資格證書。

(三)授意、指使、強令會計機構、會計人員及其他人員偽造、變造會計憑證、會計帳簿,編製虛假財務會計報告或者隱匿、故意銷毀依法應當保存的會計憑證、會計帳簿、財務會計報告的法律責任

授意、指使、強令會計機構、會計人員及其他人員偽造、變造會計憑證、會計帳簿,編製虛假財務會計報告或者隱匿、故意銷毀依法應當保存的會計憑證、會計帳簿、財務會計報告,構成犯罪的,依法追究刑事責任;不構成犯罪的,可以處 5,000 元以上 5 萬元以下的罰款;屬於國家工作人員的,由所在單位或者有關單位依法給予降級、撤職、開除的行政處分。

(四)單位負責人對依法履行職責的會計人員實行打擊報復的法律責任

單位負責人對依法履行職責、抵制違反《會計法》規定行為的會計人員實行打擊報復,構成犯罪的,依法追究刑事責任,處以三年以下有期徒刑或拘役;尚不構成犯罪的,由其所在單位或者有關單位依法給予行政處分。對受打擊報復的會計人員,應當恢復其名譽和原有職務、級別。

[例1-17] 下列屬於對會計違法行為的行政處罰有(　　)。

A. 罰款　　　　　　　　　B. 責令限期改正

C. 罰金　　　　　　　　　D. 吊銷會計從業資格證書

【解析】選ABD。會計違法行為的行政處罰主要包括罰款、責令限期改正及吊銷會計從業資格證書。罰金屬於刑事處罰。

自　測　題

一、單項選擇題

1. 中國現行《會計法》是由(　　)制定的。

    A. 全國人民代表大會

    B. 財政部

    C. 國務院

    D. 全國人民代表大會及其常務委員會

2. 國務院制定並發布的《總會計師條例》屬於(　　)。

    A. 會計法律　　　　　　　B. 會計行政法規

    C. 會計部門規章　　　　　D. 地方性會計法規

3. 國家統一的會計準則制度由國務院財政部門(　　)。

    A. 制定　　　　　　　　　B. 制定並公布

    C. 公布　　　　　　　　　D. 制定或公布

4. 下列不屬於會計市場管理內容的是(　　)。

    A. 會計市場的准入管理　　B. 會計市場的運行管理

    C. 會計市場的退出管理　　D. 會計市場的處罰管理

5. 對本單位的會計工作和會計資料的真實性、完整性負責的是(　　)。

    A. 總會計師　　　　　　　B. 會計主管人員

    C. 記帳人員　　　　　　　D. 單位負責人

6. 下列各項中,屬於偽造會計憑證和會計帳簿的是(　　)。

    A. 採取塗改手段改變會計憑證和會計帳簿的真實內容

    B. 採取挖補手段改變會計憑證和會計帳簿的真實內容

    C. 將一項經濟業務在不同的會計帳簿上做出不同反應

    D. 以虛假的經濟業務為前提編造不真實的會計憑證、會計帳簿

7.會計機構、會計人員對( )的原始憑證有權不予受理,並向單位負責人報告,請求查明原因,追究有關當事人的責任。

  A.不真實、記載不準確　　　　B.不真實、不完整

  C.不真實、不合法　　　　　　D.記載不準確、不完整

8.下列不屬於偽造、變造會計憑證、會計帳簿或者編製虛假財務會計報告行為的行政責任是( )。

  A.責令限期改正　　　　　　　B.罰款

  C.罰金　　　　　　　　　　　D.吊銷會計從業資格證

9.各單位在其對外報送的財務報表上簽名並蓋章的人員不包括( )。

  A.單位負責人　　　　　　　　B.會計機構負責人

  C.會計主管人員　　　　　　　D.內部審計機構負責人

10.《會計法》規定,單位負責人應在財務會計報告上( )。

  A.簽名　　　　　　　　　　　B.蓋章

  C.簽名並蓋章　　　　　　　　D.簽名或蓋章

11.會計檔案由單位會計管理機構負責整理立卷歸檔,保管( ),期滿後移交單位檔案管理機構。

  A.3個月　　　　　　　　　　B.6個月

  C.1年　　　　　　　　　　　D.2年

12.下列會計資料屬於需要永久保管的是( )。

  A.會計憑證　　　　　　　　　B.總帳

  C.明細帳　　　　　　　　　　D.年度財務報告

13.下列各項中,不屬於會計檔案的是( )。

  A.工作計劃　　　　　　　　　B.固定資產卡片

  C.原始憑證　　　　　　　　　D.會計檔案銷毀清冊

14.庫存現金日記帳、銀行存款日記帳的保管期限為( )。

  A.10年　　　　　　　　　　　B.25年

  C.30年　　　　　　　　　　　D.永久保管

15.下列選項中,出納人員可以兼任的工作是( )。

  A.稽核　　　　　　　　　　　B.會計檔案保管

  C.債權債務帳目登記　　　　　D.固定資產登記

16.在對會計工作的政府監督中,有權進行普遍監督的部門是( )。

  A.審計部門　　　　　　　　　B.稅務部門

C. 財政部門 D. 人民銀行

17. 會計機構負責人、會計主管人員的直系親屬不得在本單位會計機構中擔任（　　）工作。

A. 工資核算 B. 檔案管理

C. 出納 D. 稽核

18. 一般會計人員辦理會計工作交接手續時，負責監交的人員應當是（　　）。

A. 總會計師 B. 會計機構負責人（會計主管人員）

C. 單位負責人 D. 主管單位領導

19. 會計工作移交後，由（　　）對所移交的會計資料的真實性、合法性承擔法律責任。

A. 接替人員 B. 移交人員

C. 接替人員與移交人員 D. 單位負責人

20. 會計機構負責人（會計主管人員）辦理交接手續，由單位負責人監交，必要時（　　）可以派人會同監交。

A. 審計部門 B. 主管單位

C. 財政部門 D. 稅務部門

二、多項選擇題

1. 下列項目中，屬於會計行政法規的有（　　）。

A.《企業財務會計報告條例》 B.《會計檔案管理辦法》

C.《總會計師條例》 D.《會計基礎工作規範》

2. 關於會計準則制度的制定權限，下列表述中正確的有（　　）。

A. 國務院財政部門制定國家統一的會計準則制度

B. 省級人民政府財政部門制定執行會計制度的具體辦法，報國務院財政部門審核批准

C. 國務院有關部門對有特殊要求的行業制定實施國家統一的會計準則制度的具體辦法或者補充規定，報國務院財政部門審核批准

D. 中央軍委後勤保障部制定軍隊實施會計準則制度的具體辦法，報國務院財政部門備案

3. 會計市場的管理，包括（　　）。

A. 會計市場的准入管理 B. 會計市場的退出管理

C. 會計工作的自律管理 D. 會計市場的過程監管

4. 按照《會計法》規定,下列人員中,應當在財務會計報告上簽名並蓋章的有( )。

　　A. 單位負責人

　　B. 主管會計工作的負責人

　　C. 總會計師

　　D. 會計機構負責人(會計主管人員)

5. 下列項目中,應當保管 30 年的企業會計檔案有( )。

　　A. 原始憑證　　　　　　　　B. 總帳

　　C. 年度財務會計報告　　　　D. 會計檔案移交清冊

6. 中國現行會計監督體系的構成包括( )。

　　A. 單位領導的會計監督　　　B. 單位內部會計監督

　　C. 會計工作的政府監督　　　D. 會計工作的社會監督

7. 單位內部會計監督制度應當符合的要求包括( )。

　　A. 記帳人員與經濟業務事項和會計事項的審批人員、經辦人員、財物保管人員的職責權限應當明確,並相互分離、相互制約

　　B. 重大對外投資、資產處置、資金調度和其他重要經濟業務事項的決策和執行的相互監督、相互制約程序應當明確

　　C. 財產清查的範圍、期限和組織程序應當明確

　　D. 對會計資料定期進行內部審計的辦法和程序應當明確

8. 財政部門監督各單位的會計核算是否符合法定要求,具體包括( )。

　　A. 各單位採用的會計處理方法是否符合法律、行政法規和國家統一會計制度的規定

　　B. 各單位會計檔案保管是否符合法定要求

　　C. 各單位是否存在帳外設帳的違法行為

　　D. 填製或取得的會計憑證、登記的會計帳簿是否符合有關規定

9. 註冊會計師審計與內部審計的區別主要在於( )。

　　A. 審計獨立性不同　　　　　B. 接受審計的自願程度不同

　　C. 審計方式不同　　　　　　D. 審計職責和作用不同

10. 中國會計專業職務分為( )。

　　A. 總會計師　　　　　　　　B. 高級會計師

　　C. 會計師　　　　　　　　　D. 助理會計師和會計員

11.《會計法》規定,出納人員不得兼任(　　)工作。

　　A. 債權債務帳目的登記　　　　B. 稽核

　　C. 庫存現金日記帳的登記　　　D. 會計檔案保管

12. 下列單位中,任用會計人員應當實行迴避制度的有(　　)。

　　A. 國家機關　　　　　　　　　B. 合夥企業

　　C. 國有企業　　　　　　　　　D. 事業單位

13. 對違反《會計法》規定行為的行政處罰有(　　)。

　　A. 責令限期改正　　　　　　　B. 罰款

　　C. 吊銷會計從業資格證書　　　D. 撤職

14. 根據《代理記帳管理辦法》規定,代理記帳機構可以接受委託,代表委託人辦理的業務主要有(　　)。

　　A. 根據委託人提供的原始憑證和其他資料,進行會計核算

　　B. 定期向有關部門和其他會計報表使用者提供會計報表

　　C. 定期向稅務機關提供稅務資料

　　D. 承辦委託人委託的其他會計業務

15.《會計法》規定,會計人員有下列(　　)行為的,不論情節是否嚴重,由縣級以上人民政府財政部門吊銷其會計從業資格證書。

　　A. 私設會計帳簿　　　　　　　B. 偽造會計憑證

　　C. 提供虛假財務會計報告　　　D. 隨意變更會計處理方法

16. 依據《會計法》規定,有偽造、變造會計憑證、會計帳簿或者提供虛假財務會計報告行為的,應承擔的法律責任有(　　)。

　　A. 通報

　　B. 責令限期改正

　　C. 罰款

　　D. 對違法的會計人員吊銷其會計從業資格證書

17. 下列各項中,屬於企業會計財務報表組成部分的有(　　)。

　　A. 資產負債表　　　　　　　　B. 利潤表

　　C. 現金流量表　　　　　　　　D. 附註

18. 下列各項中,屬於財政部門實施會計監督檢查的內容有(　　)。

　　A. 是否依法設置會計帳簿

　　B. 是否按時進行納稅申報

　　C. 是否按時足額繳納稅款

D.是否按照實際發生的經濟業務進行會計核算

19.下列( )屬於變造會計憑證的行為。
　A.某業務員將購貨發票上的金額10萬元修改為20萬元進行報帳
　B.某企業為一客戶虛開銷貨發票一張,並按票面金額的20%收取好處費
　C.出納將一張報銷憑證上的金額3,000元塗改為8,000元
　D.購貨部門轉來一張購貨發票,原金額計算有誤,已退回出票單位重開

20.下列各項中,屬於違反《會計法》規定行為的有( )。
　A.隨意變更會計處理方法的行為
　B.未按照規定建立並實施單位內部會計監督制度的行為
　C.向不同的會計資料使用者提供的財務會計報告編製依據不一致的行為
　D.任用不具有會計從業資格的人員從事會計工作的行為

三、判斷題

1.會計行政法規由國務院財政部門制定並發布,其權威性和法律效力僅次於由全國人民代表大會及其常務委員會制定的有關會計工作的會計法律。( )

2.國家統一的會計準則制度由國務院根據《會計法》制定並公布。( )

3.財政部門按照「分級領導,統一管理」的原則管理會計工作。( )

4.單位負責人是指單位法定代表人或者法律、行政法規規定代表單位行使職權的主要負責人。( )

5.中央軍委後勤保障部可依照《會計法》和國家統一的會計制度制定軍隊實施國家統一的會計制度的具體辦法,報國務院財政部門批准。( )

6.用塗改、挖補等手段來改變會計憑證和會計帳簿真實內容的,屬於偽造會計憑證和會計帳簿的行為。( )

7.職工因公外出借款憑據,必須附在記帳憑證之後。收回借款時,應當退回原借款收據。( )

8.原始憑證記載的各項內容均不得塗改。原始憑證金額有錯誤的,應當由出具單位重開或更正,更正處應當加蓋出具單位印章。( )

9.單位保存的會計檔案一般不得對外借出。確因工作需要且根據國家有關規定必須借出的,應當嚴格按照規定辦理相關手續。( )

10.向不同的會計資料使用者提供的財務會計報告,其編製依據可以不一致。( )

11.《會計法》規定,單位負責人應當保證對外提供的財務會計報告真實、完整。( )

12.各單位對外報送的財務會計報告,應當經單位負責人、主管會計工作負責人、會計機構負責人、會計主管人員和經辦會計人員簽名並蓋章。（　）

13.會計檔案由單位會計機構負責整理立卷歸檔,並保管一年,期滿後移交單位的會計檔案管理機構。（　）

14.保管期滿但未結清的債權債務原始憑證及其他未了事項的原始憑證,不得銷毀,應當單獨抽出立卷,保管到未了事項完結時為止。（　）

15.記帳人員與經濟業務事項和會計事項的審批人員、經辦人員、財物保管人員的職責權限應當明確,並相互分離、相互制約。（　）

16.財政部門有權對會計師事務所出具的審計報告的程序和內容進行監督。（　）

17.《會計法》規定,各單位必須設置會計機構。（　）

18.會計工作崗位,只能一人一崗。（　）

19.會計人員臨時離職或者其他原因暫時不能工作的,不必辦理會計工作交接手續。（　）

20.會計工作移交後,接管人員應繼續使用移交前的帳簿,不得擅自另立帳簿,以保證會計記錄前後銜接,內容完整。（　）

四、案例分析題

（一）

A有限責任公司為國有企業,2015年1月財政部門對該公司進行會計工作檢查時發現下列情況:

1.公司董事長將朋友的女兒鄭某調入該公司會計科擔任出納,兼管稽核、會計檔案保管工作。鄭某沒有取得會計從業資格證書。

2.會計張某因病暫時不能工作,與接任的會計李某自行辦理了交接手續。

3.任命錢某為會計機構負責人。

4.購入一批材料,收到一張金額錯誤的原始憑證。

要求:根據上述資料,回答下列問題。

(1)下列單位中,不需要實行會計人員迴避制度的有(　)。

　　A.國家機關　　　　　　　　B.民營企業

　　C.國有企業　　　　　　　　D.事業單位

(2)鄭某被調入該公司擔任會計科出納這一事項中,違反《會計法》規定的有(　)。

　　A.鄭某未取得會計從業資格證書從事會計工作

B. 鄭某擔任出納,兼管稽核工作

C. 鄭某是董事長的朋友的女兒,在該公司擔任出納

D. 鄭某擔任出納,兼管會計檔案保管工作

(3) 一般會計人員交接,由單位(　　)負責監交。

　　A. 會計機構負責人　　　　　B. 會計主管人員

　　C. 單位負責人　　　　　　　D. 總會計師

(4) 任命錢某擔任會計機構負責人,根據《會計法》規定,錢某應符合的條件包括(　　)。

　　A. 除取得會計從業資格證書外,還應當具備助理會計師以上專業技術職務資格

　　B. 除取得會計從業資格證書外,還應當具備從事會計工作3年以上經歷

　　C. 除取得會計從業資格證書外,還應當具備會計師以上專業技術職務資格

　　D. 除取得會計從業資格證書外,還應當具備從事會計工作2年以上經歷

(5) 對金額錯誤的原始憑證,正確的做法有(　　)。

　　A. 應當由出具單位更正,更正處應當加蓋出具單位印章

　　B. 應當由經辦人員在原始憑證上進行更改,並加蓋自己的印章

　　C. 應當由出具單位重開,不得在原始憑證上更正

　　D. 應當由收到單位更正,更正處應當加蓋出具單位印章

(二)

2015年3月某縣財政局對該縣紅光製鞋廠進行會計工作檢查時發現下列情況:

1. 支付款項所需的全部印章均由出納保管。

2. 對外報送的財務報表上沒有單位負責人簽章。

3. 檔案科會同會計科編製會計檔案銷毀清冊(會計檔案中有一些是保管期滿但未結清的債權債務原始憑證),準備按規定程序將這些會計檔案進行銷毀。

4. 處理生產用剩餘的邊角料,取得收入10,000元,該筆收入在公司會計帳冊之外另行登記保管。

要求:根據上述資料,回答下列問題。

(1) 財政部門可以實施的會計監督包括(　　)。

　　A. 檢查該廠是否依法設置會計帳簿

　　B. 檢查會計核算是否符合《會計法》和國家統一會計制度的規定

　　C. 檢查從事會計工作的人員是否具備會計從業資格

　　D. 檢查會計資料是否真實、完整

(2)下列表述中,正確的有(　　)。

　　A. 財務專用章應由專人保管

　　B. 個人印章由個人保管

　　C. 個人印章由其授權人員保管

　　D. 支付款項所需的全部印章可以由出納一人保管

(3)對外報送的財務報表上應當簽章的有(　　)。

　　A. 單位負責人和財務會計報表編製人員

　　B. 主管會計工作的負責人

　　C. 會計機構負責人

　　D. 設置總會計師的單位還應當有總會計師簽名並蓋章

(4)關於銷毀會計檔案,下列表述中,正確的有(　　)。

　　A. 單位負責人應當在會計檔案銷毀清冊上簽署意見

　　B. 銷毀會計檔案時,應報會計機構負責人批准

　　C. 會計檔案中保管期滿但未結清的債權債務原始憑證不得銷毀

　　D. 銷毀會計檔案時,應當由單位檔案管理機構和會計管理機構共同派員監銷

(5)對該廠帳外設帳的行為,由財政局(　　)。

　　A. 責令限期改正,對單位並處3,000元以上50,000元以下的罰款

　　B. 對直接負責的主管人員和其他直接責任人員,可以處2,000元以上20,000元以下的罰款

　　C. 對直接負責的主管人員和其他直接責任人員給予行政處分

　　D. 對會計人員,情節嚴重的,吊銷其會計從業資格證書

第二章　結算法律制度

> **學習目標**
>
> 1. 瞭解支付結算的相關概念及其法律構成
> 2. 瞭解銀行結算帳戶的開立、變更和撤銷
> 3. 熟悉票據的相關概念
> 4. 熟悉各銀行結算帳戶的概念、使用範圍和開戶要求
> 5. 掌握現金管理的基本要求和現金的內部控製
> 6. 掌握票據和結算憑證填寫的基本要求
> 7. 掌握支票、商業匯票、銀行卡、匯兌結算方式的規定，並能綜合分析具體案例

第一節　現金結算

一、現金結算的概念和特點

(一)現金結算的概念

現金結算是指在商品交易、勞務供應等經濟往來中，直接使用現金進行應收應付款結算的一種行為。在中國主要適用於單位與個人之間的款項收付，以及單位之問的轉帳結算起點金額以下的零星小額收付。

(二)現金結算的特點

與轉帳結算相比，現金結算具有以下特點：

1. 直接便利

現金結算方式下，買賣雙方一手交錢，一手交貨，當面錢貨兩清，無須通過仲介，對買賣雙方而言是最為直接和便利的；在勞務供應、信貸存放和資金調撥方面，

現金結算同樣直接和便利,因而廣泛地被社會大眾所接受。

2.不安全性

由於現金使用極為廣泛和便利,使其成為不法分子覬覦的主要目標,容易被偷盜、貪污和挪用。在現實經濟生活中,絕大多數的經濟犯罪活動都和現金有關。

3.不易宏觀控制和管理

由於現金結算大部分不通過銀行進行,使國家很難對其進行控制。過多的現金結算會使流通中的現鈔過多,容易造成通貨膨脹。

4.費用較高

現金結算雖然可以減少相關手續費用,但其清點、運送、保管成本較高。過多的現金結算將增大整個國家印製、保管、運送現金和回收廢舊現鈔等工作的成本,浪費人力、物力和財力。

二、現金結算的渠道

現金結算的渠道有兩個:一是付款人直接將現金支付給收款人;二是付款人委託銀行、非銀行金融機構或者非金融機構(如郵局)將現金支付給收款人。

三、現金結算的範圍

根據國務院發布的《現金管理暫行條例》的規定,開戶單位之間的經濟往來,除按條例規定的範圍可以使用現金外,其他款項的支付應當通過開戶銀行進行轉帳結算。各級人民銀行應當嚴格履行金融主管機關的職責,負責對開戶銀行的現金管理進行監督和稽核。開戶銀行依照該條例和中國人民銀行的規定,負責現金管理的具體實施,對開戶單位收支、使用現金進行監督管理。

開戶單位可以在下列範圍內使用現金:

(1)職工工資、津貼。

(2)個人勞務報酬。

(3)根據國家規定頒發給個人的科學技術、文化藝術和體育等各項獎金。

(4)各種勞保、福利費用及國家規定的對個人的其他支出。

(5)向個人收購農副產品和其他物資的價款。

(6)出差人員必須隨身攜帶的差旅費。

(7)結算起點(1,000元)以下的零星支出。

(8)中國人民銀行確定需要支付現金的其他支出。

上述款項結算起點為1,000元。結算起點需要調整的,由中國人民銀行確定,報國務院備案。除上述第(5)、(6)項外,開戶單位支付給個人的款項,超過使用現

金限額的部分,應當以支票或者銀行本票支付;確需要全額支付現金的,經開戶銀行審核後,予以支付現金。

[例 2-1] 下列事項中,開戶單位可以使用現金的有(　　)。

　A. 發給公司甲某的 800 元獎金

　B. 支付給公司臨時工王某的 3,000 元勞務報酬

　C. 向農民收購農產品的 20,000 元收購款

　D. 出差人員出差必須隨身攜帶的 5,000 元差旅費

【解析】選 ACD。除向個人收購農副產品和其他物資的價款及出差人員必須隨身攜帶的差旅費以外,開戶單位支付給個人結算起點以上的款項,超過使用現金限額的部分,應當以支票或者銀行本票支付。

四、現金使用的限額

現金使用的限額是指為了保證開戶單位日常零星開支的需要,允許單位留存現金的最高數額。

現金使用的限額由開戶單位提出計劃,報開戶銀行審批。開戶銀行一般按照單位 3 至 5 天日常零星開支所需確定。邊遠地區和交通不便地區的開戶單位的庫存現金限額,可按多於 5 天、但不得超過 15 天的日常零星開支的需要確定。經核定的庫存現金限額,開戶單位必須嚴格遵守,超過部分應於當日終了前存入銀行。需要增加或減少庫存現金限額的,應當向開戶銀行提出申請,經批准後再進行調整。

對沒有在銀行單獨開立帳戶的附屬單位也要實行現金管理,必須保留的現金,也要核定限額,其限額包括在開戶單位的庫存限額之內。

商業和服務行業的找零備用現金也要根據營業額核定定額,但不包括在開戶單位的庫存現金限額之內。

五、現金收支的基本要求

(1) 開戶單位現金收入應當於當日送存開戶銀行;當日送存確有困難的,由開戶銀行確定送存時間。

(2) 開戶單位支付現金,可以從本單位庫存現金限額中支付或者從開戶銀行提取,不得從本單位的現金收入中直接支付(即坐支)。因特殊情況需要坐支現金的,應當事先報經開戶銀行審查批准,由開戶銀行核定坐支範圍和限額。坐支單位應當定期向開戶銀行報送坐支金額和使用情況。

(3) 開戶單位從銀行提取現金,應當寫明用途,由本單位財會部門負責人簽字蓋章,經開戶銀行審核後,予以支付現金。

(4)因採購地點不固定,交通不便,生產或者市場急需,搶險救災以及其他特殊情況必須使用現金,開戶單位應當向開戶銀行提出申請,由本單位財會部門負責人簽字蓋章,經開戶銀行審核後,予以支付現金。

六、建立健全現金核算與內部控製

各單位應當建立健全現金帳目,逐筆記載現金支付。帳目應當日清月結,帳款相符。

為了保證現金的安全完整,單位應當按規定對庫存現金進行定期和不定期的清查,一般採用實地盤點法,對於清查的結果應當編製現金盤點報告單。如果發現挪用現金、白條頂庫的情況,應及時予以糾正;對於超限額留存的現金應及時送存銀行。如果帳款不符,應查明原因,及時處理。

財政部頒布的《內部會計控製規範——貨幣資金(試行)》對健全現金內部控製工作提出了要求,具體如下:

(一)建立單位貨幣資金內部控製制度

(1)各單位應當根據國家有關法律法規和該規範,結合部門或系統的貨幣資金內部控製規定,建立適合本單位業務特點和管理要求的貨幣資金內部控製制度,並組織實施。

(2)單位負責人對本單位貨幣資金內部控製的建立健全和有效實施以及貨幣資金的安全完整負責。

(3)國務院有關部門可以根據國家有關法律法規和該規範,制定本部門或本系統的貨幣資金內部控製規定。

(二)加強貨幣資金業務崗位管理

(1)各單位應當建立貨幣資金業務的崗位責任制,明確相關部門和崗位的職責權限,確保辦理貨幣資金業務的不相容崗位相互分離、制約和監督。

(2)出納人員不得兼任稽核、會計檔案保管和收入、支出、費用、債權債務帳目的登記工作。

(3)單位不得由一人辦理貨幣資金業務的全過程。單位辦理貨幣資金業務,應當配備合格的人員,並根據單位具體情況進行崗位輪換。

(三)嚴格貨幣資金的授權管理

(1)單位應當對貨幣資金業務建立嚴格的授權批准制度,明確審批人對貨幣資金業務的授權批准方式、權限、程序、責任和相關控製措施,規定經辦人辦理貨幣資金業務的職責範圍和工作要求。

(2)審批人應當根據貨幣資金授權批准制度的規定,在授權範圍內進行審批,不得超越審批權限。

(3)經辦人應當在職責範圍內,按照審批人的批准意見辦理貨幣資金業務。對於審批人超越授權範圍審批的貨幣資金業務,經辦人員有權拒絕辦理,並及時向審批人的上級授權部門報告。

(4)嚴禁未經授權的機構或人員辦理貨幣資金業務或直接接觸貨幣資金。

(5)單位對於重要貨幣資金支付業務,應當實行集體決策和審批,並建立責任追究制度,防範貪污、侵占、挪用貨幣資金等行為。

(四)按照規定程序辦理貨幣資金支付業務

(1)支付申請。單位有關部門或個人用款時,應當提前向審批人提交貨幣資金支付申請,註明款項的用途、金額、預算、支付方式等內容,並附有效經濟合同或相關證明。

(2)支付審批。審批人根據其職責、權限和相應程序對支付申請進行審批。對不符合規定的貨幣資金支付申請,審批人應當拒絕批准。

(3)支付復核。復核人應當對批准後的貨幣資金支付申請進行復核,復核貨幣資金支付申請的批准範圍、權限、程序是否正確,手續及相關單證是否齊備,金額計算是否準確,支付方式、支付單位是否妥當等。復核無誤後,交由出納人員辦理支付手續。

(4)辦理支付。出納人員應當根據復核無誤的支付申請,按規定辦理貨幣資金支付手續,及時登記庫存現金和銀行存款日記帳。

第二節　支付結算概述

一、支付結算的概念與特徵

(一)支付結算的概念

支付結算是指單位、個人在社會經濟活動中使用票據、銀行卡和匯兌、托收承付、委託收款等結算方式進行貨幣給付及其資金清算的行為。其主要功能是完成資金從一方當事人向另一方當事人的轉移。

銀行、城市信用合作社、農村信用合作社(以下簡稱銀行)以及單位(含個體工商戶)和個人是辦理支付結算的主體。其中,銀行是支付結算和資金清算的仲介機構。

(二)支付結算的特徵

1.支付結算必須通過中國人民銀行批准的金融機構進行

支付結算包括票據、銀行卡和匯兌、托收承付、委託收款等結算行為,而此結算行為必須通過中國人民銀行批准的金融機構才能進行。未經中國人民銀行批准的非銀行金融機構和其他單位不得作為仲介機構經營支付結算業務,但法律法規另有規定的除外。

2.支付結算是一種要式行為

要式行為是指法律規定必須依照一定形式進行的行為。如果該行為不符合法定的形式要件,即為無效。為保證支付結算的準確、安全和及時,使其業務正常進行,中國人民銀行除了對票據和結算憑證的格式有統一的要求外,還對正確填寫票據和結算憑證做出了基本規定。

3.支付結算的發生取決於委託人的意志

銀行在支付結算中充當仲介機構的角色,因此,銀行只要以善意、符合規定的正常操作程序進行審查,對偽造、變造的票據和結算憑證上的簽章以及需要檢驗的個人有效證件未發現異常而支付金額的,銀行對出票人或付款人不再承擔受委託付款的責任;對持票人或者收款人不再承擔付款的責任。

4.支付結算實行統一領導和分級管理相結合的管理體制

中國人民銀行總行負責制定統一的支付結算制度,組織、協調、管理、監督全國的支付結算工作,調解、處理銀行之間的支付結算糾紛。

中國人民分行根據統一的支付結算制度制定實施細則,報總行備案。根據需要可以制定單項支付結算辦法,報中國人民銀行總行批准後執行;中國人民銀行分、支行負責組織、協調、管理、監督本轄區內的支付結算工作,協調、處理本轄區內銀行之間的支付結算糾紛。

5.支付結算必須依法進行

支付結算當事人必須嚴格依法進行支付結算活動。

二、支付結算的主要法律依據

支付結算方面的法律、法規和制度主要包括《票據法》《票據管理實施辦法》《支付結算辦法》《現金管理暫行條例》《中國人民銀行銀行卡業務管理辦法》《人民幣銀行結算帳戶管理辦法》《異地托收承付結算辦法》《電子支付指引(第一號)》等。

三、支付結算的基本原則

支付結算的基本原則是指單位、個人和銀行在進行支付結算活動中所必須遵循的行為準則。支付結算的基本原則有以下三項：

(一)恪守信用，履約付款

根據該原則，各單位之間、單位與個人之間發生交易往來，產生支付結算行為時，結算當事人必須依照雙方約定的民事法律關係內容依法承擔義務和行使權利，嚴格遵守信用，履行付款義務，特別是應當按照約定的付款金額和付款日期進行支付。結算雙方辦理款項收付完全建立在自覺自願、相互信任的基礎上。

(二)誰的錢進誰的帳、由誰支配

根據該原則，銀行在辦理結算時，必須按照存款人的委託，將款項支付給其指定的收款人；對存款人的資金，除國家法律另有規定外，必須由其自由支配。

(三)銀行不墊款

根據該原則，銀行在辦理結算過程中，只負責辦理結算當事人之間的款項劃撥，不承擔墊付任何款項的責任。

上述三個原則既可以單獨發揮作用，也可以是一個有機的整體，分別從不同角度強調了付款人、收款人和銀行在結算過程中的權利和義務，從而保證了結算活動的正常進行。

[例 2-2]　下列各項中，不屬於支付結算時應遵循的原則是(　　)。

　　A.恪守信用，履約付款

　　B.誰的錢進誰的帳、由誰支配

　　C.銀行不墊款

　　D.自主選擇銀行開立銀行結算帳戶

【解析】選 D。自主選擇銀行開立銀行結算帳戶原則是銀行結算帳戶管理的基本原則。

四、辦理支付結算的要求

(一)辦理支付結算的基本要求

1.辦理支付結算必須使用中國人民銀行統一規定的票據和結算憑證

單位、個人和銀行辦理支付結算必須使用按中國人民銀行統一規定印製的票據憑證和統一規定的結算憑證。未使用按中國人民銀行統一規定印製的票據，票據無效；未使用中國人民銀行統一規定格式的結算憑證，銀行不予受理。

2.辦理支付結算必須按統一的規定開立和使用帳戶

除國家法律、行政法規另有規定外,銀行不得為任何單位或個人查詢帳戶情況,不得為任何單位或個人凍結、扣劃款項,不得停止單位、個人存款正常支付。

3.填寫票據和結算憑證應當全面規範,做到數字正確、要素齊全、不錯不漏、字跡清楚、防止塗改

票據和結算憑證金額以中文大寫和阿拉伯數碼同時記載,兩者必須一致,兩者不一致的票據無效;兩者不一致的結算憑證,銀行不予受理。少數民族地區和外國駐華使(領)館根據實際需要,金額大寫可以使用少數民族文字或者外國文字記載。

4.票據和結算憑證上的簽章和其他記載事項應當真實,不得偽造、變造

票據和結算憑證上的簽章為簽名、蓋章或者簽名加蓋章。單位、銀行在票據上的簽章和單位在結算憑證上的簽章,為該單位、銀行的公章加其法定代表人或者其授權的代理人的簽名或者蓋章。

偽造是指無權限人假冒他人或虛構他人名義簽章的行為;變造是指無權更改票據內容的人,對票據上簽章以外的記載事項加以改變的行為。變造票據的方法多是在合法票據的基礎上對票據加以剪接、挖補、覆蓋、塗改,從而非法改變票據的記載事項。票據上有偽造、變造簽章的,不影響票據上其他當事人真實簽章的效力。

5.填寫票據和結算憑證的收款人名稱、出票日期、金額等應當規範

票據和結算憑證的金額、出票或者簽發日期、收款人名稱不得更改,更改的票據無效;更改的結算憑證,銀行不予受理。對票據和結算憑證上的其他記載事項,原記載人可以更改,更改時應當由原記載人在更改處簽章證明。

(二)支付結算憑證填寫的要求

(1)票據的出票日期必須使用中文大寫。在填寫月、日時,月為壹、貳和壹拾的,日為壹至玖和壹拾、貳拾和叁拾的,應在其前面加「零」;日為拾壹至拾玖的,應在其前面加「壹」。例如,1月13日,應寫成「零壹月壹拾叁日」;10月20日,應寫成「零壹拾月零貳拾日」。票據出票日期使用小寫填寫的,銀行不予受理。大寫日期未按要求規範填寫的,銀行可予受理,但由此造成損失的,由出票人自行承擔。

(2)中文大寫金額數字應用正楷或行書填寫,不得自造簡化字。如果金額數字書寫中使用繁體字,也應受理。

(3)中文大寫金額數字前應標明「人民幣」字樣,大寫金額數字應緊接「人民幣」字樣填寫,不得留有空白。大寫金額數字前未印「人民幣」字樣的,應加填「人民幣」三字。

(4)中文大寫金額數字到「元」為止的,在「元」之後應寫「整」(或「正」)字。到「角」為止的,在「角」之後可以不寫「整」(或「正」)字。大寫金額數字有「分」的,「分」後面不寫「整」(或「正」)字。

(5)阿拉伯小寫金額數字前面,均應填寫人民幣符號「￥」。阿拉伯小寫金額數字要認真填寫,不得連寫分辨不清。

(6)阿拉伯小寫金額數字中有「0」時,中文大寫應按照漢語語言規律、金額數字構成和防止塗改的要求進行書寫。具體有以下幾種情況:

①阿拉伯數字中間有「0」時,中文大寫金額要寫「零」字。如￥1,308.50,應寫成人民幣壹仟叁佰零捌元伍角。

②阿拉伯數字中間連續有幾個「0」時,中文大寫金額中間可以只寫一個「零」字。如￥7,007.14,應寫成人民幣柒仟零柒元壹角肆分。

③阿拉伯數字萬位或元位是「0」或者數字中間連續有幾個「0」,萬位、元位也是「0」,但千位、角位不是「0」時,中文大寫金額中可以只寫一個「零」字,也可以不寫零字。例如,￥1,570.32,應寫成人民幣壹仟伍佰柒拾元零叁角貳分,或者寫成人民幣壹仟伍佰柒拾元叁角貳分;又如,￥109,000.63,應寫成人民幣壹拾萬玖仟元零陸角叁分或者寫成人民幣壹拾萬零玖仟元陸角叁分。

④阿拉伯金額數字角位是「0」,而分位不是「0」時,中文大寫金額「元」後面應寫「零」字。例如,￥15,408.02,應寫成人民幣壹萬伍仟肆佰零捌元零貳分;又如,￥425.04,應寫成人民幣肆佰貳拾伍元零肆分。

[例2-3] 下列關於填寫票據和結算憑證的表述中,正確的是(　　)。

　　A.票據和結算憑證的中文大寫金額數字應用正楷或行書填寫,用繁體字的,銀行不予受理

　　B.少數民族地區和外國駐華使(領)館根據實際需要,金額大寫可以使用少數民族文字或外國文字

　　C.票據的出票日期使用中文大寫或小寫填寫的,銀行均應受理

　　D.阿拉伯數碼小寫金額數字前面需要頂格寫,禁止寫任何符號

【解析】選B。票據和結算憑證的中文大寫金額數字應用正楷或行書填寫,用繁體字的,銀行應受理,因此選項A的說法是錯誤的;少數民族地區和外國駐華使(領)館根據實際需要,金額大寫可以使用少數民族文字或外國文字,因此選項B的說法是正確的;票據的出票日期必須使用中文大寫,使用小寫填寫的,銀行不予受理,因此選項C的說法是錯誤的;阿拉伯數碼小寫金額數字前面均應填寫人民幣符號「￥」,因此選項D的說法是錯誤的。

第三節　銀行結算帳戶

一、銀行結算帳戶的概念與分類

(一)銀行結算帳戶的概念

銀行結算帳戶是指存款人在經辦銀行開立的辦理資金收付結算的人民幣活期存款帳戶。其中「存款人」是指在中國境內開立銀行結算帳戶的機關、團體、部隊、企業、事業單位、其他組織、個體工商戶和自然人。「銀行」是指在中國境內經中國人民銀行批准經營支付結算業務的銀行業金融機構，如政策性銀行、商業銀行(含外資獨資銀行、中外合資銀行、外國銀行分行)、城市信用合作社、農村信用合作社。

(二)銀行結算帳戶的分類

1. 銀行結算帳戶按存款人不同分類

銀行結算帳戶按存款人不同分為單位銀行結算帳戶和個人銀行結算帳戶。

根據《人民幣銀行結算帳戶管理辦法》的規定，個體工商戶憑營業執照以字號或經營者姓名開立的銀行結算帳戶納入單位銀行結算帳戶管理。

知識鏈接

單位銀行結算帳戶是指存款人以單位名稱開立的銀行結算帳戶。這裡所說的單位包括機關、團體、部隊、企業、事業單位及其他組織。個人銀行結算帳戶是指存款人憑個人身分證件以自然人名稱開立的銀行結算帳戶。這裡所指的個人包括中國公民(含香港、澳門、臺灣居民)和外國公民。

2. 單位銀行結算帳戶按用途不同分類

單位銀行結算帳戶按用途不同分為基本存款帳戶、一般存款帳戶、專用存款帳戶、臨時存款帳戶以及 QFII 專用存款帳戶(即合格境外機構投資者在境內從事證券投資開立的人民幣特殊帳戶和人民幣結算資金帳戶)。

存款人開立基本存款帳戶、臨時存款帳戶(因註冊驗資和增資驗資需要開立的臨時存款帳戶除外)和預算單位開立專用存款帳戶、QFII 專用存款帳戶實行核准制，經中國人民銀行核准後由銀行核發開戶許可證。

[例 2-4] 銀行開立( )實行核准制度,經中國人民銀行核准後由開戶銀行核發開戶許可證。

A. 一般存款帳戶

B. 個人銀行結算帳戶

C. 預算單位開立專用存款帳戶

D. 因註冊驗資需要開立的臨時存款帳戶

【解析】選 C。根據有關規定,存款人開立基本存款帳戶、臨時存款帳戶(因註冊驗資和增資驗資的除外)、預算單位開立專用存款帳戶和 QFII 專用存款帳戶實行核准制,經中國人民銀行核准後由銀行頒發開戶許可證。

二、銀行結算帳戶管理的基本原則

(一)一個基本帳戶原則

單位銀行結算帳戶的存款人只能在銀行開立一個基本存款帳戶,不能多頭開立基本存款帳戶。

(二)自主選擇銀行開立銀行結算帳戶原則

存款人可以自主選擇銀行開立帳戶,除國家法律、行政法規和國務院另有規定外,任何單位和個人不得強令存款人到指定銀行開立銀行結算帳戶。

(三)守法合規原則

銀行結算帳戶的開立和使用應當遵守法律、行政法規,不得利用銀行結算帳戶進行偷逃稅款、逃避債務、套取現金及其他違法犯罪活動。

(四)存款信息保密原則

銀行應依法為存款人的銀行結算帳戶信息保密,對單位或者個人銀行結算帳戶的存款和有關資料,除國家法律、行政法規另有規定外,銀行有權拒絕任何單位或個人查詢。

三、銀行結算帳戶的開立、變更和撤銷

(一)銀行結算帳戶開立的一般程序

1. 申請

存款人開立銀行結算帳戶時,應填製開戶申請書,並提交有關的證明文件。銀行應對存款人的開戶申請書填寫的事項和證明文件的真實性、完整性、合規性進行認真審查。

單位開立銀行結算帳戶的名稱應與其提供的申請開戶的證明文件的名稱全稱

一致。有字號的個體工商戶開立銀行結算帳戶的名稱，應與其營業執照的字號相一致，無字號的個體工商戶開立銀行結算帳戶的名稱，由「個體戶」字樣和營業執照記載的經營者姓名組成。自然人開立銀行結算帳戶的名稱，應與其提供的有效身分證件中的名稱全稱一致。

2.核准與備案

(1)核准。開戶申請書填寫的事項齊全，符合開立基本存款帳戶、臨時存款帳戶和預算單位專用存款帳戶 QFII 專用存款帳戶條件的，銀行應將申請材料報送中國人民銀行當地分支行，經其核准後辦理開戶手續。

(2)備案。符合開立一般存款帳戶、其他專用帳戶和個人銀行結算帳戶條件的，銀行應辦理開戶手續，並於開戶之日起 5 個工作日內向中國人民銀行當地分支行備案。

3.簽訂協議、預留簽章

銀行為存款人開立銀行結算帳戶，應與存款人簽訂銀行結算帳戶管理協議，明確雙方的權利與義務。除中國人民銀行另有規定外，應建立存款人預留簽章卡片，並將簽章式樣和有關證明文件的原件或複印件留存歸檔。

4.簽發開戶許可證

銀行為存款人辦理基本存款帳戶開戶手續後，應給存款人出具開戶許可證。開戶許可證是記載單位銀行結算帳戶信息的有效證明，存款人應按規定使用，並妥善保管。

存款人開立單位銀行結算帳戶，自正式開立之日起 3 個工作日後，方可辦理付款業務，但註冊驗資的臨時存款帳戶轉為基本存款帳戶和因借款轉存開立的一般存款帳戶除外。

(二)銀行結算帳戶的變更

1.申請

存款人更改名稱，但不改變開戶銀行及帳號的，應於 5 個工作日內向開戶銀行提出銀行結算帳戶的變更申請，並出具有關部門的證明文件；單位的法定代表人或主要負責人、住址以及其他開戶資料發生變更時，應於 5 個工作日內書面通知開戶銀行並提供有關證明。

2.變更與報告

開戶銀行接到存款人的變更通知後，應及時辦理變更手續，並於 2 個工作日內向中國人民銀行報告。

(三)銀行結算帳戶的撤銷

存款人有以下情形之一的,應向開戶銀行提出撤銷銀行結算帳戶的申請:
(1)被撤並、解散、宣告破產或關閉的。
(2)註銷、被吊銷營業執照的。
(3)因遷址需要變更開戶銀行的。
(4)其他原因需要撤銷銀行結算帳戶的。

存款人有上述第(1)、(2)項情形的,應於5個工作日內向開戶銀行提出撤銷銀行結算帳戶的申請。存款人因第(1)、(2)項情形撤銷基本存款帳戶的,存款人基本存款帳戶的開戶銀行應自撤銷銀行結算帳戶之日起2個工作日內將撤銷該基本存款帳戶的情況書面通知該存款人其他銀行結算帳戶的開戶銀行;存款人其他銀行結算帳戶的開戶銀行,應自收到通知之日起2個工作日內通知存款人撤銷有關銀行結算帳戶;存款人應自收到通知之日起3個工作日內辦理其他銀行結算帳戶的撤銷。存款人尚未清償其開戶銀行債務的,不得申請撤銷銀行結算帳戶。

未獲得工商行政管理部門核准登記的單位,在驗資期滿後,應向銀行申請撤銷註冊驗資臨時存款帳戶,其帳戶資金應退還給原匯款人帳戶。註冊驗資資金以現金方式存入,出資人需要提取現金的,應出具繳存現金時的現金繳款單原件及其有效身分證件。

存款人撤銷銀行結算帳戶,必須與開戶銀行核對銀行結算帳戶存款餘額,交回各種重要空白票據及結算憑證和開戶許可證,銀行核對無誤後方可辦理銷戶手續。存款人未按規定交回各種重要空白票據及結算憑證的,應出具有關證明,造成的損失,由其自行承擔。

銀行撤銷單位銀行結算帳戶時應在其基本存款帳戶開戶許可證上註明銷戶日期並簽章,同時於撤銷銀行結算帳戶之日起2個工作日內,向中國人民銀行報告。

開戶銀行對已開戶一年,但未發生任何業務且未欠開戶銀行債務的單位銀行結算帳戶,應通知存款人自發出通知之日起30日內到開戶銀行辦理銷戶手續,逾期視同自願銷戶,未劃轉款項列入久懸未取專戶管理。

四、基本存款帳戶

(一)基本存款帳戶的概念

基本存款帳戶是存款人因辦理日常轉帳結算和現金收付需要開立的銀行結算帳戶。

(二)基本存款帳戶的使用範圍

基本存款帳戶是存款人的主辦帳戶。存款人日常經營活動的資金收付及其工

資、獎金和現金的支取,應通過該帳戶辦理。

(三)基本存款帳戶的開戶要求

根據《人民幣銀行結算帳戶管理辦法》規定,可以申請開立基本存款帳戶的存款人有企業法人、非法人企業、機關、事業單位、團級(含)以上軍隊、武警部隊、社會團體、民辦非企業組織、異地常設機構、外國駐華機構、個體工商戶、居民委員會、村民委員會、社區委員會、單位設立的獨立核算的附屬機構、其他組織。

存款人申請開立基本存款帳戶,應向銀行出具下列證明文件:

(1)企業法人,應出具企業法人營業執照正本。

(2)非法人企業,應出具企業營業執照正本。

(3)機關和實行預算管理的事業單位,應出具政府人事部門或編製委員會的批文或登記證書和財政部門同意其開戶的證明;非預算管理的事業單位,應出具政府人事部門或編製委員會的批文或登記證書。

(4)軍隊、武警團級(含)以上單位以及分散執勤的支(分)隊,應出具軍隊軍級以上單位財務部門、武警總隊財務部門的開戶證明。

(5)社會團體,應出具社會團體登記證書,宗教團體還應出具宗教事務管理部門的批文或證明。

(6)民辦非企業組織,應出具民辦非企業登記證書。

(7)外地常設機構,應出具其駐在地政府主管部門的批文。

(8)外國駐華機構,應出具國家有關主管部門的批文或證明;外資企業駐華代表處、辦事處應出具國家登記機關頒發的登記證。

(9)個體工商戶,應出具個體工商戶營業執照正本。

(10)居民委員會、村民委員會、社區委員會,應出具其主管部門的批文或證明。

(11)獨立核算的附屬機構,應出具其主管部門的基本存款帳戶開戶許可證和批文。

(12)其他組織,應出具政府主管部門的批文或證明。

(四)基本存款帳戶的開立程序

存款人開立基本存款帳戶時,應填交開戶申請書,提供規定的證明文件;開戶銀行審查其真實性、完整性和合規性,並將審核後的存款人提交的上述文件和審核意見等開戶資料報送中國人民銀行當地分支行,經其核准後辦理開戶手續。

[例2-5] 根據金融法律制度的規定,存款人辦理日常轉帳結算和現金收付的銀行結算帳戶是( )。

A.基本存款帳戶　　　　　　　　B.一般存款帳戶

C. 臨時存款帳戶　　　　　　D. 專用存款帳戶

【解析】選 A。基本存款帳戶是存款人辦理日常轉帳結算和現金收付的銀行結算帳戶。

五、一般存款帳戶

(一)一般存款帳戶的概念

一般存款帳戶是指存款人因借款或其他結算需要，在基本存款帳戶開戶銀行以外的銀行營業機構開立的銀行結算帳戶。

(二)一般存款帳戶的使用範圍

一般存款帳戶用於辦理存款人借款轉存、借款歸還和其他結算的資金收付。該帳戶可以辦理現金繳存，但不得辦理現金支取。

(三)一般存款帳戶的開戶要求

開立一般存款帳戶應按照規定的程序辦理並提交有關證明文件。存款人申請開立一般存款帳戶，應向銀行出具其開立基本存款帳戶規定的證明文件、基本存款帳戶開戶許可證和借款合同及其他有關證明。

(四)一般存款帳戶的開立程序

存款人開立一般存款帳戶時，應填交開戶申請書，提供規定的證明文件；開戶銀行審查其真實性、完整性和合規性，符合開立條件的，銀行應辦理開戶，並於開戶之日起 5 個工作日內向中國人民銀行當地分支行備案；自開立一般存款帳戶之日起 3 個工作日內書面通知基本存款帳戶開戶銀行。

[例 2-6] 下列有關銀行結算帳戶的表述中，正確的有(　　)。

A. 一個單位只能在一家銀行開立一個基本存款帳戶

B. 一個單位可以在多家銀行開立多個基本存款帳戶

C. 現金繳存可以通過一般存款帳戶辦理

D. 現金支取不能通過一般存款帳戶辦理

【解析】選 ACD。一個單位只能在一家銀行開立一個基本存款帳戶；一般存款帳戶可以辦理現金繳存，但不能辦理現金支取。

六、專用存款帳戶

(一)專用存款帳戶的概念

專用存款帳戶是指存款人按照法律、行政法規和規章，對有特定用途資金進行專項管理和使用而開立的銀行結算帳戶。

(二)專用存款帳戶的使用範圍

針對不同的專用資金,《人民幣銀行結算帳戶管理辦法》規定了不同的使用範圍,具體如下:

(1)單位銀行卡帳戶的資金必須由其基本存款帳戶轉帳存入。該帳戶不得辦理現金收付業務。

(2)財政預算外資金、證券交易結算資金、期貨交易保證金和信託基金專用存款帳戶不得支取現金。

(3)基本建設資金、更新改造資金、政策性房地產開發資金、金融機構存放同業資金帳戶需要支取現金的,應在開戶時報中國人民銀行當地分支行批准。

(4)糧、棉、油收購資金、社會保障基金、住房基金和黨、團、工會經費等專用存款帳戶支取現金應按照國家現金管理的規定辦理。

(5)收入匯繳帳戶除向其基本存款帳戶或預算外資金財政專用存款帳戶劃繳款項外,只收不付,不得支取現金。

(6)業務支出帳戶除從其基本存款帳戶撥入款項外,只付不收,其現金支取必須按照國家現金管理的規定辦理。

(三)專用存款帳戶的開戶要求

開立專用存款帳戶應按照規定的程序辦理並提交有關證明文件。存款人申請開立專用存款帳戶,應向銀行出具其開立基本存款帳戶規定的證明文件、基本存款帳戶開戶許可證和其他相關證明文件。

(四)專用存款帳戶的開立程序

填製開戶申請書,提供相應的證明文件;預算單位專用存款帳戶經中國人民銀行審核同意後,由開戶行核發開戶許可證,開立該帳戶,其他專用存款帳戶於開戶之日起5個工作日內向中國人民銀行當地分支行備案,並於開戶之日起3個工作日內書面通知基本存款帳戶的開戶銀行。

七、臨時存款帳戶

(一)臨時存款帳戶的概念

臨時存款帳戶是指存款人因臨時需要並在規定期限內使用而開立的銀行結算帳戶。

(二)臨時存款帳戶的使用範圍

臨時存款帳戶用於設立臨時機構、異地臨時經營活動、註冊驗資而發生的資金

收付。臨時存款帳戶支取現金,應按照國家現金管理的規定辦理。註冊驗資的臨時存款帳戶在驗資期間只收不付。臨時存款帳戶的有效期最長不得超過2年。

(三)臨時存款帳戶的開戶要求

臨時存款帳戶的開戶要求有以下幾個方面:

(1)臨時機構,應出具其駐在地主管部門同意設立臨時機構的批文。

(2)異地建築施工及安裝單位,應出具其營業執照正本或其隸屬單位的營業執照正本,以及施工及安裝地建設主管部門核發的許可證或建築施工及安裝合同。

(3)異地從事臨時經營活動的單位,應出具其營業執照正本以及臨時經營地工商行政管理部門的批文。

(4)註冊驗資資金,應出具工商行政管理部門核發的企業名稱預先核准通知書或有關部門的批文。

上述第(2)、(3)項還應當出具其基本存款帳戶開戶許可證。

(四)臨時存款帳戶的開立程序

存款人開立臨時存款帳戶時,應填交開戶申請書,提供規定的證明文件;開戶銀行審查其真實性、完整性和合規性;符合開立條件的,銀行應辦理開戶,並於開戶之日起5個工作日內向中國人民銀行當地分支行備案;自開立臨時存款帳戶之日起3個工作日內書面通知基本存款帳戶開戶銀行。

八、個人銀行結算帳戶

(一)個人銀行結算帳戶的概念

個人銀行結算帳戶是自然人因投資、消費、結算等而開立的可辦理支付結算業務的存款帳戶。

自然人可根據需要申請開立個人銀行結算帳戶,也可以在已開立的儲蓄帳戶中選擇並向開戶銀行申請確認為個人銀行結算帳戶。

知識鏈接

個人銀行結算帳戶實際有三個功能:一是活期儲蓄功能,即可以通過個人結算存取存款本金和支付利息,該帳戶的利息按照活期儲蓄利息計算;二是普通轉帳功能,即通過開立個人銀行結算帳戶,辦理匯款、支付水、電、氣等基本日常費用、代發工資等轉帳結算服務,使用匯兌、委託收款、借記卡、定期借記、定期貸記、電子錢包(IC卡)等轉帳工具;三是通過個人銀行結算帳戶使用支票、信用卡等信用支付工具的功能。

(二)個人銀行結算帳戶的使用範圍

個人銀行結算帳戶用於辦理個人轉帳收付和現金支取。

根據《人民幣銀行結算帳戶管理辦法》的規定,下列款項可以轉入個人銀行結算帳戶:工資、獎金收入;稿費、演出費等勞務收入;債券、期貨、信託等投資的本金和收益;個人債權或產權轉讓收益;個人貸款轉存;證券交易結算資金和期貨交易保證金;繼承、贈予款項;保險理賠、保費退還等款項;納稅退還;農、副、礦產品銷售收入;其他合法款項。

(三)個人銀行結算帳戶的開戶要求

1. 個人銀行結算帳戶的開立條件

存款人有下列情況的,可以申請開立個人銀行結算帳戶:
(1)使用支票、信用卡、電子支付等信用支付工具。
(2)辦理匯兌、定期借記、定期貸記、借記卡等結算業務。

2. 開立個人銀行結算帳戶需要的證明文件

申請開立個人銀行結算帳戶應向銀行出具的證明文件:中國居民應出具居民身分證或臨時身分證;中國人民解放軍軍人應出具軍人身分證件;中國人民武裝警察應出具武警身分證件;香港、澳門居民應出具港澳居民往來內地通行證;臺灣居民應出具臺灣居民來往大陸通行證或者其他有效旅行證件;外國公民應出具護照;法律、法規和國家有關文件規定的其他有效證件;銀行根據需要還可要求申請人出具戶口簿、駕駛執照、護照等有效證件。

(四)個人銀行結算帳戶使用中應注意的問題

(1)單位從銀行結算帳戶支付給個人銀行結算帳戶的款項,每筆超過5萬元的,應向其開戶銀行提供付款依據(即對應前述的個人銀行結算帳戶使用範圍的相關證明)。

(2)從單位銀行結算帳戶支付給個人銀行結算帳戶的款項應納稅的,稅收代扣單位付款時,應向其開戶銀行提供完稅證明。

(3)個人持出票人為單位的支票向開戶銀行委託收款,將款項轉入其個人銀行結算帳戶的或者個人持申請人為單位的銀行匯票和銀行本票向開戶銀行提示付款,將款項轉入其個人銀行結算帳戶的,個人應當提供有關收款依據。

(4)個人持出票人(或申請人)為單位,並且一手或多手背書人為單位的支票、銀行匯票或銀行本票,向開戶銀行提示付款並將款項轉入其個人銀行結算帳戶的,應當提供有關最後一手背書人為單位並且被背書人為個人的收款依據。

(5)單位銀行結算帳戶支付給個人銀行結算帳戶款項的,銀行應按有關規定,認真審查付款依據或收款依據的原件,並留存複印件,按會計檔案保管。未提供相關依據或相關依據不符合規定的,銀行應拒絕辦理。

(6)儲蓄帳戶僅限於辦理現金存取業務,不得辦理轉帳結算。

九、異地銀行結算帳戶

(一)異地銀行結算帳戶的概念

異地銀行結算帳戶是指存款人符合法定條件,根據需要在異地開立相應的銀行結算帳戶。存款人有下列情形之一的,可以在異地開立有關銀行結算帳戶:

(1)營業執照註冊地與經營地不在同一行政區域(跨省、市、縣),需要開立基本存款帳戶的。

(2)辦理異地借款和其他結算需要開立一般存款帳戶的。

(3)存款人因附屬的非獨立核算單位或派出機構發生的收入匯繳或業務支出需要開立專用存款帳戶的。

(4)異地臨時經營活動需要開立臨時存款帳戶的。

(5)自然人根據需要在異地開立個人銀行結算帳戶的。

(二)異地銀行結算帳戶的使用範圍

異地銀行結算帳戶的使用應按照開設的不同帳戶的使用規定進行使用。

(三)異地銀行結算帳戶的開立要求

辦理異地銀行結算帳戶時,存款人還應根據不同的帳戶類型報送不同的開戶資料。存款人需要在異地開立單位銀行結算帳戶,除出具開立本地銀行結算帳戶規定的有關證明文件外,還應出具下列相應的證明文件:

(1)經營地與註冊地不在同一行政區域的存款人,在異地開立基本存款帳戶的,應出具註冊地中國人民銀行分支行的未開立基本存款帳戶的證明。

(2)異地借款的存款人,在異地開立一般存款帳戶的,應出具在異地取得貸款的借款合同及基本存款帳戶開戶許可證。

(3)因經營需要在異地辦理收入匯繳和業務支出的存款人,在異地開立專用存款帳戶的,應出具隸屬單位的證明及基本存款帳戶開戶許可證。

(4)存款人需要在異地開立個人銀行結算帳戶的,需出具與存款人本地開立銀行結算帳戶相同的證明文件。

(四)異地銀行結算帳戶的開立程序

開立異地銀行結算帳戶的,根據其帳戶的種類不同,開立程序與前述相關帳戶

開立的程序相同。

十、銀行結算帳戶的管理

(一)中國人民銀行的管理

中國人民銀行對結算帳戶的管理包括以下內容:

(1)負責監督、檢查銀行結算帳戶的開立、使用、變更和撤銷,對銀行結算帳戶的開立和使用實施監控和管理。

(2)負責基本存款帳戶、臨時存款帳戶和預算單位專用存款帳戶開戶許可證的管理。

(3)對存款人、銀行違反銀行結算帳戶管理規定的行為予以處罰。

(二)開戶銀行的管理

開戶銀行對結算帳戶的管理包括以下內容:

(1)負責所屬營業機構銀行結算帳戶開立和使用的管理,監督和檢查其執行《人民幣銀行結算帳戶管理辦法》的情況,糾正違規開立和使用銀行結算帳戶的行為。

(2)應明確專人負責銀行結算帳戶的開立、使用和撤銷的審查和管理,負責對存款人開戶申請資料的審查,並按照銀行帳戶管理的規定及時報送存款人開銷戶信息資料,建立健全開銷戶登記制度,建立銀行結算帳戶管理檔案,按會計檔案進行管理。銀行結算帳戶管理檔案的保管期限為銀行結算帳戶撤銷後 10 年。

(3)對已開立的單位銀行結算帳戶實行年檢制度。檢查開立的銀行結算帳戶的合規性,核實開戶資料的真實性;對不符合銀行帳戶管理規定開立的單位銀行結算帳戶,應予以撤銷。對經核實的各類銀行結算帳戶的資料變動情況,應及時報告中國人民銀行當地分支行。

(4)對存款人使用銀行結算帳戶的情況進行監督,對存款人的可疑支付應按照中國人民銀行規定的程序及時報告。

(三)存款人的管理

存款人的管理包括以下內容:

(1)存款人應加強對預留銀行簽章的管理。單位遺失預留公章或財務專用章的,應向開戶銀行出具書面申請、開戶許可證、營業執照等相關證明文件;更換預留公章或財務專用章時,應向開戶銀行出具書面申請、原預留簽章的式樣等相關證明文件。個人遺失或更換預留個人印章或更換簽字人時,應向開戶銀行出具經簽名確認的書面申請,以及原預留印章或簽字人的個人身分證件。銀行應留存相應的

複印件，並憑此辦理預留銀行簽章的變更。

(2)存款人應加強對開戶許可證的管理。開戶許可證遺失或毀損時，存款人應填寫「補(換)發開戶許可證申請書」，並加蓋單位公章，比照有關開立銀行結算帳戶的規定，通過開戶銀行向中國人民銀行當地分支行提出補(換)發開戶許可證的申請。申請換發開戶許可證的，存款人應繳回原開戶許可證。

(3)存款人應妥善保管密碼。存款人在收到開戶銀行轉交的初始密碼之後，應到中國人民銀行當地分支行或基本存款帳戶開戶銀行辦理密碼變更手續。存款人遺失密碼的，應持其開戶時需要出具的證明文件和基本存款帳戶開戶許可證到中國人民銀行當地分支行申請重置密碼。

十一、違反銀行帳戶管理法律制度的法律責任

(一)存款人違反帳戶管理制度的法律責任

1.存款人開立、撤銷銀行結算帳戶，不得有的行為

(1)違反規定開立銀行結算帳戶。

(2)偽造、變造證明文件欺騙銀行開立銀行結算帳戶。

(3)違反規定不及時撤銷銀行結算帳戶。

非經營性的存款人，有上述所列行為之一的，給予警告並處以1,000元的罰款；經營性的存款人有上述所列行為之一的，給予警告並處以1萬元以上3萬元以下的罰款；構成犯罪的，移交司法機關依法追究刑事責任。

2.存款人使用銀行結算帳戶，不得有的行為

(1)違反規定將單位款項轉入個人銀行結算帳戶。

(2)違反規定支取現金。

(3)利用開立銀行結算帳戶逃廢銀行債務。

(4)出租、出借銀行結算帳戶。

(5)從基本存款帳戶之外的銀行結算帳戶轉帳存入、將銷貨收入存入或現金存入單位信用卡帳戶。

(6)法定代表人或主要負責人、存款人地址以及其他開戶資料的變更事項未在規定期限內通知銀行。

非經營性的存款人有上述所列第(1)至(5)項行為的，給予警告並處以1,000元罰款；經營性的存款人有上述所列第(1)至(5)項行為的，給予警告並處以5,000元以上3萬元以下的罰款；存款人有上述所列第(6)項行為的，給予警告並處以1,000元的罰款。

3.不得偽造、變造、私自印製開戶許可證

偽造、變造、私自印製開戶許可證的存款人,屬非經營性的處以1,000元罰款;屬經營性的處以1萬元以上3萬元以下的罰款;構成犯罪的,移交司法機關依法追究刑事責任。

[例2-7] 存款人違反規定開立銀行結算帳戶的,對於非經營性的存款人,給予警告並處以( )的罰款。

A.1,000元　　　　　　　　　　B.3,000元

C.1,000元以上1萬元以下　　　　D.1萬元以上3萬元以下

【解析】選A。非經營性的存款人違反規定開立銀行結算帳戶的,給予警告並處以1,000元的罰款。

(二)銀行違反帳戶管理制度的法律責任

1.銀行在銀行結算帳戶的開立中,不得有的行為

(1)違反規定為存款人多頭開立銀行結算帳戶。

(2)明知或應知是單位資金,而允許以自然人名稱開立帳戶存儲。

銀行有上述所列行為之一的,給予警告,並處以5萬元以上30萬元以下的罰款;對該銀行直接負責的高級管理人員、其他直接負責的主管人員、直接責任人員按規定給予紀律處分;情節嚴重的,中國人民銀行有權停止對其開立基本存款帳戶的核准,責令該銀行停業整頓或者吊銷經營金融業務許可證;構成犯罪的,移交司法機關依法追究刑事責任。

2.銀行在銀行結算帳戶的使用中,不得有的行為

(1)提供虛假開戶申請資料欺騙中國人民銀行許可開立基本存款帳戶、臨時存款帳戶、預算單位專用存款帳戶。

(2)開立或撤銷單位銀行結算帳戶,未按規定在其基本存款帳戶開戶許可證上予以登記、簽章或通知相關開戶銀行。

(3)違反規定辦理個人銀行結算帳戶轉帳結算。

(4)為儲蓄帳戶辦理轉帳結算。

(5)違反規定為存款人支付現金或辦理現金存入。

(6)超過期限或未向中國人民銀行報送帳戶開立、變更、撤銷等資料。

銀行有上述所列行為之一的,給予警告,並處以5,000元以上3萬元以下的罰款;對該銀行直接負責的高級管理人員、其他直接負責的主管人員、直接責任人員按規定給予紀律處分;情節嚴重的,中國人民銀行有權停止對其開立基本存款帳戶的核准,構成犯罪的,移交司法機關依法追究刑事責任。

第四節　票據結算方式

一、票據結算概述

(一) 票據的概念與種類

票據是指由出票人依法簽發的,約定自己或者委託付款人在見票時或指定的日期向收款人或持票人無條件支付一定金額的有價證券。

票據的概念有廣義和狹義之分。廣義的票據包括各種有價證券和憑證,如股票、國庫券、企業債券、發票和提單等;狹義的票據僅指《中華人民共和國票據法》(以下簡稱《票據法》)中規定的票據,即銀行匯票、銀行本票、商業匯票和支票。

(二) 票據的特徵

1. 票據是債券憑證和金錢憑證

持票人可以就票據上所記載的金額向特定票據債務人行使其請求權,其性質是債權,所以票據是債權證券。就債權的標的而言,持票人享有的權利就是請求債務人給付一定的金錢,那麼票據又是一種金錢證券。

2. 票據是設權證券

票據上所表示的權利,是由出票這種行為而創設的,沒有票據,就沒有票據上的權利。因此,票據是一種設權證券。

3. 票據是文義證券

與票據有關的一切權利和義務,都嚴格依照票據上記載的文義而定,文義之外的任何理由、事項都不得作為根據。為了保護善意持票人和維護交易安全,票據上記載的文義即使有錯,通常也不得依據票據之外的其他證據變更或者補充。

(三) 票據的功能

1. 支付功能

票據可以充當支付工具,代替現金使用。對於當事人來講,用票據支付可以消除現金攜帶的不便,克服點鈔的麻煩,節省計算現金的時間。

2. 匯兌功能

票據可以代替貨幣在不同地方之間運送,方便異地之間的支付。如果異地之間使用貨幣,需要運送或攜帶,不僅費事費力,而且也不安全,大額貨幣的運送更是

如此。如果只拿著一張票據到異地支付,相對而言既安全又方便。

3. 信用功能

票據當事人可以憑藉自己的信譽,將未來才能獲得的金錢作為現在的金錢來使用。

4. 結算功能

結算功能即債務抵銷功能。簡單的結算是互有債務的雙方當事人各簽發一張本票,待兩張本票都到到期日即可以相互抵銷債務。若有差額,由一方以現金支付。

5. 融資功能

融資功能即融通資金或調度資金。票據的融資功能是通過票據的貼現、轉貼現和再貼現實現的。

(四)票據行為

票據行為是指票據當事人以發生票據債務為目的的、以在票據上簽名或蓋章為權利與義務成立要件的法律行為,包括出票、背書、承兌和保證四種。

出票是指出票人簽發票據並將其交付給收款人的行為;背書是指持票人為將票據權利轉讓給他人或者將一定的票據權利授予他人行使,而在票據背面或者粘單上記載有關事項並簽章的行為;承兌是指匯票付款人承諾在匯票到期日支付匯票金額並簽章的行為;保證是指票據債務人以外的人,為擔保特定債務人履行票據債務而在票據上記載有關事項並簽章的行為。

(五)票據當事人

票據當事人是指票據法律關係中享有票據權利、承擔票據義務的當事人,也稱票據法律關係主體。票據當事人包括基本當事人和非基本當事人。

1. 基本當事人

基本當事人是指在票據作成和交付時就已存在的當事人,是構成票據法律關係的必要主體,包括出票人、付款人和收款人。

(1)出票人。出票人是指依法定方式簽發票據並將票據交付給收款人的人。

(2)收款人。收款人是指票據到期後有權收取票據所載金額的人,又稱票據權利人。

(3)付款人。付款人是指由出票人委託付款或自行承擔付款責任的人。

2. 非基本當事人

非基本當事人是指在票據作成並交付後,通過一定的票據行為加入票據關係

而享有一定權利、義務的當事人,包括承兌人、背書人、被背書人、保證人等。

(1)承兌人。承兌人是指接受匯票出票人的付款委託同意承擔支付票款義務的人。

(2)背書人。背書人是指在轉讓票據時,在票據背面簽字或蓋章,並將該票據交付給受讓人的票據收款人或持有人。

(3)被背書人。被背書人是指被記名受讓票據或接受票據轉讓的人。

(4)保證人。保證人是指為票據債務提供擔保的人,由票據債務人以外的他人擔當。

(六)票據權利與責任

1.票據權利

(1)票據權利的概念

票據權利是指票據持票人向票據債務人請求支付票據金額的權利,包括付款請求權和追索權。

付款請求權是指持票人向匯票的承兌人、本票的出票人、支票的付款人出示票據要求付款的權利。行使付款請求權的持票人可以是票據記載的收款人或最後的被背書人。

票據追索權是指票據當事人行使付款請求權遭到拒絕或有其他法定原因存在時,向其前手請求償還票據金額及其他法定費用的權利。行使追索權的當事人除票據記載的收款人和最後的被背書人外,還可能是代為清償票據債務的保證人、背書人。

(2)票據權利的時效

票據權利在以下期限內不行使會消失:①持票人對票據的出票人和承兌人的權利,自票據到期日起 2 年;②見票即付的匯票、本票,自出票日起 2 年;③持票人對支票出票人的權利,自出票日起 6 個月;④持票人對前手的追索權,自被拒絕承兌或者被拒絕付款之日起 6 個月;⑤持票人對前手的再追索權,自清償或者被提起訴訟之日起 3 個月。

2.票據責任

票據責任是指票據債務人向持票人支付票據金額的責任。它是基於債務人特定的票據行為(如出票、背書、承兌等)而應承擔的義務,主要包括付款義務和償還義務。

(七)票據記載事項

票據記載事項是指依法在票據上記載票據相關內容的行為。票據記載事項可

分為絕對記載事項、相對記載事項和任意記載事項。

1. 絕對記載事項

絕對記載事項是指《票據法》明文規定必須記載的事項，如不記載，則票據無效。

2. 相對記載事項

相對記載事項是指《票據法》規定應當記載而沒有記載，但按照法律的有關規定而不使票據失效的事項。如匯票上沒有記載付款日期的，視為見票即付；匯票上未記載付款地的，付款人的營業場所、住所或者經常居住地為付款地等。

3. 任意記載事項

任意記載事項是指《票據法》不強制當事人必須記載而允許當事人自行選擇，不記載時不影響票據效力，記載時則產生票據效力的事項，如出票人在匯票上記載「不得轉讓」字樣的，該匯票不得轉讓。

4. 非法定記載事項

除了必須記載事項、相對記載事項、任意記載事項外，票據上還可以記載其他一些事項，但這些事項不具有票據效力。如《票據法》第二十四條規定，「匯票上可以記載本法規定事項以外的其他出票事項，但是該記載事項不具有匯票上的效力。」

(八) 票據喪失的補救

票據喪失是指票據因滅失、遺失、被盜等原因而使票據權利人脫離其對票據的佔有。票據喪失後可以採取掛失止付、公示催告、普通訴訟三種形式進行補救。

1. 掛失止付

掛失止付是指失票人將喪失票據的情況通知付款人，由接受通知的付款人審查後暫停支付的一種方式。只有確定付款人或代理付款人的票據喪失時，才可以進行掛失止付，具體包括已承兌的商業匯票、支票、填明「現金」字樣和代理付款人的銀行匯票以及填明「現金」字樣的銀行本票四種。掛失止付並不是票據喪失後採取的必經措施，而是一種暫時的預防措施，最終要通過申請公示催告或提起普通訴訟來補救票據權利。

2. 公示催告

公示催告是指在票據喪失後由失票人向人民法院提出申請，請求人民法院以公告方式通知不確定的利害關係人限期申報權利，逾期未申報者，則權利失效，而由法院通過除權判決宣告所喪失的票據無效的一種制度或程序。

3. 普通訴訟

普通訴訟是指喪失票據的失票人直接向人民法院提起民事訴訟,要求法院判令付款人向其支付票據金額的活動。

二、支票

(一)支票的概念及適用範圍

支票是指出票人簽發的、委託辦理支票存款業務的銀行在見票時無條件支付確定的金額給收款人或者持票人的票據。

單位和個人在同一票據交換區域的各種款項結算,均可以使用支票。2007年7月8日,中國人民銀行宣布,支票可以實現全國範圍內互通使用。

支票可以背書轉讓,但用於支取現金的支票不能背書轉讓。

(二)支票的種類

按照支付票款方式,將支票分為現金支票、轉帳支票和普通支票。現金支票只能用於支取現金;轉帳支票只能用於轉帳;普通支票,既可以用於支取現金,也可用於轉帳。在普通支票左上角劃兩條平行線的,為劃線支票,劃線支票只能用於轉帳,不能用於支取現金。上述三種支票都沒有金額起點和最高限額。

[例2-8]　只能用於轉帳,不能支取現金的支票有(　　)。

　　A.現金支票　　　　　　　B.轉帳支票
　　C.普通支票　　　　　　　D.劃線支票

【解析】選BD。轉帳支票只能用於轉帳,不能用於支取現金。在普通支票左上角劃兩條平行線,為劃線支票,劃線支票只能用於轉帳,不能用於支取現金。

(三)支票的出票

1. 支票的絕對記載事項

支票的絕對記載事項有六項:

(1)表明「支票」的字樣。

(2)無條件支付的委託。

(3)確定的金額。

(4)付款人名稱。

(5)出票日期。

(6)出票人簽章。

缺少上述任一事項,支票無效。支票的金額、收款人名稱可以由出票人授權補記,未補記前不得背書轉讓和提示付款。

2.支票的相對記載事項

(1)付款地。支票上未記載付款地的,付款人的營業場所為付款地。

(2)出票地。支票上未記載出票地的,出票人的營業場所、住所或經常居住地為出票地。

3.出票的效力

出票人作成支票並交付之後,對出票人產生相應的法律效力。出票人必須按照簽發的支票金額承擔保證向該持票人付款的責任。這一責任包括兩項:一是出票人必須在付款人處存有足夠可處分的資金,以保證支票票款的支付;二是當付款人對支票拒絕付款或者超過支票付款提示期限的,出票人應向持票人承擔付款責任。

(四)支票的付款

支票的付款是指付款人根據持票人的請求向其支付支票金額的行為。支票限於見票即付,不得另行記載付款日期,另行記載付款日期的,該記載無效。

1.提示付款

支票的持票人應當自出票日起10日內提示付款;異地使用的支票,其提示付款的期限由中國人民銀行另行規定。超過提示付款期限提示付款的,持票人開戶銀行不予受理,付款人不予付款。付款人不予付款的,出票人仍應當對持票人承擔票據責任。

2.付款

出票人在付款人處的存款足以支付支票金額時,付款人應當在見票當日足額付款。

3.付款責任的解除

付款人依法支付支票金額的,對出票人不再承擔受委託付款的責任,對持票人不再承擔付款的責任。但是,付款人以惡意或者有重大過失付款的除外。

(五)支票的辦理要求

1.簽發支票的要求

(1)簽發支票應使用碳素墨水或墨汁填寫,中國人民銀行另有規定的除外。

(2)簽發現金支票和用於支取現金的普通支票,必須符合國家現金管理的規定。

(3)支票的出票人簽發支票的金額不得超過付款時在付款人處實有的金額,禁止簽發空頭支票。

(4)支票的出票人預留銀行簽章是銀行審核支票付款的依據。銀行也可以與出票人約定使用支付密碼,作為銀行審核支付支票金額的條件。

(5)出票人不得簽發與其預留銀行簽章不符的支票;使用支付密碼的,出票人不得簽發支付密碼錯誤的支票。

(6)出票人簽發空頭支票、簽章與預留銀行簽章不符的支票,使用支付密碼地區、支付密碼錯誤的支票,銀行應予以退票,並按票面金額處以5%但不低於1,000元的罰款;持票人有權要求出票人賠償支票金額2%的賠償金。對屢次簽發的,銀行應停止其簽發支票。

[例2-9] 4月15日A公司向B公司簽發一張金額為30,000元的支票,B公司4月16日向付款人提示付款時,A公司在其開戶銀行處實有的銀行存款餘額為5,000元。對A公司簽發空頭支票的行為,銀行應處的罰款數額為( )元。

A. 1,000 B. 1,500
C. 250   D. 300

【解析】選B。存款人簽發空頭支票,銀行應予以退票,並按票面金額處以5%但不低於1,000元的罰款。銀行應對A公司罰款為:30,000×5%=1,500(元),由於超過了1,000元,因此按照1,500元進行處罰。

2. 兌付支票的要求

(1)持票人可以委託開戶銀行收款或直接向付款人提示付款,用於支取現金的支票僅限於收款人向付款人提示付款。

(2)持票人委託開戶銀行收款時,應作委託收款背書,在支票背面背書人簽章欄簽章,記載「委託收款」字樣、背書日期,在被背書人欄記載開戶銀行名稱,並將支票和填製的進帳單送交開戶銀行。

(3)持票人持用於轉帳的支票向付款人提示付款時,應在支票背面背書人簽章欄簽章,並將支票和填製的進帳單送交出票人開戶銀行。

收款人持用於支取現金的支票向付款人提示付款時,應在支票背面「收款人簽章」處簽章,持票人為個人的,還需交驗本人身分證件,並在支票背面註明證件名稱、號碼及發證機關。

三、商業匯票

(一)商業匯票的概念和種類

商業匯票是指由出票人簽發的,委託付款人在指定日期無條件支付確定金額給收款人或者持票人的票據。

商業匯票按其承兌人的不同,可以分為商業承兌匯票和銀行承兌匯票兩種。商業承兌匯票是指由收款人簽發,經付款人承兌,或者由付款人簽發並承兌的匯票;銀行承兌匯票是指由收款人或承兌申請人簽發,並由承兌申請人向開戶銀行申請,經銀行審查同意承兌的匯票。

(二)商業匯票的出票

1.出票人的確定

商業承兌匯票的出票人應具備以下條件:①在銀行開立存款帳戶的法人以及其他組織;②與付款人具有真實的委託付款關係;③具有支付匯票金額的可靠資金來源。

銀行承兌匯票的出票人應具備以下條件:①在承兌銀行開立存款帳戶的法人以及其他組織;②與承兌銀行具有真實的委託付款關係;③資信狀況良好,具有支付匯票金額的可靠資金來源。

2.商業匯票的絕對記載事項

簽發商業匯票必須記載下列事項:

(1)表明「商業承兌匯票」或「銀行承兌匯票」的字樣。

(2)無條件支付的委託。

(3)確定的金額。

(4)付款人名稱。

(5)收款人名稱。

(6)出票日期。

(7)出票人簽章。

缺少上述任一事項,商業匯票無效。

3.商業匯票的相對記載事項

(1)付款日期。匯票上未記載付款日期的,視為見票即付。

(2)付款地。匯票上未記載付款地的,付款人的營業場所、住所或經常居住地為付款地。

(3)出票地。匯票上未記載出票地的,出票人的營業場所、住所或經常居住地為出票地。

此外,匯票上可以記載非法定記載事項,但這些事項不具有匯票上的效力。

[例2-10] 根據規定,下列屬於商業匯票絕對記載事項的有(　　)。

　　A.確定的金額　　　　　　B.無條件支付的委託

　　C.付款日期　　　　　　　D.出票日期和出票人簽章

【解析】選 ABD。商業匯票的絕對記載事項包括：表明「商業承兌匯票」或「銀行承兌匯票」的字樣；無條件支付的委託；確定的金額；付款人名稱；收款人名稱；出票日期；出票人簽章。選項 C 屬於相對記載事項。

4.商業匯票出票的效力

出票人依照《票據法》的規定完成出票行為之後，即產生票據上的效力。

(1)對收款人的效力。收款人取得匯票後，即取得票據權利。

(2)對付款人的效力。付款人對匯票承兌後，即成為匯票上的主債務人。

(3)對出票人的效力。出票人簽發匯票後，即承擔保證該匯票承兌和付款的責任。

(三)商業匯票的承兌

承兌是指匯票付款人承諾在匯票到期日支付匯票金額的票據行為。承兌是匯票特有的制度，本票和支票都沒有承兌。

1.承兌的程序

(1)提示承兌

定日付款或者出票後定期付款的匯票，持票人應當在匯票到期日前承兌；見票後定期付款的匯票，自出票日起 1 個月內提示承兌，匯票未按規定期限提示承兌的，持票人喪失對其前手的追索權；見票即付的匯票無需提示承兌。

(2)承兌成立

①承兌時間。付款人應當自收到提示承兌的匯票之日起 3 日內承兌或拒絕承兌。一般來說，如果付款人在 3 日內不作承兌與否表示的，則應視為拒絕承兌，持票人可以請求其做出拒絕承兌證明，向其前手行使追索權。

②接受承兌。付款人收到持票人提示承兌的匯票時，應當向持票人簽發收到匯票的回單。回單上應當記明匯票提示承兌日期並簽章。回單是付款人向持票人出具的已收到請求承兌匯票的證明。

③承兌的格式。付款人承兌匯票的，應當在匯票正面記載「承兌」字樣和承兌日期並簽章；見票後定期付款的匯票，應當在承兌時記載付款日期。匯票上未記載承兌日期的，以 3 天承兌期的最後一日為承兌日期。

④退回已承兌的匯票。付款人依承兌格式填寫完畢應記載事項並將已承兌的匯票退回持票人後才產生承兌的效力。

2.承兌的效力

(1)承兌人於匯票到期日必須向持票人無條件地支付匯票上的金額，否則其必須承擔遲延付款責任。

(2)承兌人必須對匯票上的一切權利人承擔責任,該權利人包括付款請求權利人和追索權利人。

(3)承兌人不得以其與出票人之間資金關係來對抗持票人,拒絕支付匯票金額。

(4)承兌人的票據責任不因持票人未在法定期限提示付款而解除。

3.承兌不得附有條件

付款人承兌商業匯票,不得附有條件。承兌附有條件的,視為拒絕承兌。銀行承兌匯票的承兌銀行,應按票面金額向出票人收取萬分之五的手續費。

(四)商業匯票的付款

商業匯票的付款是指付款人依據票據文義支付票據金額,以消滅票據關係的行為。

1.付款期限

商業匯票的付款期限,最長不得超過6個月。

2.提示付款期限

持票人應當按照下列法定期限提示付款:

(1)見票即付的匯票,自出票日起1個月內向付款人提示付款。

(2)定日付款、出票後定期付款或者見票後定期付款的匯票,自到期日起10日內向承兌人提示付款。持票人未按照上述規定期限提示付款的,持票人開戶銀行不予受理,但在做出說明後,承兌人或者付款人仍應當繼續對持票人承擔付款責任。

3.支付票款

持票人按照上述規定向付款人或承兌人提示付款後,付款人必須無條件地在當日按票據金額足額支付給持票人。如果付款人或承兌人不能當日足額付款的,應承擔遲延付款的責任。

4.付款的效力

付款人依法足額付款後,全體匯票債務人的責任解除。

(五)商業匯票的背書

商業匯票的背書是指以轉讓商業匯票權利或者將一定的商業匯票權利授予他人行使為目的,按照法定的事項和方式在商業匯票背面或者粘單上記載有關事項並簽章的票據行為。

匯票轉讓只能採用背書方式,而不能僅憑單純交付方式,否則不產生票據轉讓的效力。

1. 背書的記載事項

背書是一種要式行為,必須符合法定的形式。背書的記載事項包括以下內容:

(1)背書人簽章和背書日期的記載。背書由背書人簽章並記載背書日期。背書未記載日期的,視為在匯票到期日前背書。背書人背書時,必須在票據上簽章,背書才能成立,否則,背書行為無效。

(2)被背書人名稱的記載。背書人未記載被背書人名稱即將票據交付他人的,持票人在票據被背書人欄內記載自己的名稱與背書人記載具有同等法律效力。

(3)禁止背書的記載。出票人的禁止背書應記載在匯票的正面,出票人在匯票上記載「不得轉讓」字樣的,匯票不得轉讓;背書人的禁止背書應記載在匯票的背面,背書人在匯票上記載「不得轉讓」字樣,其後手再背書轉讓的,原背書人對後手的被背書人不承擔保證責任,其只對直接的被背書人承擔責任。

(4)背書時粘單的使用。為了保證粘單的有效性和真實性,第一位使用粘單的背書人必須將粘單粘接在票據上,並且在匯票和粘單的粘接處簽章,否則該粘單記載的內容無效。

(5)背書不得記載的事項。一是附有條件的背書。匯票背書附有條件的,所附條件不具有匯票上的效力;二是部分背書。部分背書是指背書人在背書時,將匯票金額的一部分或者將匯票金額分別轉讓給兩人以上的背書。將匯票金額的一部分或者將匯票金額分別轉讓給兩人以上的背書無效。

2. 背書連續

背書連續是指在票據轉讓中,轉讓匯票的背書人與受讓匯票的被背書人在匯票上的簽章依次前後銜接。如果背書不連續,付款人可以拒絕向持票人付款,否則付款人自行承擔責任。

背書連續主要是指形式上的連續,如果背書在實質上不連續,如有偽造簽章等,付款人仍應對持票人付款。但是,如果付款人明知持票人不是真正票據權利人,則不得向持票人付款,否則自行承擔責任。

3. 法定禁止背書

被拒絕承兌、被拒絕付款或者超過付款提示期限等三種情形下的匯票,不得背書轉讓;背書轉讓的,背書人應當承擔匯票責任。

[例 2-11] 下列關於背書的表述中,符合規定的有( )。

　　A.背書附有條件的,所附條件無效

　　B.背書可以附有條件並且所附條件具有票據效力

C.背書日期是背書的相對記載事項

D.將匯票金額分別轉讓給兩人以上的背書有效

【解析】選 AC。根據規定,附有條件的背書,所附條件無效,背書仍然有效。將匯票金額分別轉讓給兩人以上的背書無效。

(六)商業匯票的保證

保證是指票據債務人以外的第三人,為擔保票據債務的履行所作的一種附屬票據行為。

1.保證的當事人

保證的當事人為保證人與被保證人。保證應由匯票債務人以外的他人承擔,已成為票據債務人的,不得再充當票據上的保證人。

2.保證的格式

保證人必須在匯票或粘單上記載下列事項:

(1)表明「保證」的字樣。

(2)保證人簽章。

(3)保證人名稱和住所。

(4)被保證人的名稱。

(5)保證日期。

保證人未記載保證人名稱和住所的,以保證人的營業場所、住所或者經常居住地為保證人住所。保證人未記載被保證人名稱的,已承兌的匯票,承兌人為被保證人;未承兌的匯票,出票人為被保證人。保證人未記載保證日期的,出票日期為保證日期。為出票人、承兌人保證的,應記載於匯票的正面;為背書人保證的,應記載於匯票的背面或粘單上。

保證不得附有條件,附有條件的保證,所附條件不影響對匯票的保證責任。

3.保證的效力

(1)保證人的責任。被保證的匯票,保證人應當與被保證人對持票人承擔連帶責任。

(2)共同保證人的責任。保證人為兩人以上的,保證人之間承擔連帶責任。在共同保證的情況下,持票人可以不分先後向保證人中的一人或者數人或者全體就全部票據金額及有關費用行使票據權利,共同保證人不得拒絕。

(3)保證人的追索權。保證人清償匯票債務後,可以行使持票人對被保證人及其前手的追索權。

四、銀行匯票

(一)銀行匯票的概念及適用範圍

1. 銀行匯票的概念

銀行匯票是由出票銀行簽發的,在見票時按照實際結算金額無條件支付給收款人或者持票人的票據。

知識鏈接

銀行匯票出票金額是申請人申請簽發匯票時的申請金額,銀行匯票實際結算金額是申請人與收款人結算時的實際金額。當實際結算金額小於出票金額時,銀行會把多餘金額返還申請人。當實際結算金額大於出票金額時,銀行會先幫申請人墊付金額。墊付的金額會被視為申請人向銀行借的短期借款,銀行收取一定的利息。

2. 銀行匯票的適用範圍

單位和個人在異地、同城或同一票據交換區域的各種款項結算,均可使用銀行匯票。

(二)銀行匯票的絕對記載事項

銀行匯票的絕對記載事項包括以下內容:

(1)表明「銀行匯票」的字樣。

(2)無條件支付的承諾。

(3)確定的金額。

(4)付款人名稱。

(5)收款人名稱。

(6)出票日期。

(7)出票人簽章。

匯票上未記載上述事項之一的,匯票無效。

(三)銀行匯票的基本規定

(1)銀行匯票可以用於轉帳,標明「現金」字樣的銀行匯票也可以提取現金。簽發現金銀行匯票,申請人和收款人必須均為個人。

(2)銀行匯票的付款人為銀行匯票的出票銀行,銀行匯票的付款地為代理付款

人或者出票人所在地。

(3)銀行匯票的出票人在票據上的簽章,應為經中國人民銀行批准使用的該銀行匯票專用章加其法定代表人或其授權經辦人的簽名或者蓋章。

(4)銀行匯票的提示付款期限自出票日起1個月內。持票人超過付款期限提示付款的,代理付款人(銀行)不予受理。

(5)銀行匯票可以背書轉讓,但填明「現金」字樣的銀行匯票不得背書轉讓。銀行匯票的背書轉讓以不超過出票金額的實際結算金額為準。未填寫實際結算金額或實際結算金額超過出票金額的銀行匯票不得背書轉讓。

(6)填明「現金」字樣和代理付款人的銀行匯票喪失,可以由失票人通知付款人或者代理付款人掛失止付。

(7)銀行匯票喪失,失票人可以憑人民法院出具的其享有票據權利的證明,向出票銀行請求付款或退款。

(四)銀行匯票申辦和兌付的基本規定

收款人受理銀行匯票經依法審查無誤後,應在出票金額以內,根據實際需要的款項辦理結算,並將實際結算金額和多餘金額填入銀行匯票和解訖通知的有關欄內。未填明實際結算金額和多餘金額或實際結算金額超過出票金額的,銀行不予受理。銀行匯票的實際結算金額不得更改,更改實際結算金額的銀行匯票無效。

持票人向銀行提示付款時,必須同時提交銀行匯票和解訖通知,缺少任何一聯,銀行不予受理。

持票人超過提示付款期限向代理付款銀行提示付款不獲付款的,必須在票據權利時效內向出票銀行做出說明,並提供本人身分證件或單位證明,持銀行匯票和解訖通知向出票銀行請求付款。

五、銀行本票

(一)銀行本票的概念和適用範圍

1. 銀行本票的概念

銀行本票是出票人(銀行)簽發的,承諾自己在見票時無條件支付確定的金額給收款人或持票人的票據。

銀行本票的基本當事人只有出票人和收款人。

2. 銀行本票的適用範圍

單位和個人在同一票據交換區域支付的各種款項,均可以使用銀行本票。銀行本票可以用於轉帳,註明「現金」字樣的銀行本票可以用於支取現金。申請人或

收款人為單位的,不得申請簽發現金銀行本票。

(二)銀行本票的絕對記載事項

銀行本票必須記載下列事項:

(1)表明「銀行本票」的字樣。

(2)無條件支付的承諾。

(3)確定的金額。

(4)收款人名稱。

(5)出票日期。

(6)出票人簽章。

本票上未記載上述事項之一的,本票無效。

(三)銀行本票的提示付款期限

銀行本票的提示付款期限自出票日起最長不得超過2個月。持票人超過付款期限提示付款的,代理付款人不予受理,持票人可在票據權利時效內向出票銀行做出說明,並提供本人身分證件或單位證明,持銀行本票向出票銀行請求付款。

本票的持票人未按照規定期限提示見票的,喪失對出票人以外的前手的追索權。

第五節 銀 行 卡

一、銀行卡的概念與分類

(一)銀行卡的概念

銀行卡是指經批准由商業銀行(含郵政金融機構)向社會發行的具有消費信用、轉帳結算、存取現金等全部或部分功能的信用支付工具。

(二)銀行卡的分類

按照發行主體是否在境內分為境內卡和境外卡;按照是否給予持卡人授信額度分為信用卡和借記卡;按照帳戶幣種的不同分為人民幣卡、外幣卡和雙幣種卡;按信息載體不同分為磁條卡和芯片卡。

1.信用卡

信用卡是指發卡銀行向持卡人簽發的,給予持卡人一定的信用額度,持卡人可以在信用額度內先消費、後還款的銀行卡。

信用卡按是否向發卡銀行交存備用金分為貸記卡和準貸記卡。貸記卡是指發卡銀行根據持卡人的資信情況給予一定的信用額度,持卡人可以在信用額度內先消費、後還款的信用卡,它具有享受免息期,但卡內存款不計利息的特點;準貸記卡是指持卡人須先按發卡銀行的要求交存一定金額的備用金,當備用金帳戶餘額不足支付時,可以在發卡銀行規定的信用額度內透支的信用卡。

2.借記卡

借記卡是指發卡銀行向持卡人簽發的沒有信用額度,持卡人先存款、後使用的銀行卡。借記卡是一種具有轉帳結算、存取現金、購物消費等功能的信用工具,但借記卡不能透支。

借記卡按功能不同,可分為轉帳卡、專用卡和儲值卡。轉帳卡具有轉帳、存取現金和消費功能;專用卡是在特定區域、專用用途(百貨、餐飲、娛樂行業以外的用途)使用的借記卡,具有轉帳、存取現金的功能。儲值卡是銀行根據持卡人要求將資金轉至卡內儲存,交易時直接從卡內扣款的預付錢包式借記卡。

二、銀行卡帳戶與交易

(一)銀行卡交易的基本規定

(1)單位人民幣卡可辦理商品交易和勞務供應款項的結算,但不得透支。單位卡不得支取現金。

(2)發卡銀行對貸記卡的取現應當每筆進行授權,每卡每日累計取現不得超過限定額度。發卡銀行應當對持卡人在自動櫃員機(ATM機)取款設定交易上限,每卡每日累計提款不得超過2萬元人民幣。

(3)發卡銀行應當依照法律規定遵守信用卡業務風險控製指標。同一持卡人單筆透支額,單位卡不得超過5萬元人民幣(含等值外幣),個人卡不得超過2萬元人民幣(含等值外幣)。同一帳戶月度透支餘額個人卡不得超過5萬元(含等值外幣),單位卡不得超過發卡銀行對該單位綜合授信額度的3%;無綜合授信額度可參照的單位,其月透支餘額不得超過10萬元(含等值外幣)。

(4)準貸記卡的透支期限最長為60天。貸記卡的首月最低還款額不得低於其當月透支餘額的10%。

(5)發卡銀行通過下列途徑追償透支款項和詐騙款項:扣減持卡人保證金、依法處理抵押物和質押物;向保證人追索透支款項;通過司法機關的訴訟程序進行追償。

(二)銀行卡的資金來源

單位卡帳戶的資金,一律從其基本存款帳戶轉帳存入,不得交存現金,不得將

銷貨收入的款項存入其帳戶。

個人卡在使用過程中,需要向其帳戶續存資金的,只限於其持有的現金存入和工資性款項以及屬於個人的勞務報酬收入轉帳存入。嚴禁將單位的款項存入個人卡帳戶。

[例 2-12] 下列屬於銀行卡交易的基本規定的有(　　)。

　A. 單位人民幣卡可辦理商品交易和勞務供應款項的結算,但不得透支

　B. 單位卡不得支取現金

　C. 單位信用卡不得用於 10 萬元以上的商品交易、勞務供應款項的結算

　D. 發卡銀行對貸記卡的取現應當每筆進行授權,每卡每月累計取現不得超過限定額度

【解析】選 ABC。發卡銀行對貸記卡的取現應當每筆進行授權,每卡每日累計取現不得超過限定額度。

(三)銀行卡的計息和收費

1. 計息

(1)發卡銀行對準貸記卡及借記卡(不含儲值卡)帳戶內的存款,按照中國人民銀行規定的同期同檔次存款利率及計息辦法計付利息。

(2)發卡銀行對貸記卡帳戶內的存款、儲值卡(含 IC 卡的電子錢包)內的幣值不計付利息。

(3)貸記卡持卡人非現金交易享受以下優惠條件:

①免息還款期待遇。銀行記帳日至發卡行規定的到期還款日之間為免息還款期。最長為 60 天。

②最低還款額待遇。持卡人在到期還款日前償還所使用全部銀行款項有困難的,可按發卡行規定的最低還款額還款。

貸記卡選擇最低還款額或超過批准的信用額度用卡,不得享受免息還款期待遇。貸記卡支取現金、準貸記卡透支,不享受免息還款期和最低還款額待遇。貸記卡透支按月計收複利,準貸記卡按月計收單利。透支利率為日利率 0.05%。

2. 收費

收費是指商業銀行辦理銀行卡收單業務向商戶收取結算手續費。賓館、餐飲、娛樂、旅遊等行業不得低於交易金額的 2%;其他行業不得低於交易金額的 1%。

(四)銀行卡申領、註銷和掛失

1. 銀行卡的申領

凡在中國境內金融機構開立基本存款帳戶的單位,可憑中國人民銀行核發的

開戶許可證申領單位卡。單位卡可申領若干張,持卡人資格由申領單位法定代表人或其委託的代理人書面指定和註銷。凡具有完全民事行為能力的公民,可憑本人有效身分證件及發卡銀行規定的相關證明文件申領個人卡。個人卡的主卡持卡人,可為其配偶及年滿18周歲的親屬申領附屬卡。申領的附屬卡最多不得超過兩張,也有權要求註銷其附屬卡。

2.銀行卡的註銷

持卡人在還清全部交易款項、透支本息和有關費用後,有下列情形之一的,可申請辦理銷戶:

(1)信用卡有效期滿45天後,持卡人不更換新卡的。

(2)信用卡掛失滿45天後,沒有附屬卡又不更換新卡的。

(3)信用卡被列入止付名單,發卡銀行已收回其信用卡45天的。

(4)持卡人死亡,發卡銀行已收回其信用卡45天的。

(5)持卡人要求銷戶或擔保人撤銷擔保,並已交回全部信用卡45天的。

(6)信用卡帳戶兩年以上(含兩年)未發生交易的。

(7)持卡人違反其他規定,發卡銀行認為應該取消資格的。

銷戶時,單位卡帳戶餘額轉入其基本存款帳戶,不得提取現金;個人卡帳戶可以轉帳結清,也可以提取現金。

3.銀行卡的掛失

持卡人喪失銀行卡,應立即持本人身分證件或其他有效證明,並按規定提供有關情況,向發卡銀行或代辦銀行申請掛失。

第六節　其他結算方式

一、匯兌

(一)匯兌的概念、分類及適用範圍

1.匯兌的概念

匯兌是匯款人委託銀行將其款項支付給收款人的結算方式。

2.匯兌的分類

匯兌分為電匯和信匯兩種,由匯款人自行選擇。

電匯是指匯款人將一定款項交存匯款銀行,匯款銀行通過電報或電傳方式傳

給目的地的分行或代理行(匯入行),指示匯入行向收款人支付一定金額的一種匯款方式。

信匯是指匯款人向銀行提出申請,同時交存一定金額及手續費,匯出行將信匯委託書以郵寄方式寄給匯入行,授權匯入行向收款人解付一定金額的一種匯款方式。

3.匯兌的適用範圍

匯兌結算適用於各種經濟內容的異地提現和結算,可以廣泛地用於企業向外地的單位、個體經濟戶和個人支付各種款項。

(二)辦理匯兌的程序

1.簽發匯兌憑證

簽發匯兌憑證必須記載下列事項:

(1)表明「信匯」或「電匯」的字樣。

(2)無條件支付的委託。

(3)確定的金額。

(4)收款人名稱。

(5)匯款人名稱。

(6)匯入地點、匯入行名稱。

(7)匯出地點、匯出行名稱。

(8)委託日期。

(9)匯款人簽章。

匯兌憑證上欠缺上列記載事項之一的,銀行不予受理。

匯款人和收款人均為個人,需要在匯入銀行支取現金的,應在信、電匯憑證的匯款金額大寫欄,先填寫「現金」字樣,後填寫匯款金額。

2.銀行受理

匯出銀行受理匯款人簽發的匯兌憑證,經審查無誤後,應及時向匯入銀行辦理匯款,並向匯款人簽發匯款回單。匯款回單只能作為匯出銀行受理匯款的依據,不能作為該筆匯款已轉入收款人帳戶的證明。

3.匯入處理

匯入銀行對開立存款帳戶的收款人,應將匯入款項直接轉入收款人帳戶,並向其發出收帳通知。收帳通知是銀行將款項確已收入收款人帳戶的證明。

支取現金的,信、電匯憑證上必須有按規定填明的「現金」字樣,才能辦理。未

填明現金字樣的,需要支取現金的,由匯入銀行按照國家現金管理規定審查支付。

(三)匯兌的撤銷和退匯

1.匯兌的撤銷

匯款人對匯出銀行尚未匯出的款項可以申請撤銷。申請撤銷時,應出具正式函件或本人身分證件及原信、電匯回單。匯出銀行查明確未匯出款項的,收回原信、電匯回單,方可辦理撤銷。

2.匯兌的退匯

匯款人對匯出銀行已經匯出的款項可以申請退匯。轉匯銀行不得受理匯款人或匯出銀行對匯款的撤銷或退匯。

對在匯入銀行開立存款帳戶的收款人,由匯款人與收款人自行聯繫退匯;對未在匯入銀行開立存款帳戶的收款人,匯款人應出具正式函件或本人身分證件以及原信、電匯回單,由匯出銀行通知匯入銀行,經匯入銀行核實匯款確未支付,並將款項退回匯出銀行,方可辦理退匯。

匯入銀行對於收款人拒絕接受的匯款,應立即辦理退匯。匯入銀行對於向收款人發出取款通知,經過2個月無法交付的匯款,應主動辦理退匯。

[例2-13] 下列關於匯兌特徵的表述中,符合法律規定的有(　　)。

A.單位和個人各種款項的結算均可使用匯兌結算方式

B.匯款回單作為該筆匯款已轉入收款人帳戶的證明

C.匯款人對匯出銀行尚未匯出的款項可以申請撤銷

D.匯入銀行對於收款人拒絕接受的匯款應立即辦理退匯

【解析】選ACD。匯款回單只能作為匯出銀行受理匯款的依據,不能作為該筆匯款已轉入收款人帳戶的證明。

二、委託收款

(一)委託收款的概念和適用範圍

1.委託收款的概念

委託收款是指收款人委託銀行向付款人收取款項的結算方式。

2.委託收款的適用範圍

單位和個人憑已承兌的商業匯票、債券、存單等付款人債務證明辦理款項的結算,均可以使用委託收款結算方式。委託收款在同城、異地均可以使用。

委託收款結算款項的劃回方式分為郵寄和電報兩種,由收款人選用。

(二)委託收款的記載事項

委託收款必須記載的事項包括：①表明「委託收款」的字樣；②確定的金額；③付款人名稱；④收款人名稱；⑤委託收款憑據名稱及附寄單證張數；⑥委託日期；⑦收款人簽章。

委託收款人以銀行以外的單位為付款人的，委託收款憑證必須記載付款人開戶銀行名稱。

(三)委託收款的結算規定

1.委託收款辦理方法

收款人辦理委託收款應向銀行提交委託收款憑證和有關的債務證明；銀行接到寄來的委託收款憑證及債務證明，審查無誤後辦理付款。

(1)以銀行為付款人的，銀行應在當日將款項主動支付給收款人。

(2)以單位為付款人的，銀行通知付款人後，付款人應於接到通知當日書面通知銀行付款。

銀行在辦理劃款時，付款人存款帳戶不能足額支付的，應通知被委託銀行向收款人發出未付款項通知書。

2.委託收款注意事項

(1)付款人審查有關債務證明後，對收款人委託收取的款項需要拒絕付款的，有權提出拒絕付款。

(2)收款人收取公用事業費，必須具有收付雙方事先簽訂的經濟合同，由付款人向開戶銀行授權，並經開戶銀行同意，報經中國人民銀行當地分支行批准，可以使用同城特約委託收款。

三、托收承付

(一)托收承付的概念和適用範圍

1.托收承付的概念

托收承付是指根據購銷合同由收款人發貨後委託銀行向異地付款人收取款項，由付款人向銀行承付的結算方式。

2.托收承付的適用範圍

使用托收承付結算方式的收款單位和付款單位，必須是國有企業、供銷合作社以及經營管理較好，並經開戶銀行審查同意的城鄉集體所有制工業企業。

辦理托收承付結算的款項，必須是商品交易，以及因商品交易而產生的勞務供

應款項。代銷、寄銷、賒銷商品的款項,不得辦理托收承付結算。

托收承付結算每筆金額起點為1萬元。新華書店系統每筆的金額結算起點為1,000元。

(二)托收承付的結算規定

托收承付憑證必須記載下列事項:①表明「托收承付」的字樣;②確定的金額;③付款人的名稱和帳號;④收款人的名稱和帳號;⑤付款人的開戶銀行名稱;⑥收款人的開戶銀行名稱;⑦托收附寄單證張數或冊數;⑧合同名稱、號碼;⑨委託日期;⑩收款人簽章。

收付雙方使用托收承付結算必須簽有符合《中華人民共和國合同法》的購銷合同,並在合同上訂明使用托收承付結算款項的劃回方法,分為郵寄和電報,由收款人選用。收款人辦理托收,必須具有商品確已發運的證件。

(三)托收承付的辦理方法

1. 托收

收款人應將托收憑證並附發運憑證或其他符合托收承付結算的有關證明和交易單證送交銀行。收款人開戶銀行接到托收憑證及其附件後,應當按照托收的範圍、條件和托收憑證記載的要求對其進行審查,必要時還應查驗收、付款人簽訂的購銷合同。

2. 承付

付款人開戶銀行收到托收憑證及其附件後,應當及時通知付款人。通知的方法可以採取付款人到銀行自取或由銀行郵寄給付款人。承付貨款分為驗單付款和驗貨付款兩種,由收付雙方自行商定選擇。

驗單付款的承付期為3天,從付款人開戶銀行發出承付通知的次日算起,付款人在承付期未向銀行表示拒絕付款,銀行即視為承付。

驗貨付款的承付期為10天,從運輸部門向付款人發出提貨通知的次日算起,對收付雙方在合同中明確規定,並在托收憑證上註明驗貨付款期限的,銀行從其規定。

付款人收到提貨通知後,應立即向銀行交驗提貨通知。付款人在銀行發生承付通知的次日起10天內,未收到提貨通知的,應在第10天將貨物尚未到達的情況通知銀行。在第10天付款人沒有通知銀行的,銀行即視為已經驗貨,於10天期滿的次日上午將款項劃給收款人。

3. 托收承付使用中需注意的問題

(1)付款人不得在承付貨款中,扣抵其他款項或以前托收的貨款。

(2)付款人逾期付款,付款人的開戶銀行將對付款人予以處罰。

(3)付款人在承付期可以向銀行提出全部拒付和部分拒付,但必須填寫「拒付理由書」並簽章,註明拒付理由。

(4)收款人對被無理拒付的托收款項,在收到退回的結算憑證及其所附單證後,需要委託銀行重辦托收,應當填寫四聯「重辦托收理由書」,將其中三聯連同購銷合同、有關證據和退回的原托收憑證及交易單證一併送交銀行。

[例2-14] 下列關於托收承付的適用範圍表述正確的有(　　)。

　　A. 辦理托收承付結算的款項,必須是商品交易以及因商品交易而產生的勞務供應的款項

　　B. 代銷、寄銷、賒銷商品的款項不得辦理托收承付結算

　　C. 托收承付的付款單位可以是外資企業

　　D. 托收承付的收款單位可以是個體工商戶

【解析】選AB。使用托收承付結算方式的收款單位和付款單位,必須是國有企業、供銷合作社以及經營管理較好,並經開戶銀行審查同意的城鄉集體所有制工業企業。

四、國內信用證

(一)國內信用證的概念

國內信用證(簡稱信用證)是指開證銀行依照申請人(購貨方)的申請向受益人(銷貨方)開出的有一定金額、在一定期限內憑信用證規定的單據支付款項的書面承諾。國內信用證是模仿國際信用證開發的適用於國內貿易的一種支付結算方式。

在貿易活動中,買賣雙方可能互不信任,買方擔心預付款後,賣方不按合同要求發貨;賣方也擔心在發貨或提交貨運單據後買方不付款。因此需要兩家銀行作為買賣雙方的保證人,代為收款交單,以銀行信用代替商業信用,銀行在這一活動中所使用的工具就是信用證。

按照這種結算方式的一般規定,買方先將貨款交存銀行,由銀行開立信用證,通知異地賣方開戶銀行轉告賣方,賣方按合同和信用證規定的條款發貨,銀行代買方付款。

(二)國內信用證的適用範圍

國內信用證結算方式只適用於國內企業之間商品交易產生的貨款結算,並且只能用於轉帳結算,不得支取現金。

(三)國內信用證辦理的基本程序

1. 開證

(1)開證申請。開證申請人使用信用證時,應委託其開戶銀行辦理開證業務。開證申請人申請辦理開證業務時,應當填具開證申請書、信用證申請人承諾書並提交有關購銷合同。

(2)受理開證。開證行根據申請人提交的開證申請書、信用證申請人承諾書及購銷合同決定是否受理開證業務。開證行在決定受理該項業務時,應向申請人收取不低於開證金額20%的保證金,並可根據申請人資信情況要求其提供抵押、質押或由其他金融機構出具保函。

2. 通知

通知行收到信用證,應認真審核。審核無誤的,應填製信用證通知書,連同信用證交付受益人。

3. 議付

議付是指信用證指定的議付行在單證相符條件下,扣除議付利息後向受益人給付對價的行為。議付行必須是開證行指定的受益人開戶行。議付僅限於延期付款信用證。受益人可以在交單期或信用證有效期內向議付行提供單據、信用證正本及信用證通知書,並填製信用證議付 委託收款申請書和議付憑證,請求議付。

4. 付款

開證行對議付行寄交的憑證、單據等審核無誤後,對即期付款信用證,從申請人帳戶收取款項支付給受益人;對延期付款信用證,應向議付行或受益人發出到期付款確認書,並於到期日從申請人帳戶收取款項支付給議付行或受益人。

申請人交存的保證金和其存款帳戶餘額不足支付的,開證行仍應在規定的付款時間內進行付款。對不足支付的部分作逾期貸款處理。

(四)國內信用證的特點

中國的信用證為不可撤銷、不可轉讓的跟單信用證。不可撤銷信用證是指信用證開具後在有效期內,非經信用證各有關當事人(即開證銀行、開證申請人和受益人)的同意,開證銀行不得修改或者撤銷的信用證;不可轉讓信用證是指受益人不能將信用證的權利轉讓給他人的信用證。

信用證只能用於轉帳結算,不得支取現金。

信用證結算中,各有關當事人處理的只是單據,而不是與單據有關的貨物及勞

务。信用證與作為其依據的買賣合同相互獨立,銀行在處理信用證業務時,不受買賣合同的約束。

信用證有效期為受益人向銀行提交單據的最遲期限,最長不得超過6個月。

[例 2-15] 下列關於國內信用證特徵的表述中,不符合法律規定的是(　　)。

　　A.國內信用證為不可撤銷的信用證
　　B.受益人可以將國內信用證權利轉讓給他人
　　C.國內信用證結算方式只適用於國內企業商品交易的貨款結算
　　D.國內信用證只能用於轉帳結算,不得支取現金

【解析】選 B。中國信用證為不可撤銷、不可轉讓的跟單信用證,只適用於國內企業之間商品交易產生的貨款結算,並且只能用於轉帳結算,不得支取現金。

自 測 題

一、單項選擇題

1.《支付結算辦法》對商業匯票的最長付款期限有明確的規定,該期限是(　　)。

　　A.1 個月　　　　　　　　B.3 個月
　　C.6 個月　　　　　　　　D.9 個月

2.根據支付結算制度的規定,下列存款帳戶不可以用於辦理現金支取的是(　　)。

　　A.證券交易結算資金專用存款帳戶
　　B.臨時存款帳戶
　　C.基本存款帳戶
　　D.異地從事臨時經營活動的單位開立的帳戶

3.根據規定,不屬於簽發匯兌憑證必須記載的事項是(　　)。

　　A.無條件支付的委託　　　B.付款人名稱
　　C.委託日期　　　　　　　D.匯款人簽章

4.商業匯票的持票人向承兌人提示付款的期限為(　　)。

　　A.出票日起 10 日內　　　B.出票日起 1 個月內
　　C.到期日起 10 日內　　　D.到期日起 1 個月內

5.根據購銷合同由收款人發貨後委託銀行向異地付款人收取款項,由付款人向銀行承付的結算方式是(　　)。

　　A.委託收款　　　　　　　B.托收承付

C. 匯兌　　　　　　　　　　　　D. 信用證

6. A公司向B公司簽發一張票面金額為1萬元的支票一張,由於操作失誤,導致其簽章與預留銀行簽章不符,銀行應予以退回,並按票據金額處以(　　)的罰款。

　　A. 500元　　　　　　　　　　B. 1,000元
　　C. 200元　　　　　　　　　　D. 100元

7. 根據《中華人民共和國票據法》規定,下列選項不屬於變造票據的是(　　)。

　　A. 變更票據金額　　　　　　　B. 變更票據上的到期日
　　C. 變更票據上的簽章　　　　　D. 變更票據上的付款日

8. 存款人需要重新開立基本存款帳戶的,應在撤銷其原基本存款帳戶後(　　)個工作日內申請重新開立基本存款帳戶。

　　A. 3　　　　　　　　　　　　B. 5
　　C. 10　　　　　　　　　　　 D. 30

9. 下列關於票據權利的消滅時效的說法中,正確的是(　　)。

　　A. 票據權利時效期間是指提示付款期間
　　B. 持票人對支票出票人的權利,自出票日起3個月
　　C. 持票人對前手的再追索權,自清償日或者被提起訴訟之日起3個月
　　D. 持票人對前手的追索權,在被拒絕承兌或者被拒絕付款之日起3個月

10. 銀行在銀行結算帳戶的開立過程中,違反規定為存款人多頭開立銀行結算帳戶的,應給予警告,並處以(　　)的罰款。

　　A. 1萬元以上3萬元以下　　　　B. 1萬元以上5萬元以下
　　C. 5,000元以上3萬元以下　　　D. 5萬元以上30萬元以下

11. ￥15,409.02寫成中文人民幣大寫應為(　　)。

　　A. 壹萬伍仟肆佰零玖元貳分　　　B. 壹萬伍仟肆佰零玖元零貳分
　　C. 壹萬伍仟肆佰零玖元零角貳分　D. 壹萬伍仟肆佰零玖元零貳分整

12. 下列關於支票的提示付款期限的表述中,正確的是(　　)。

　　A. 自出票日起10日內　　　　　B. 自出票日起20日內
　　C. 自出票日起30日內　　　　　D. 自出票日起60日內

13. (　　)是出票人簽發的、委託辦理票據存款業務的銀行在見票時無條件支付確定的金額給收款人或持票人的票據。

　　A. 支票　　　　　　　　　　　B. 商業匯票
　　C. 銀行匯票　　　　　　　　　D. 本票

14. 下列各項中,不屬於票據行為的是( )。
    A. 出票   B. 付款
    C. 承兌   D. 保證

15. 在票據當事人中,轉讓票據時在票據背面簽字或蓋章並將該票據交付給受讓人的票據收款人或持有人稱為( )。
    A. 背書人   B. 出票人
    C. 收款人   D. 付款人

16. 見票後定期付款的匯票,持票人應當自出票日起( )內向付款人提示承兌。
    A. 10 日   B. 1 個月
    C. 3 個月   D. 6 個月

17. 依據《票據法》的規定,下列票據需要提示承兌的是( )。
    A. 支票   B. 本票
    C. 商業匯票   D. 銀行匯票

18. 存款人在使用銀行結算帳戶過程中,違反規定將單位款項轉入個人銀行結算帳戶,對於經營性存款人給予警告並處以( )的罰款。
    A. 1 萬元以上 3 萬元以下   B. 1,000 元
    C. 5,000 元以上 3 萬元以下 D. 5 萬元以上 30 萬元以下

19. 開戶單位現金收入應於當日送存銀行,當日送存確有困難的,由( )確定送存時間。
    A. 上級主管機關   B. 單位負責人
    C. 開戶銀行   D. 會計機構負責人

20. 關於現金管理的基本要求,下列說法不正確的是( )。
    A. 開戶單位應當建立、健全現金帳目,逐筆記載現金收支
    B. 出納人員不得兼任稽核、會計檔案保管和收入、支出、費用、債權債務帳目的登記工作
    C. 單位可以由一人辦理貨幣資金業務的全過程
    D. 不準將單位收入的現金以個人名義存入銀行

二、多項選擇題

1. 根據《票據法》規定,不得背書轉讓的匯票包括( )。
    A. 被拒絕承兌的   B. 被拒絕付款的
    C. 超過提示付款期限的   D. 出票人存款金額不足的

2. 根據規定,支票的基本當事人包括( )。
　　A. 出票人　　　　　　　　B. 收款人
　　C. 付款人　　　　　　　　D. 背書人

3. 中國《票據法》所規定的票據包括( )。
　　A. 銀行匯票　　　　　　　B. 股票
　　C. 商業匯票　　　　　　　D. 支票

4. 關於現金管理中現金使用的限額,下列表述中正確的有( )。
　　A. 開戶銀行應當根據實際需要,核定開戶單位3天至5天的日常零星開支所需的庫存現金限額
　　B. 邊遠地區和交通不便地區的開戶單位的庫存現金限額,可以多於5天,但不得超過10天
　　C. 開戶單位需要增加或減少庫存現金限額的,應當向開戶銀行提出申請,由開戶銀行核定
　　D. 邊遠地區和交通不便地區的開戶單位的庫存現金限額,可以多於5天,但不得超過15天

5. 下列關於銀行結算帳戶的說法中,正確的有( )。
　　A. 基本存款帳戶是存款人的主辦帳戶
　　B. 一般存款帳戶可以辦理現金繳存
　　C. 財政預算外資金專用存款帳戶不得支取現金
　　D. 臨時存款帳戶有效期最長不得超過2年

6. 下列有關銀行帳戶的表述中,正確的有( )。
　　A. 一個單位只能在一家銀行開立一個基本存款帳戶
　　B. 一個單位可以在一家銀行開立多個基本存款帳戶
　　C. 現金繳存可以通過一般存款帳戶辦理
　　D. 現金支付不能通過一般存款帳戶辦理

7. 根據《支付結算辦法》的規定,下列各項屬於無效票據的有( )。
　　A. 更改簽發日期的票據
　　B. 更改收款單位名稱的票據
　　C. 中文大寫金額和阿拉伯數碼不一致的票據
　　D. 使用的簽章與預留銀行簽章不符的票據

8. 根據規定,匯款人簽發匯兌憑證時,必須記載的事項有( )。
　　A. 收款人名稱　　　　　　B. 匯款人名稱

C. 匯入地點、匯入行名稱　　　　D. 匯出地點、匯出行名稱

9. 甲公司為了支付貨款,簽發了一張以本市的乙銀行為付款人、以丙公司為收款人的轉帳支票。丙公司在出票日之後的第14天向乙銀行提示付款。根據票據法律制度的規定,下列表述正確的有(　　)。

　　A. 如果甲公司在乙銀行的存款足以支付支票金額,乙銀行應當足額付款

　　B. 乙銀行可以拒絕付款

　　C. 乙銀行應當無條件付款

　　D. 如果乙銀行拒絕付款,甲公司仍應承擔票據責任

10. 某公司持有一張支票,未能在提示付款期限提示付款,由此造成的後果有(　　)。

　　A. 付款人與出票人承擔連帶付款責任

　　B. 付款人不予付款

　　C. 出票人承擔票據責任

　　D. 喪失對出票人的追索權

11. 根據《銀行結算帳戶管理辦法》的規定,開戶銀行對銀行結算帳戶的管理包括(　　)。

　　A. 負責所屬營業機構銀行結算帳戶開立和使用的管理,糾正違規開立和使用銀行結算帳戶的行為

　　B. 明確專人負責銀行結算帳戶的開立、使用和撤銷的審查和管理

　　C. 對已開立的單位銀行結算帳戶實行年檢制度,檢查開立的銀行結算帳戶的合規性,核實開戶資料的真實性

　　D. 對存款人使用銀行結算帳戶的情況進行監督

12. 下列關於支票使用的要求,表述正確的有(　　)。

　　A. 持票人可以委託開戶銀行收款或直接向付款人提示付款

　　B. 持票人委託開戶銀行收款時,應作委託收款背書,在支票背面背書人簽章欄簽章,記載「委託收款」字樣等內容

　　C. 持票人持用於轉帳的支票向付款人提示付款時,應在支票背面背書人簽章欄簽章

　　D. 收款人持用於支取現金的支票向付款人提示付款時,應在支票背面「收款人簽章」處簽章,持票人為個人的,還需交驗本人身分證件,並在支票背面註明證件名稱、號碼及發證機關

13. 甲簽發一張銀行承兌匯票給乙。下列有關票據關係當事人的表述中,正確的有( )。

　　A. 甲是出票人　　　　　　　　B. 乙是收款人
　　C. 甲是承兌申請人　　　　　　D. 承兌銀行是付款人

14. 下列內容屬於銀行結算帳戶變更的有( )。

　　A. 存款人的帳戶名稱
　　B. 單位的法定代表人或主要負責人發生變化
　　C. 用於開戶的地址、郵編發生變化
　　D. 用於開戶的電話發生變化

15. 下列有關銀行匯票的表述中,正確的有( )。

　　A. 填明「現金」字樣的銀行匯票可以提取現金
　　B. 填明「現金」字樣的銀行匯票可以掛失止付
　　C. 填明「現金」字樣的銀行匯票不得背書轉讓
　　D. 填明「現金」字樣的銀行匯票可以背書轉讓

16. 出票人簽發下列支票,銀行應予以退票,並按票面金額處以5%但不低於1,000元罰款的有( )。

　　A. 簽章與其預留銀行簽章不符的支票
　　B. 支付密碼錯誤的支票
　　C. 出票日期未使用中文大寫規範填寫的支票
　　D. 空頭支票

17. 下列事項中,單位開戶銀行可以直接使用現金的有( )。

　　A. 發給公司甲某的800元獎金
　　B. 支付給公司臨時工王某的2,000元勞務報酬
　　C. 向農產品公司收購農產品的1萬元收購款
　　D. 出差人員出差必須隨身攜帶的2,000元差旅費

18. 下列關於信用卡的使用,表述正確的有( )。

　　A. 單位卡不得用於10萬元以上的商品交易、勞務供應款項的結算,不得支
　　　 取現金
　　B. 準貸記卡的透支期限最長為60天,貸記卡的首月最低還款額不得低於其
　　　 當月透支餘額的20%
　　C. 免息還款期最長為60天
　　D. 發卡銀行對於貸記卡中的存款不計付利息

19.下列說法中錯誤的有（　　）。
　　A.票據的金額可以更改　　　　B.票據的金額不得更改
　　C.票據的出票日期不得更改　　D.票據的收款人名稱可以背書更改
20.下列銀行結算帳戶的開立,銀行應在開戶之日起5個工作日內向中國人民銀行當地分支行備案的有（　　）。
　　A.基本存款帳戶　　　　　　　B.一般存款帳戶
　　C.預算單位專用存款帳戶　　　D.個人銀行結算帳戶

三、判斷題

1.保證人對合法取得匯票的持票人所享有的匯票權利,承擔保證責任。（　　）
2.支票的出票人和商業承兌匯票的承兌人在票據上的簽章,應為其預留銀行的簽章。（　　）
3.單位和個人只要符合相關條件,均可根據需要在異地開立相應的銀行結算帳戶。（　　）
4.個人銀行結算帳戶是存款人憑個人身分證件和取得個體工商戶的營業執照以自然人名稱開立的銀行結算帳戶。（　　）
5.單位銀行結算帳戶的存款人只能在銀行開立一個基本存款帳戶,不能多頭開立基本存款帳戶。（　　）
6.銀行結算帳戶是指存款人開立辦理資金收付結算的人民幣定期存款帳戶。（　　）
7.背書是指收款人以轉讓票據權利為目的、在匯票上簽章並做必要記載所做出的一種附屬票據行為。（　　）
8.承兌是指匯票付款人承諾在匯票到期日支付匯票金額並簽章的行為。（　　）
9.一個單位只能在一家金融機構開設基本存款帳戶,一般存款帳戶可以辦理現金支付。（　　）
10.簽發支票應使用碳素墨水或墨汁填寫。（　　）
11.銀行承兌匯票和商業承兌匯票都是必須提示承兌的匯票。（　　）
12.某票據的出票日期為1月30日,應寫成零壹月零叄拾日。（　　）
13.票據出票日期使用小寫的,開戶銀行可予受理,但由此造成的損失由出票人自行承擔。（　　）
14.銀行一律不得為任何單位或者個人查詢帳戶情況,不得為任何單位或者個人凍結、扣劃款項,不得停止單位、個人存款的正常支付。（　　）

15.付款人只有在其將已承兌的匯票退回持票人才產生承兌的效力。（　　）

16.一般存款帳戶是指存款人因借款或其他結算需要，在基本存款帳戶開戶銀行內其他營業機構開立的銀行結算帳戶。（　　）

17.電匯是以電報方式將匯款憑證轉發給收款人指定的匯入行。（　　）

18.有關人員在進行票據行為時，必須嚴格審查票據日期、收款人名稱。如果確屬記載錯誤，可協商修改，並加蓋簽章。（　　）

19.出票人簽發空頭支票、簽章與預留簽章不符或使用支付密碼錯誤的支票，銀行應予以退票，並按票面金額處以5%但不低於1,000元的罰款。（　　）

20.票據責任是指票據債務人向持票人支付票據金額的責任。（　　）

四、案例分析題

（一）

甲公司會計部門2015年開出和收到的票據情況如下：

1.2月5日，收到A公司開戶銀行開出的銀行匯票一張，註明的出票日期為2015年2月4日，金額為10萬元。

2.2月10日，甲公司向客戶B企業開出一張支票，由於B企業的名稱全稱和金額不確定，因此出納在開出支票時未記載收款人名稱和金額。

3.2月15日，為支付欠C公司的諮詢費，將B公司開具的支票背書轉讓給C公司，在背書時出納將甲公司的簽章蓋在了票據背面「被背書人」處，將C公司的名稱寫在了「背書人」處。

要求：根據上述資料，回答下列問題。

(1)下列屬於銀行匯票非法定記載事項的有(　　)。

　　A.付款日期　　　　　　　B.簽發票據的原因

　　C.出票地　　　　　　　　D.票據項下交易的合同號碼

(2)2015年2月5日，甲公司收到的銀行匯票，下列提示付款期限沒有超過法定期限的有(　　)。

　　A.2015年2月14日　　　　B.2015年4月14日

　　C.2015年3月2日　　　　 D.2015年6月14日

(3)關於2月10日甲公司向B企業開出支票的行為，下列表述正確的有(　　)。

　　A.收款人名稱可以授權補記，在出票時未記載的，票據也是有效的

　　B.由於「收款人名稱」是支票的絕對記載事項，因此甲公司開具的支票無效

　　C.由於「確定的金額」是票據的絕對記載事項，因此甲公司開具的支票無效

D. 確定的金額可以授權補記,在出票時未記載的,票據也是有效的

(4) 支票的提示付款期限包括( )。

　　A. 出票日起 1 個月內　　　　　　B. 出票日起 10 日內

　　C. 到期日起 10 日內　　　　　　D. 到期日起 1 個月內

(5) 關於 2 月 15 日甲公司轉讓票據的行為,下列觀點中正確的有( )。

　　A. 甲公司出納的背書記載不符合規定

　　B. 背書時應不記載背書人,被背書人應記載為「C 公司」

　　C. 該記載會導致此票據背書不連續

　　D. 該記載會導致付款人拒絕付款

(二)

A 公司財務部 2015 年 8 月 15 日開出兩張票據,一張為面額 10,000 元的支票,用於向甲賓館支付會議費,另一張為面額 200,000 元的銀行承兌匯票,到期日為 9 月 5 日,用於向乙公司支付材料款,該匯票銀行已經承兌。8 月 20 日,甲賓館向銀行提示付款,銀行發現該支票為空頭支票,遂予以退票,並對 A 公司處以 1,000 元罰款。甲賓館要求 A 公司除支付其 10,000 元會議費外,還另需支付其 2,000 元賠償金。9 月 5 日,乙公司向銀行提示付款時,得知 A 公司的帳戶餘額不足 200,000 元。

要求:根據上述資料,回答下列問題。

(1) 下列各項中,關於匯票與支票相互區別的表述正確的有( )。

　　A. 匯票可以背書轉讓,支票不能背書轉讓

　　B. 匯票有即期匯票與遠期匯票,支票為見票即付

　　C. 匯票的票據權利時效為 2 年,支票為 6 個月

　　D. 匯票上的收款人名稱可以經出票人授權補記,支票的收款人名稱,則不能補記

(2) 下列關於票據的各項表述中,符合規定的有( )。

　　A. 票據的中文大寫金額數字應用正楷或行書填寫

　　B. 票據的中文大寫金額數字前應標明「人民幣」字樣

　　C. 票據的出票日期應使用小寫填寫

　　D. 票據中的中文大寫金額數字到「元」為止的,在「元」之後,應寫「整」(或「正」)字

(3) 銀行對支票的出票人處罰的理由有( )。

　　A. 超過付款期　　　　　　　　　B. 簽發空頭支票

C. 與預留銀行簽章不符　　　　　D. 使用支付密碼錯誤

(4) 對於收到的支票,銀行應審核的事項有(　　)。

　　A. 該轉帳支票是否欠缺絕對記載事項

　　B. 是否是空頭支票

　　C. 是否是支付密碼錯誤的支票

　　D. 是否是簽章與預留銀行簽章不符的支票

(5) 下列各項中,屬於無效支票的有(　　)。

　　A. 更改簽發日期的支票

　　B. 更改收款單位名稱的支票

　　C. 中文大寫金額和阿拉伯數碼金額不一致的支票

　　D. 由出票人授權補記金額的支票

第三章　稅收法律制度

學習目標

1. 瞭解稅收的概念及其分類
2. 瞭解稅法及其構成要素
3. 熟悉稅收徵管的具體規定,包括稅務登記管理、發票的要求、納稅申報及方式、稅款徵收方式等規定
4. 掌握增值稅、消費稅、企業所得稅和個人所得稅的相關原理及應納稅額的計算

第一節　稅收概述

一、稅收的概念與分類

(一)稅收的概念與作用

1. 稅收的概念

稅收是國家為了滿足一般的社會共同需要,憑藉政治權力,按照國家法律規定的標準,強制地、無償地取得財政收入的一種分配形式。

2. 稅收的作用

稅收的作用主要體現在以下四個方面:

(1)稅收是國家組織財政收入的主要形式和工具。由於稅收具有強制性、無償性和固定性,同時稅收的徵收範圍十分廣泛,能從多方籌集財政收入,因而稅收在保證和實現財政收入方面起著重要的作用。

(2)稅收是國家調控經濟運行的重要手段。國家可通過稅種的設置以及在稅目、稅率、加成徵收或減免稅等方面的規定,有效地調節社會生產、交換、分配和消

費,促進社會經濟的健康發展。

(3)稅收具有維護國家政權的作用。國家政權是稅收產生和存在的必要條件,而國家政權的存在又依賴於稅收的存在。沒有稅收,國家機器就不可能有效運轉。

(4)稅收是國際經濟交往中維護國家利益的可靠保證。稅收管轄權是國家主權的重要組成部分,在國際交往中,任何國家對在本國境內從事生產經營的外國企業或個人都擁有稅收管轄權,這是國家權益的具體體現。

(二)稅收的特徵

稅收是國家普遍採用的取得財政收入的形式,它與其他財政收入形式相比,具有強制性、無償性、固定性三個特徵,即習慣上所稱的稅收的「三性」。

1. 強制性

強制性是指國家以社會管理者的身分,憑藉政治權力,用法律形式對徵、納雙方權力與義務的制約。

2. 無償性

無償性是指國家徵稅對具體納稅人既不需要直接償還,也不需要付出任何形式的直接報酬。無償性是稅收的關鍵特徵,它使稅收區別於國債等其他財政收入形式。

3. 固定性

固定性是指國家徵稅必須通過法律形式,事先規定課稅對象和課徵額度。稅收的固定性特徵,是稅收區別於罰沒、攤派等財政收入形式的重要特徵。

(三)稅收的分類

1. 按徵稅對象分類

按徵稅對象分類,可將全部稅收劃分為流轉稅、所得稅、財產稅、資源稅和行為稅五種類型。

(1)流轉稅類。流轉稅類是指以貨物或勞務的流轉額為徵稅對象的一類稅收。中國現行的增值稅、消費稅和關稅等都屬於流轉稅類。

(2)所得稅類。所得稅類也稱收益稅類,是指以納稅人的各種所得額為課稅對象的一類稅收。現階段中國所得稅類主要包括企業所得稅、個人所得稅等。

(3)財產稅類。財產稅類是指以納稅人所擁有或支配的特定財產為徵稅對象的一類稅收。中國現行的房產稅、契稅、車船使用稅等屬於財產稅類。

(4)資源稅類。資源稅類是以自然資源和某些社會資源作為徵稅對象的一類稅收。中國現行的資源稅、土地增值稅和城鎮土地使用稅等屬於資源稅類。

(5)行為稅類。行為稅類也稱特定目的稅類,是指國家為了實現特定目的,以納稅人的某些特定行為為徵稅對象的一類稅收。車輛購置稅、城市維護建設稅等屬於行為稅類。

2.按徵收管理的分工體系分類

按徵收管理的分工體系分類,可分為工商稅類、關稅類。

(1)工商稅類。工商稅類由稅務機關負責徵收管理,是中國現行稅制的主體部分。

(2)關稅類。關稅類是國家授權海關以出入關境的貨物和物品為徵稅對象的一類稅收。

3.按照稅收徵收權限和收入支配權限分類

按照稅收徵收權限和收入支配權限分類,可分為中央稅、地方稅和中央地方共享稅。

(1)中央稅。中央稅是指由中央政府徵收和管理使用或者地方政府徵稅後全部劃解中央,由中央所有和支配的稅收。消費稅(含進口環節由海關代徵的部分)、關稅、海關代徵的進口環節增值稅等為中央稅。

(2)地方稅。地方稅是由地方政府徵收、管理和支配的一類稅收。地方稅主要包括城鎮土地使用稅、耕地占用稅、土地增值稅、房產稅、車船使用稅和契稅等。

(3)中央與地方共享稅。中央與地方共享稅是指稅收收入由中央和地方政府按比例分享的稅收。如增值稅、企業所得稅和個人所得稅等。

4.按照計稅標準不同分類

按照計稅標準不同分類,可分為從價稅、從量稅和複合稅。

(1)從價稅。從價稅是指以徵稅對象的價格作為計稅依據徵收的一種稅。從價稅一般實行比例稅率和累進稅率,稅收負擔比較合理。如中國現行的增值稅、企業所得稅、個人所得稅等。

(2)從量稅。從量稅是指以徵稅對象的實物量作為計稅依據徵收的一種稅。從量稅一般採用定額稅率,稅負水平較為固定,計算簡單。如中國現行的車船使用稅、土地使用稅、對啤酒和黃酒徵收的消費稅等。

(3)複合稅。複合稅是指對徵稅對象採用從價和從量相結合的計稅方法徵收的一種稅。如中國現行的消費稅中對卷菸、白酒等徵收的消費稅。

[例3-1] 下列各項中,屬於流轉稅類的有(　　)。

A.增值稅　　　　　　　　　B.關稅

C.消費稅　　　　　　　　　D.企業所得稅

【解析】選 ABC。中國現行的增值稅、消費稅和關稅等都屬於流轉稅類。

二、稅法及其構成要素

(一)稅法的概念

稅法是指稅收法律制度,是國家權力機關和行政機關制定的用以調整國家與納稅人之間在稅收徵納方面的權利與義務關係的法律規範的總稱,是國家法律的重要組成部分。

(二)稅法的分類

1. 按稅法的功能作用不同分類

按稅法的功能作用不同,稅法分為稅收實體法和稅收程序法。

(1)稅收實體法。稅收實體法是指規定稅收法律關係主體的實體權利、義務的法律規範總稱。稅收實體法具體規定了各種稅種的徵收對象、徵收範圍、稅目、稅率等。如《中華人民共和國企業所得稅法》(以下簡稱《企業所得稅法》)《中華人民共和國個人所得稅法》(以下簡稱《個人所得稅法》)就屬於稅收實體法。

(2)稅收程序法。稅收程序法是指稅務管理方面的法律規範。稅收程序法主要包括稅收管理法、納稅程序法、發票管理法、稅務機關組織法、稅務爭議處理法等。如《中華人民共和國稅收徵收管理法》(以下簡稱《稅收徵管法》)《中華人民共和國海關法》(以下簡稱《海關法》)就屬於稅收程序法。

2. 按照主權國家行使稅收管轄權不同分類

按照主權國家行使稅收管轄權不同分類,稅法分為國內稅法、國際稅法、外國稅法。

(1)國內稅法。國內稅法是指一國在其稅收管轄權範圍內,調整國家與納稅人之間權利義務關係的法律規範的總稱,是由國家立法機關和經由授權或依法律規定的國家行政機關制定的法律、法規和規範性文件。

(2)國際稅法。國際稅法是指兩個或兩個以上的課稅權主體對跨國納稅人的跨國所得或財產徵稅形成的分配關係,並由此形成國與國之間的稅收分配形式,主要包括雙邊或多邊國家間的稅收協定、條約和國際慣例。

(3)外國稅法。外國稅法是指外國各個國家制定的稅收法律制度。

3. 按稅法法律級次不同分類

按稅法法律級次不同分類,稅法分為稅收法律、稅收行政法規、稅收行政規章和稅收規範性文件。

(1)稅收法律。稅收法律由全國人民代表大會及其常務委員會制定。如《企業

所得稅法》《個人所得稅法》《稅收徵收管理法》。

(2)稅收行政法規。稅收行政法規是指由國務院制定的有關稅收方面的行政法規和規範性文件。

(3)稅收規章和稅收規範性文件。稅收規章和稅收規範性文件由國務院財稅主管部門(財政部、國家稅務總局、海關總署和國務院關稅稅則委員會)根據法律和國務院行政法規或者規範性文件的要求,在本部門權限範圍內發布的有關稅收事項的規章和規範性文件,包括命令、通知、公告、通告、批覆、意見、函等文件形式。

(三)稅法的構成要素

稅法的構成要素是指各種單行稅法具有的共同的基本要素的總稱。稅法的構成要素一般包括徵稅人、納稅義務人、徵稅對象、稅目、稅率、計稅依據、納稅環節、納稅期限、納稅地點、減免稅和法律責任等項目。其中,納稅義務人、徵稅對象、稅率是構成稅法的三個最基本的要素。

1.徵稅人

徵稅人是指代表國家行使徵稅權的各級稅務機關和其他徵稅機關。徵稅人可能因稅種的不同而有所不同,如增值稅的徵稅人是稅務機關,關稅的徵稅人是海關。

2.納稅義務人

納稅義務人簡稱納稅人,是指稅法規定的直接負有納稅義務的自然人、法人或其他組織。

納稅人應當與負稅人進行區別。負稅人即稅收的實際負擔者,而納稅人即依法繳納稅收的人。二者有時可能相同,有時不相同,如個人所得稅的納稅人與負稅人是相同的,而增值稅的納稅人與負稅人就不一定一致。

3.徵稅對象

徵稅對象又稱徵稅客體、課稅對象,是指稅法規定對什麼徵稅。徵稅對象包括物或行為。徵稅對象是構成稅法的三個最基本要素之一,也是區分不同稅種的根本標誌,不同的徵稅對象構成不同的稅種。

4.稅目

稅目是徵稅對象的具體化,它規定了一個稅種的課稅範圍,反應了徵稅的廣度。規定稅目的主要目的是明確徵稅的具體範圍並對不同的徵稅項目加以區分,從而制定高低不同的稅率。

5.稅率

稅率是應納稅額與徵稅對象的比例或者徵收額度,它是計算稅額的尺度,反應

了徵稅的深度。稅率的高低直接關係到納稅人的負擔和國家稅收收入的多少。因此,稅率是稅法的核心要素,也是衡量稅負輕重與否的重要標誌。

中國現行稅率主要有比例稅率、定額稅率和累進稅率三種基本形式。

(1)比例稅率。比例稅率是指對同一徵稅對象不論數額大小,都按同一比例徵稅。比例稅率是最常見的稅率之一,應用廣泛。如增值稅稅率、企業所得稅稅率。

(2)定額稅率。定額稅率又稱固定稅率,是指按徵稅對象的計量單位直接規定應納稅額的稅率形式。它適用於從量徵收的稅種。如車船使用稅稅率。

(3)累進稅率。累進稅率是指按徵稅對象數額的大小規定不同的等級,隨著徵稅數額增大而隨之提高的稅率。累進稅率一般適用於對所得和財產徵稅。

中國目前實行的累進稅率包括超額累進稅率和超率累進稅率。中國現行的個人所得稅稅率採用的是超額累進稅率,土地增值稅稅率採用的是超率累進稅率。

知識鏈接

超額累進稅率是把徵稅對象按數額的大小分成若干級距,每一級距規定一個稅率,稅率依次提高。當徵稅對象的數額每超過一個規定的級距時,僅就超過的部分按高一級的稅率計算徵收,分別計算各個級距的稅額。一定數量的徵稅對象可以同時適用幾個級距的稅率,各級距稅額之和,即為納稅人的應納稅額。

超率累進稅率是把徵稅對象數額的相對率劃分為若干級距,分別規定相應的稅率,在徵稅對象比率增加,需要提高一級稅率時,僅對增加的部分按規定的等級稅率計徵。

6.計稅依據

計稅依據又稱計稅標準、徵稅基數或稅基,是計算應納稅額的依據。計稅依據的數額同應納稅額成正比,計稅依據的數額越多,應納稅額也越多。

計稅依據分為從價計徵、從量計徵、複合計徵三種類型。絕大多數稅種採用從價計徵。

(1)從價計徵。從價計徵是指以徵稅對象的價值量(如銷售額、收益額等)作為計稅依據。

(2)從量計徵。從量計徵是指以徵稅對象的自然實物量(如數量、重量、面積等)作為計稅依據。

(3)複合計徵。複合計徵是指對同一徵稅對象既從價徵收又從量徵收。

7. 納稅環節

納稅環節是指徵稅對象在整個流轉過程中按照稅法規定應當繳納稅款的環節。如流轉稅在生產和流通環節納稅，所得稅在分配環節納稅。

8. 納稅期限

納稅期限是稅法規定的納稅主體向稅務機關繳納稅款的時間期限。納稅期限一般分為按期納稅和按次納稅兩種。

9. 納稅地點

納稅地點是指納稅人（包括代徵、代扣、代繳義務人）按照稅法的規定向稅務機關申報納稅的具體地點。常見的納稅地點包括機構所在地、經濟活動發生地、財產所在地等。

10. 減免稅

減免稅是指稅法規定的對某些納稅人或徵稅對象給予的一些特殊規定，它包括減稅和免稅等多種形式。

(1) 減稅和免稅。減稅是對應徵稅款少徵一部分，免稅是對應徵稅款全部免徵。

(2) 起徵點。起徵點又稱「徵稅起點」或「起稅點」，是指稅法規定對徵稅對象開始徵稅的起點數額。徵稅對象的數額達到起徵點的就全部數額徵稅，未達到起徵點的不徵稅。

(3) 免徵額。免徵額是指稅法規定的徵稅對象全部數額中免予徵稅的數額。當徵稅對象小於起徵點和免徵額時，都不予徵稅；當徵稅對象大於起徵點時，要對徵稅對象的全部數額徵稅，當徵稅對象大於免徵額時，僅對徵稅對象超過免徵額部分徵稅。

11. 法律責任

稅收法律責任是指稅收法律關係的主體因違反稅法所應當承擔的法律後果。

[例 3-2]　下列稅法的構成要素中，屬於基本要素的有(　　)。

　　A. 徵稅人　　　　　　　　B. 納稅人

　　C. 徵稅對象　　　　　　　D. 稅率

【解析】選 BCD。在稅法的構成要素中，納稅人、徵稅對象和稅率是構成稅法的三個基本要素。

第二節 主要稅種

一、增值稅

(一)增值稅的概念與分類

1. 增值稅的概念

增值稅是以商品、勞務、服務、無形資產、不動產等在流轉過程中產生的增值額作為計稅依據而徵收的一種流轉稅。

2. 增值稅的分類

按照對外購固定資產的處理方式不同,增值稅分為生產型增值稅、收入型增值稅和消費型增值稅。

(1)生產型增值稅。生產型增值稅是指在計算增值稅時,不允許扣除任何外購的固定資產價值。

(2)收入型增值稅。收入型增值稅是指計算增值稅時,只允許扣除外購固定資產價值中計入當期產品價值的折舊費部分。

(3)消費型增值稅。消費型增值稅是指計算增值稅時,允許將當期購入的固定資產的價款全部扣除。

中國從2009年1月1日起,全面實施消費型增值稅。

知識鏈接

中國從1979年開始在部分城市試行增值稅,到目前為止,共進行了四次改革。1984年第一次改革,屬於增值稅的過渡階段。1993年的第二次改革,屬於增值稅的規範階段。2009年的第三次改革,屬於增值稅的轉型階段,從當年1月1日起,符合規定的固定資產進項稅額允許抵扣,實現了生產型增值稅向消費型增值稅的轉型。2012年起的第四次改革,屬於增值稅的「營改增」階段。自2012年1月1日起在上海等地開始實施「營改增」試點;自2013年8月1日起,在全國範圍內開展交通運輸業(鐵路運輸除外)和部分現代服務業「營改增」試點;自2014年1月1日起,將鐵路運輸業和郵政服務業納入「營改增」試點;自2016年5月1日起,全面推行「營改增」。

(二)增值稅的徵稅範圍

1. 徵稅範圍的基本規定

(1)銷售或者進口貨物。銷售貨物是指有償轉讓貨物的所有權。貨物是指有形動產,包括電力、熱力、氣體在內。

(2)提供加工、修理修配勞務。提供加工、修理修配勞務是指有償提供加工、修理修配勞務,但單位或個體經營者聘用的員工為本單位或雇主提供加工、修理修配勞務的,不包括在內。

(3)銷售服務。銷售服務是指有償提供交通運輸服務、郵政服務、電信服務、建築服務、金融服務、現代服務、生活服務,但不包括非經營活動中提供的服務。

非經營活動是指下列情形:

①行政單位收取的滿足一定條件的政府性基金或者行政事業性收費的活動。

②單位或者個體工商戶聘用的員工為本單位或者雇主提供取得工資的服務。

③單位或者個體工商戶為聘用的員工提供服務。

④財政部和國家稅務總局規定的其他情形。

(4)銷售無形資產。銷售無形資產是指有償轉讓無形資產所有權或者使用權的業務活動。

無形資產是指不具實物形態,但能帶來經濟利益的資產,包括技術、商標、著作權、商譽、自然資源使用權和其他權益性無形資產。其中技術包括專利技術和非專利技術;自然資源使用權包括土地使用權、海域使用權、探礦權、採礦權、取水權和其他自然資源使用權;其他權益性無形資產包括基礎設施資產經營權、公共事業特許權、配額、經營權(包括特許經營權、連鎖經營權、其他經營權)、經銷權、分銷權、代理權、會員權、席位權、網路遊戲虛擬道具、域名、名稱權、肖像權、冠名權、轉會費等。

(5)銷售不動產。銷售不動產是指有償轉讓不動產所有權的業務活動。

不動產是指不能移動或者移動後會引起性質、形狀改變的財產,包括建築物、構築物等。其中建築物包括住宅、商業營業用房、辦公樓等可供居住、工作或者進行其他活動的建造物;構築物包括道路、橋樑、隧道、水壩等建造物。

轉讓建築物有限產權或者永久使用權的,轉讓在建的建築物或者構築物所有權,以及在轉讓建築物或者構築物時一併轉讓其所占土地的使用權的,按照銷售不動產繳納增值稅。

2. 銷售服務的具體內容

(1)交通運輸服務。交通運輸服務是指使用運輸工具將貨物或者旅客送達目

的地，使其空間位置得到轉移的業務活動。包括陸路運輸服務、水路運輸服務、航空運輸服務和管道運輸服務。

(2)郵政服務。郵政服務是指中國郵政集團公司及其所屬郵政行業提供郵件寄遞、郵政匯兌、機要通信和郵政代理等郵政基本服務的業務活動。包括郵政普遍服務、郵政特殊服務和其他郵政服務。

(3)電信服務。電信服務是指利用有線、無線的電磁系統或者光電系統等各種通信網路資源，提供語音通話服務，傳送、發射、接收或者應用圖像、短信等電子數據和信息的業務活動。包括基礎電信服務和增值電信服務。

(4)建築服務。建築服務是指各類建築物、構築物及其附屬設施的建造、修繕、裝飾、線路、管道、設備、設施等的安裝以及其他工程作業的業務活動。包括工程服務、安裝服務、修繕服務、裝飾服務和其他建築服務。

(5)金融服務。金融服務是指經營金融保險的業務活動。包括貸款服務、直接收費金融服務、保險服務和金融商品轉讓。

(6)現代服務。現代服務是指圍繞製造業、文化產業、現代物流產業等提供技術性、知識性服務的業務活動。包括研發和技術服務、信息技術服務、文化創意服務、物流輔助服務、租賃服務、鑒證諮詢服務、廣播影視服務、商務輔助服務和其他現代服務。

(7)生活服務。生活服務是指為滿足城鄉居民日常生活需求提供的各類服務活動。包括文化體育服務、教育醫療服務、旅遊娛樂服務、餐飲住宿服務、居民日常服務和其他生活服務。

3.徵收範圍的特殊規定

(1)視同銷售貨物

單位或個體經營者的下列行為，視同銷售貨物：

①將貨物交付其他單位或者個人代銷。

②銷售代銷貨物。

③設有兩個以上機構並實行統一核算的納稅人，將貨物從一個機構移送至其他機構用於銷售，但相關機構設在同一縣(市)的除外。

④將自產、委託加工的貨物用於集體福利或個人消費。

⑤將自產、委託加工或購進的貨物作為投資，提供給其他單位或個體工商戶。

⑥將自產、委託加工或購進的貨物分配給股東或投資者。

⑦將自產、委託加工或購進的貨物無償贈送其他單位或個人。

上述第④項所稱「集體福利或個人消費」是指企業內部設置的供職工使用的食

堂、浴室、理髮室、宿舍、幼兒園等福利設施及設備、物品等,或者以福利、獎勵、津貼等形式發放給職工個人的物品。

(2)視同銷售服務、無形資產或者不動產

下列情形視同銷售服務、無形資產或者不動產:

①單位或者個體工商戶向其他單位或者個人無償提供服務,但用於公益事業或者以社會公眾為對象的除外。

②單位或者個人向其他單位或者個人無償轉讓無形資產或者不動產,但用於公益事業或者以社會公眾為對象的除外。

③財政部和國家稅務總局規定的其他情形。

(3)混合銷售

一項銷售行為如果既涉及貨物又涉及服務,為混合銷售。

從事貨物的生產、批發或者零售的單位和個體工商戶的混合銷售行為,按照銷售貨物繳納增值稅;其他單位和個體工商戶的混合銷售行為,按照銷售服務繳納增值稅。

其中,從事貨物的生產、批發或者零售的單位和個體工商戶,包括以從事貨物的生產、批發或者零售為主,並兼營銷售服務的單位和個體工商戶在內。

(4)兼營

納稅人兼營銷售貨物、勞務、服務、無形資產或者不動產,適用不同稅率或者徵收率的,應當分別核算適用不同稅率或者徵收率的銷售額;未分別核算的,從高適用稅率。

納稅人兼營免稅、減稅項目的,應當分別核算免稅、減稅項目的銷售額;未分別核算的,不得免稅、減稅。

[例 3-3] 下列各項中,屬於增值稅徵收範圍的有( )。

　　A.銷售貨物　　　　　　　　B.修理汽車
　　C.提供運輸服務　　　　　　D.銷售不動產

【解析】選 ABCD。屬於增值稅徵收範圍的有銷售或者進口貨物,提供加工、修理修配勞務,銷售服務、無形資產或者不動產。

(三)增值稅的納稅人

增值稅納稅人是指稅法規定負有繳納增值稅義務的單位和個人。在中國境內銷售、進口貨物或者提供加工、修理修配勞務以及銷售服務、無形資產或者不動產(以下統稱應稅行為)的單位和個人,為增值稅納稅人。

單位是指企業、行政單位、事業單位、軍事單位、社會團體及其他單位。個人是指個體工商戶和其他個人。

知識鏈接

在境內銷售貨物是指銷售貨物的起運地或者所在地在境內；在境內提供加工、修理修配勞務是指提供的加工、修理修配勞務發生在境內；在境內銷售服務是指服務（其中租賃不動產是指租賃的不動產在境內）的銷售方或者購買方在境內；在境內銷售無形資產是指無形資產（自然資源使用權除外）的銷售方或者購買方在境內及所銷售自然資源使用權的自然資源在境內；在境內銷售不動產是指所銷售的不動產在境內。

下列情形不屬於在境內發生應稅行為：一是境外單位或者個人向境內單位或者個人銷售完全在境外發生的服務；二是境外單位或者個人向境內單位或者個人銷售完全在境外使用的無形資產；三是境外單位或者個人向境內單位或者個人出租完全在境外使用的有形動產；四是財政部和國家稅務總局規定的其他情形。

按照經營規模的大小和會計核算健全與否等標準，增值稅納稅人可分為一般納稅人和小規模納稅人。

1. 增值稅一般納稅人

一般納稅人是指年應徵增值稅銷售額（以下簡稱「年應稅銷售額」，包括一個公歷年度內的全部應稅銷售額）超過小規模納稅人標準的納稅人。

年應稅銷售額超過規定標準的其他個人不屬於一般納稅人。年應稅銷售額超過規定標準但不經常發生應稅行為的單位和個體工商戶可選擇按照小規模納稅人納稅。

年應稅銷售額未超過規定標準的納稅人，會計核算健全，能夠提供準確稅務資料的，可以向主管稅務機關辦理一般納稅人資格登記，成為一般納稅人。

除國家稅務總局另有規定外，一經登記為一般納稅人後，不得轉為小規模納稅人。

2. 小規模納稅人

小規模納稅人是指年應稅銷售額在規定標準以下，並且會計核算不健全，不能按規定報送有關稅務資料的增值稅納稅人。小規模納稅人的認定標準是：

(1) 從事貨物生產或者提供應稅勞務（指加工、修理修配勞務）的納稅人，以及以從事貨物生產或者提供應稅勞務為主，並兼營貨物批發或者零售的納稅人，年應稅銷售額在 50 萬元以下（含本數）的，「以從事貨物生產或者提供應稅勞務為主」是指納稅人的年貨物生產或提供應稅勞務的銷售額占全年應稅銷售額的比重在

50%以上。

(2)對上述規定以外的納稅人,年應稅銷售額在 80 萬元以下的。

(3)銷售服務、無形資產及不動產的,年應稅銷售額在 500 萬元以下的。

(4)年應稅銷售額超過規定標準的其他個人按小規模納稅人納稅。

(5)年應稅銷售額超過規定標準但不經常發生應稅行為的單位和個體工商戶可選擇按照小規模納稅人納稅。

[例 3-4] 下列各項中,可以被認定為一般納稅人的有(　　)。

　　A.某卷菸生產企業年應稅銷售額為 100 萬元

　　B.某汽車修理廠年應稅銷售額為 80 萬元

　　C.自然人王某年應稅銷售額為 90 萬元

　　D.某運輸企業年應稅銷售額為 400 萬元

【解析】選 AB。從事貨物生產或者提供應稅勞務的納稅人,以及以從事貨物生產或者提供應稅勞務為主,並兼營貨物批發或者零售的納稅人,年應稅銷售額在 50 萬元以下(含本數)的;年應稅銷售額超過規定標準的其他個人;銷售服務年應稅銷售額在 500 萬元以下的均為小規模納稅人。

(四)增值稅的扣繳義務人

中華人民共和國境外(以下簡稱境外)的單位或者個人在境內銷售服務、無形資產及不動產,在境內未設有經營機構的,以購買方為增值稅扣繳義務人,財政部和國家稅務總局另有規定的除外。

扣繳義務人按照下列公式計算應扣繳稅額:

$$應扣繳稅額 = 購買方支付的價款 \div (1 + 稅率) \times 稅率$$

(五)增值稅稅率

1.基本稅率

一般納稅人的下列業務按基本稅率 17% 徵收增值稅:

(1)銷售或者進口貨物(稅法規定的適用低稅率和適用徵收率的除外)。

(2)提供加工、修理修配勞務。

(3)提供有形動產租賃服務(含經營租賃與融資租賃服務)。

2.低稅率

(1)一般納稅人銷售或者進口下列貨物按照 13% 的低稅率徵收增值稅:

①糧食、食用植物油、鮮奶。

②自來水、暖氣、冷氣、熱水、煤氣、石油液化氣、天然氣、沼氣、居民用煤炭

製品。

③圖書、報紙、雜誌。

④飼料、化肥、農藥、農機(不包括農機零部件)、農膜。

⑤農產品(指各種動植物初級產品)、音像製品和電子出版物、二甲醚、食用鹽。

⑥國務院規定的其他貨物。

(2)一般納稅人提供交通運輸服務、郵政服務、基礎電信服務、建築服務、不動產租賃(含經營租賃與融資租賃)服務,銷售不動產,轉讓土地使用權按照11%的低稅率徵收增值稅。

(3)一般納稅人提供增值電信服務、金融服務、現代服務(有形動產租賃服務、不動產租賃服務除外)、生活服務、銷售無形資產(轉讓土地使用權除外)按照6%的低稅率徵收增值稅。

3. 零稅率

(1)納稅人出口貨物,一般適用零稅率,國務院另有規定的除外。

(2)境內單位和個人發生的跨境銷售服務、無形資產、不動產,稅率為零,具體範圍按財政部和國家稅務總局的規定。

中華人民共和國境內的單位和個人銷售的下列服務和無形資產,適用增值稅零稅率:①國際運輸服務;②航天運輸服務;③向境外單位提供的完全在境外消費的研發服務、合同能源管理服務、設計服務、廣播影視節目(作品)的製作和發行服務、軟件服務、電路設計及測試服務、信息系統服務、業務流程管理服務、離岸服務外包業務、轉讓技術。

4. 徵收率

小規模納稅人應納增值稅採用簡易方法計算,其計算應納增值稅使用的稅率稱為徵收率。小規模納稅人增值稅徵收率一律為3%,財政部和國家稅務總局另有規定的除外。

[例3-5] 增值稅一般納稅人的基本稅率為(　　)。

A. 3%　　　　　　　　　　　B. 13%
C. 17%　　　　　　　　　　 D. 11%

【解析】選C。增值稅一般納稅人的基本稅率為17%。

(六)增值稅一般納稅人應納稅額的計算

增值稅一般納稅人應納增值稅實行扣稅法,即一般納稅人增值稅進項稅額可以抵扣銷項稅額。一般納稅人應納增值稅的計算公式為:

$$應納稅額＝當期銷項稅額－當期進項稅額$$
$$＝當期銷售額×適用稅率－當期進項稅額$$

當期銷項稅額小於當期進項稅額不足抵扣時，其不足部分可以結轉下期繼續抵扣。

1.銷項稅額

銷項稅額是指納稅人銷售貨物、提供應稅勞務、銷售服務、無形資產及不動產，按照銷售額和適用稅率計算並向購買方收取的增值稅稅額。

$$銷項稅額＝銷售額×適用稅率$$

需要注意的是，公式中的「銷售額」不包括向購買方收取的增值稅稅額。

2.銷售額

銷售額是指納稅人銷售貨物、提供應稅勞務、銷售服務、無形資產及不動產向購買方或接受方收取的全部價款和價外費用。但是不包括向購買方收取的銷項稅額。

價外費用是指價外收取的各種性質的收費，包括向購買方收取的手續費、基金、集資費、返還利潤、獎勵費、違約金、滯納金、延期付款利息、賠償金、包裝費、包裝物租金、儲備費、優質費、運輸裝卸費、代收款項、代墊款項以及其他各種性質的價外收費。但是不包括代為收取符合規定的政府性基金或者行政事業性收費以及以委託方名義開具發票代委託方收取的款項。

一般納稅人採用銷售額和銷項稅額合併定價方法的，按下列公式計算銷售額：

$$不含稅銷售額＝含稅銷售額÷（1＋增值稅稅率）$$

納稅人發生應稅行為價格明顯偏低或者偏高，且不具有合理的商業目的的，或者發生銷售貨物、服務、無形資產或者不動產而無銷售額的，由主管稅務機關按照下列順序確定銷售額：

(1)按照納稅人最近時期銷售同類貨物、服務、無形資產或者不動產的平均價格確定。

(2)按照其他納稅人最近時期銷售同類貨物、服務、無形資產或者不動產的平均價格確定。

(3)按照組成計稅價格確定。組成計稅價格的公式為：

$$組成計稅價格＝成本×（1＋成本利潤率）$$

不具有合理商業目的，是指以謀取稅收利益為主要目的，通過人為安排，減少、免除、推遲繳納增值稅稅款，或者增加退還增值稅稅款。

[例 3-6]　某服裝廠為增值稅一般納稅人,2015 年 1 月銷售服裝共收取不含稅價款 100,000 元,含稅價款 11,700 元。計算該服裝廠當月的增值稅銷項稅額。

計算過程如下:

銷項稅額 $=100,000\times 17\% + 11,700\div(1+17\%)\times 17\% = 18,700$(元)

3.進項稅額

進項稅額是指納稅人購進貨物、服務、無形資產、不動產及接受加工、修理修配勞務所支付的增值稅稅額。

(1)準予從銷項稅額中抵扣的進項稅額

①從銷售方取得的增值稅專用發票上註明的增值稅額。

②從海關取得的海關進口增值稅專用繳款書上註明的增值稅額。

③購進農產品,除取得增值稅專用發票或者海關進口增值稅專用繳款書外,按照農產品收購發票或者銷售發票上註明的農產品買價和 13% 的扣除率計算的進項稅額。進項稅額計算公式:

$$進項稅額＝買價\times 扣除率$$

買價是指納稅人購進農產品在農產品收購發票或者銷售發票上註明的價款和按照規定繳納的菸葉稅。

④從境外單位或者個人購進服務、無形資產或者不動產,自稅務機關或者扣繳義務人取得的解繳稅款的完稅憑證上註明的增值稅額。

納稅人取得的增值稅扣稅憑證不符合法律、行政法規或者國家稅務總局有關規定的,其進項稅額不得從銷項稅額中抵扣。

增值稅扣稅憑證包括增值稅專用發票、海關進口增值稅專用繳款書、農產品收購發票、農產品銷售發票和完稅憑證。

(2)不得從銷項稅額中抵扣的進項稅額

①用於簡易計稅方法計稅項目、免徵增值稅項目、集體福利或者個人消費的購進貨物、加工修理修配勞務、服務、無形資產和不動產。其中涉及的固定資產、無形資產、不動產,僅指專用於上述項目的固定資產、無形資產(不包括其他權益性無形資產)、不動產。納稅人的交際應酬消費屬於個人消費。

②非正常損失的購進貨物,以及相關的加工修理修配勞務和交通運輸服務。

③非正常損失的在產品、產成品所耗用的購進貨物(不包括固定資產)、加工修理修配勞務和交通運輸服務。

④非正常損失的不動產,以及該不動產所耗用的購進貨物、設計服務和建築服務。

⑤非正常損失的不動產在建工程所耗用的購進貨物、設計服務和建築服務。納稅人新建、改建、擴建、修繕、裝飾不動產，均屬於不動產在建工程。

⑥購進的旅客運輸服務、貸款服務、餐飲服務、居民日常服務和娛樂服務。

⑦財政部和國家稅務總局規定的其他情形。

非正常損失是指因管理不善造成貨物被盜、丟失、霉爛變質，以及因違反法律法規造成貨物或者不動產被依法沒收、銷毀、拆除的情形。

上述第④項、第⑤項所稱貨物，是指構成不動產實體的材料和設備，包括建築裝飾材料和給排水、採暖、衛生、通風、照明、通訊、煤氣、消防、中央空調、電梯、電氣、智能化樓宇設備及配套設施。

有下列情形之一者，應當按照銷售額和增值稅稅率計算應納稅額，不得抵扣進項稅額，也不得使用增值稅專用發票：一是一般納稅人會計核算不健全，或者不能夠提供準確稅務資料的；二是應當辦理一般納稅人資格登記而未辦理的。

[例 3-7] 某企業為增值稅一般納稅人，2015 年 2 月銷售貨物的銷售額為 500 萬元（不含增值稅），銷售該貨物適用 17％的增值稅稅率，當月外購貨物允許抵扣的進項稅額為 40 萬元。計算該公司當月應納增值稅稅額。

計算過程如下：

應納稅額＝500×17％－40＝45（萬元）

（七）增值稅小規模納稅人應納稅額的計算

小規模納稅人銷售貨物、服務、無形資產、不動產及提供加工、修理修配勞務按照應稅銷售額和規定的徵收率計算應納稅額，並不得抵扣進項稅額。其應納稅額計算公式為：

$$應納稅額＝銷售額×徵收率$$

需要注意的是，公式中的「銷售額」為不含增值稅的銷售額。小規模納稅人採用銷售額和應納稅額合併定價的，按下列公式計算銷售額：

$$不含稅銷售額＝含稅銷售額÷（1＋徵收率）$$

[例 3-8] 某商店為增值稅小規模納稅人，2015 年 3 月銷售商品共取得含稅收入 30,900 元。計算該商店當月應納增值稅稅額。

計算過程如下：

應納稅額＝30,900÷（1＋3％）×3％＝900（元）

（八）增值稅的徵收管理

1. 納稅義務的發生時間

(1)採用直接收款方式銷售貨物的，不論貨物是否發出，均為收到銷售款或者

取得索取銷售款憑證的當天；先開具發票的，為開具發票的當天。

(2)納稅人提供應稅勞務的，為提供勞務同時收訖銷售款或者取得索取銷售款的憑據的當天。先開具發票的，為開具發票的當天。

(3)納稅人發生應稅行為，為收訖銷售款項或者取得索取銷售款項憑據的當天；先開具發票的，為開具發票的當天。其中納稅人從事金融商品轉讓的，為金融商品所有權轉移的當天。

收訖銷售款項是指納稅人銷售服務、無形資產、不動產過程中或者完成後收到的款項。

取得索取銷售款項憑據的當天是指書面合同確定的付款日期；未簽訂書面合同或者書面合同未確定付款日期的，為服務、無形資產轉讓完成的當天或者不動產權屬變更的當天。

(4)採取托收承付和委託銀行收款方式銷售貨物，為發出貨物並辦妥托收手續的當天。

(5)採取賒銷和分期收款方式銷售貨物，為書面合同約定的收款的當天，無書面合同或者書面合同沒有約定收款日期的，為貨物發出的當天。

(6)採取預收貨款方式銷售貨物，為貨物發出的當天；但生產銷售生產工期超過12個月的大型機械設備、船舶、飛機等貨物，為收到預收款或者書面合同約定的收款日期的當天。

納稅人提供建築服務、租賃服務採取預收款方式的，其納稅義務發生時間為收到預收款的當天。

(7)委託其他納稅人代銷貨物，為收到代銷單位的代銷清單或者收到全部或者部分貨款的當天。未收到代銷清單及貨款的，為發出代銷貨物滿180天的當天。

(8)納稅人發生視同銷售貨物的行為，為貨物移送的當天。

納稅人發生視同銷售服務、無形資產或者不動產行為的，其納稅義務發生時間為服務、無形資產轉讓完成的當天或者不動產權屬變更的當天。

(9)納稅人進口貨物，納稅義務發生時間為報關進口的當天。

(10)增值稅扣繳義務發生時間為納稅人增值稅納稅義務發生的當天。

2.納稅期限

增值稅的納稅期限分別為1日、3日、5日、10日、15日、1個月或者1個季度。納稅人的具體納稅期限，由主管稅務機關根據納稅人應納稅額的大小分別核定。以1個季度為納稅期限的規定適用於小規模納稅人、銀行、財務公司、信託投資公司、信用社，以及財政部和國家稅務總局規定的其他納稅人。不能按照固定期限納

稅的,可以按次納稅。

納稅人以1個月或者1個季度為1個納稅期的,自期滿之日起15日內申報納稅;以1日、3日、5日、10日或者15日為1個納稅期的,自期滿之日起5日內預繳稅款,於次月1日起15日內申報納稅並結清上月應納稅款。

扣繳義務人解繳稅款的期限,按照上述規定執行。

納稅人進口貨物,應當自海關填發稅款繳納書之日起15日內繳納稅款。

3. 納稅地點

固定業戶應當向其機構所在地或者居住地主管稅務機關申報納稅。總機構和分支機構不在同一縣(市)的,應當分別向各自所在地的主管稅務機關申報納稅;經財政部和國家稅務總局或者其授權的財政和稅務機關批准,可以由總機構匯總向總機構所在地的主管稅務機關申報納稅。

非固定業戶應當向應稅行為發生地主管稅務機關申報納稅;未申報納稅的,由其機構所在地或者居住地主管稅務機關補徵稅款。

其他個人提供建築服務,銷售或者租賃不動產,轉讓自然資源使用權,應向建築服務發生地、不動產所在地、自然資源所在地主管稅務機關申報納稅。

扣繳義務人應當向其機構所在地或者居住地的主管稅務機關申報繳納其扣繳的稅款。

二、消費稅

(一)消費稅的概念

消費稅是指對在中國境內從事生產、委託加工和進口應稅消費品的單位和個人徵收的一種流轉稅,是對特定的消費品和消費行為在特定的環節徵收的一種流轉稅。

(二)消費稅的徵稅範圍

1. 生產應稅消費品

生產應稅消費品在生產銷售環節徵稅。納稅人將生產的應稅消費品換取生產資料、消費資料、投資入股、償還債務,以及用於繼續生產應稅消費品以外的其他方面都應繳納消費稅。

2. 委託加工應稅消費品

委託加工應稅消費品是指委託方提供原料和主要材料,受託方只收取加工費和代墊部分輔助材料加工的應稅消費品。由受託方提供原材料或其他情形的一律不能視同加工應稅消費品。

委託加工的應稅消費品,除受託方為個人外,由受託方在向委託方交貨時代收

代繳稅款；委託個人加工的應稅消費品，由委託方收回後繳納消費稅。

委託加工的應稅消費品，委託方用於連續生產應稅消費品的，所納稅款準予按規定抵扣；直接出售的，不再繳納消費稅。委託方將收回的應稅消費品，以不高於受託方的計稅價格出售的，為直接出售，不再繳納消費稅；委託方以高於受託方的計稅價格出售的，不屬於直接出售，需按照規定申報繳納消費稅，在計稅時準予扣除受託方已代收代繳的消費稅外。

3.進口應稅消費品

單位和個人進口應稅消費品，於報關進口時由海關代徵消費稅。

4.批發、零售應稅消費品

經國務院批准，自1995年1月1日起，金銀首飾消費稅由生產銷售環節徵收改為零售環節徵收。改在零售環節徵收消費稅的金銀首飾僅限於金基、銀基合金首飾以及金、銀和金基、銀基合金的鑲嵌首飾，適用稅率為5％。其計稅依據是不含增值稅的銷售額。

對既銷售金銀首飾，又銷售非金銀首飾的生產、經營單位，應將兩類商品劃分清楚，分別核算銷售額。凡劃分不清楚或不能分別核算的，在生產環節銷售的，一律從高適用稅率徵收消費稅；在零售環節銷售的，一律按金銀首飾徵收消費稅。金銀首飾與其他產品組成成套消費品銷售的，應按銷售額全額徵收消費稅。

金銀首飾連同包裝物一起銷售的，無論包裝物是否單獨計價，也無論會計上如何核算，均應並入金銀首飾的銷售額，計徵消費稅。

帶料加工的金銀首飾，應按受託方銷售的同類金銀首飾的銷售價格確定計稅依據徵收消費稅。沒有同類金銀首飾銷售價格的，按照組成計稅價格計算納稅。

納稅人採用以舊換新(含翻新改制)方式銷售的金銀首飾，應按實際收取的不含增值稅的全部價款確定計稅依據徵收消費稅。

(三)消費稅納稅人

消費稅納稅人是指在中華人民共和國境內(起運地或者所在地在境內)生產、委託加工和進口《中華人民共和國消費稅暫行條例》(以下簡稱《消費稅暫行條例》)規定的消費品的單位和個人，以及國務院確定的銷售《消費稅暫行條例》規定的消費品的其他單位和個人。

(四)消費稅的稅目與稅率

目前中國消費稅的稅目共有15個，具體是菸、酒、化妝品、貴重首飾及珠寶玉石、鞭炮及焰火、成品油、摩托車、小汽車、高爾夫球及球具、高檔手錶、遊艇、木制一

次性筷子、實木地板、鉛蓄電池、塗料。其中,有些還包括若干子目。

消費稅的稅率包括比例稅率和定額稅率兩類。根據不同的稅目或子目,應稅消費品的稅率如表 3-1 所示。

表 3-1　　　　　　　　　　消費稅稅目稅率表

稅　　　目	稅　　　率
一、菸	
1.卷菸	
(1)甲類卷菸(每條不含增值稅的調撥價≥70 元)	56%加 0.003 元/支(生產或進口環節)
(2)乙類卷菸(每條不含增值稅的調撥價＜70 元)	36%加 0.003 元/支(生產或進口環節)
(3)批發環節	5%
2.雪茄菸	36%
3.菸絲	30%
二、酒	
1.白酒	20%加 0.5 元/500 克(或者 500 毫升)
2.黃酒	240 元/噸
3.啤酒	
(1)甲類啤酒	250 元/噸
(2)乙類啤酒	220 元/噸
4.其他酒	10%
三、化妝品	30%
四、貴重首飾及珠寶玉石	
1.金銀首飾、鉑金首飾和鑽石及鑽石飾品	5%
2.其他貴重首飾和珠寶玉石	10%
五、鞭炮、焰火	15%
六、成品油	
1.汽油	
(1)含鉛汽油	1.52 元/升
(2)無鉛汽油	1.52 元/升
2.柴油	1.20 元/升
3.航空煤油	1.20 元/升
4.石腦油	1.52 元/升
5.溶劑油	1.52 元/升

表 3-1(續)

稅　　目	稅　　率
6.潤滑油	1.52元/升
7.燃料油	1.20元/升
七、摩托車	
1.氣缸容量(排氣量，下同)在250毫升(含250毫升)以下的	3%
2.氣缸容量在250毫升以上的	10%
八、小汽車	
1.乘用車	
(1)氣缸容量(排氣量，下同)在1.0升(含1.0升)以下的	1%
(2)氣缸容量在1.0升以上至1.5升(含1.5升)的	3%
(3)氣缸容量在1.5升以上至2.0升(含2.0升)的	5%
(4)氣缸容量在2.0升以上至2.5升(含2.5升)的	9%
(5)氣缸容量在2.5升以上至3.0升(含3.0升)的	12%
(6)氣缸容量在3.0升以上至4.0升(含4.0升)的	25%
(7)氣缸容量在4.0升以上的	40%
2.中輕型商用客車	5%
九、高爾夫球及球具	10%
十、高檔手錶	20%
十一、遊艇	10%
十二、木制一次性筷子	5%
十三、實木地板	5%
十四、電池	4%
無汞原電池、金屬氫化物鎳蓄電池、鋰原電池、鋰離子蓄電池、太陽能電池、燃料電池和全釩液流電池	免徵
十五、塗料	4%
施工狀態下揮發性有機物(Volatile Organic Compounds,VOC)含量低於420克/升(含)	免徵

(五)消費稅應納稅額

1. 從價定率徵收

從價定率徵收是指根據不同的應稅消費品確定不同的比例稅率。

$$應納稅額＝應稅消費品的銷售額×比例稅率$$

公式中的「銷售額」與計算增值稅所用的銷售額是一致的,即為不含增值稅的銷售額。

[例3-9] 某木地板廠為增值稅一般納稅人,2015年3月共銷售實木地板117萬元(含增值稅)。已知實木地板消費稅稅率為5%,計算該廠當月應納消費稅稅額。

計算過程如下:

不含增值稅銷售額＝117÷(1+17%)＝100(萬元)

應納稅額＝100×5%＝5(萬元)

2. 從量定額徵收

從量定額徵收是指根據不同的應稅消費品確定不同的單位稅額。

$$應納稅額＝應稅消費品的銷售數量×單位稅額$$

[例3-10] 某啤酒廠2015年4月共銷售甲類啤酒10噸,乙類啤酒5噸。已知甲類啤酒消費稅定額稅率250元／噸,乙類啤酒消費稅定額稅率220元／噸,計算該廠當月應納消費稅稅額。

計算過程如下:

應納稅額＝10×250+5×220＝3,600(元)

3. 從價定率和從量定額複合徵收

從價定率和從量定額複合徵收是指以兩種方法計算的應納稅額之和為該應稅消費品的應納稅額。中國目前只對卷菸和白酒採用複合徵收方法。

應納稅額＝應稅消費品的銷售額×比例稅率＋應稅消費品的銷售數量×單位稅額

[例3-11] 某白酒廠2015年5月共銷售白酒2.5噸,取得銷售收入30,000元。已知白酒消費稅定額稅率0.5元／500克,比例稅率20%,計算該廠當月應納消費稅稅額。

計算過程如下:

應納稅額＝2.5×1,000×1,000÷500×0.5+30,000×20%＝8,500(元)

4. 應稅消費品已納稅款的扣除

應稅消費品若是用外購已繳納消費稅的應稅消費品連續生產出來的,在對這

些連續生產出來的應稅消費品徵稅時,按當期生產領用數量計算準予扣除的外購應稅消費品已繳納的消費稅稅款。

5.自產自用應稅消費品應納稅額

納稅人自產自用應稅消費品用於連續生產應稅消費品的,不納稅;凡用於其他方面的,應按照納稅人生產的同類消費品的銷售價格計算納稅,沒有同類消費品銷售價格的,按照組成計稅價格計算納稅。

實行從價定率辦法計算納稅的組成計稅價格計算公式:

$$組成計稅價格=(成本+利潤)\div(1-比例稅率)$$

實行複合計稅辦法計算納稅的組成計稅價格計算公式:

$$組成計稅價格=(成本+利潤+自產自用數量\times 定額稅率)\div(1-比例稅率)$$

6.委託加工應稅消費品應納稅額

委託加工的應稅消費品,按照受託方的同類消費品的銷售價格計算納稅;沒有同類消費品銷售價格的,按照組成計稅價格計算納稅。

實行從價定率辦法計算納稅的組成計稅價格計算公式:

$$組成計稅價格=(材料成本+加工費)\div(1-比例稅率)$$

實行複合計稅辦法計算納稅的組成計稅價格計算公式:

$$組成計稅價格=(材料成本+加工費+委託加工數量\times 定額稅率)\div(1-比例稅率)$$

(六)消費稅徵收管理

1.納稅義務發生時間

(1)納稅人銷售應稅消費品的,其納稅義務的發生時間按不同的銷售結算方式分別確定如下:

①採取賒銷和分期收款結算方式的,為書面合同約定的收款日期的當天,書面合同沒有約定收款日期或者無書面合同的,為發出應稅消費品的當天。

②採取預收貨款結算方式的,為發出應稅消費品的當天。

③採取托收承付和委託銀行收款方式的,為發出應稅消費品並辦妥托收手續的當天。

④採取其他結算方式的,為收訖銷售款或者取得索取銷售款憑據的當天。

(2)納稅人自產自用應稅消費品的,為移送使用的當天。

(3)納稅人委託加工應稅消費品的,為納稅人提貨的當天。

(4)納稅人進口應稅消費品的,為報關進口的當天。

2.消費稅納稅期限

消費稅納稅期限分別為1日、3日、5日、10日、15日、1個月或者1個季度。納

稅人的具體納稅期限,由主管稅務機關根據納稅人應納稅額的大小分別核定,不能按照固定期限納稅的,可以按次納稅。

納稅人以1個月或者1個季度為一期納稅的,自期滿之日起15日內申報納稅;納稅人以1日、3日、5日、10日、15日為一期的,自期滿之日起5日內預繳稅款,於次月1日起15日內申報納稅並結清上月應納稅款。進口貨物自海關填發稅收專用繳款書之日起15日內繳納。

3. 消費稅納稅地點

(1)納稅人銷售的應稅消費品,以及自產自用的應稅消費品,除國務院財政、稅務主管部門另有規定外,應當向納稅人機構所在地或者居住地的主管稅務機關申報納稅。

(2)委託加工的應稅消費品,除受託方為個人外,由受託方向機構所在地或居住地主管稅務機關解繳消費稅稅款;委託個人加工的應稅消費品,由委託方向其機構所在地或者居住地主管稅務機關申報納稅。

(3)進口的應稅消費品,由進口人或者其代理人向報關地海關申報納稅。

(4)納稅人到外縣(市)銷售或者委託外縣(市)代銷自產應稅消費品的,於應稅消費品銷售後,向機構所在地或居住地主管稅務機關申報納稅。

納稅人的總機構與分支機構不在同一縣(市)的,應當分別向各自機構所在地的主管稅務機關申報納稅;經財政部、國家稅務總局或者其授權的財政、稅務機關批准,可以由總機構匯總向總機構所在地的主管稅務機關申報納稅。

(5)納稅人銷售的應稅消費品,如因質量等原因,由購買者退回時,經由所在地主管稅務機關審核批准後,可退還已徵收的消費稅稅款,但不能自行直接抵減應納稅稅款。

三、企業所得稅

(一)企業所得稅的概念

企業所得稅是指對中國企業和其他組織的生產經營所得和其他所得徵收的一種稅。這裡的「企業」不包括個人獨資企業和合夥企業。

企業所得稅的納稅人分為居民企業和非居民企業。居民企業是指依法在中國境內成立,或者依照外國(地區)法律成立但實際管理機構在中國境內的企業。非居民企業是指依照外國(地區)法律成立且實際管理機構不在中國境內,但在中國境內設立機構、場所的,或者在中國境內未設立機構、場所,但有來源於中國境內所得的企業。

(二)企業所得稅的徵稅對象

居民企業應就來源於中國境內、境外的所得繳納企業所得稅。

非居民企業在中國境內設立機構、場所的,應當就其所設機構、場所取得的來源於中國境內的所得,以及發生在中國境外但與其所設機構、場所有實際聯繫的所得,繳納企業所得稅。

上述「實際聯繫」是指非居民企業在中國境內設立的機構、場所擁有據以取得所得的股權、債權,以及擁有、管理、控製據以取得所得的財產等。

(三)企業所得稅的稅率

1. 基本稅率為25%

居民企業和在中國境內設有機構、場所且所得與機構、場所有關聯的非居民企業,徵稅時適用25%的稅率。

2. 優惠稅率

對符合條件的小型微利企業,減按20%的稅率徵收企業所得稅;對於中國境內未設立機構、場所或者雖設立機構、場所,但取得的所得與其所設機構、場所沒有實際聯繫的非居民企業,減按20%的稅率徵收企業所得稅;對於國家需要重點扶持的高新技術企業,減按15%的稅率徵收企業所得稅。

(四)企業所得稅應納稅所得額

企業所得稅應納稅所得額是企業所得稅的計稅依據。應納稅所得額是指企業每一個納稅年度的收入總額減去不徵稅收入、免稅收入、各項扣除以及彌補以前年度的虧損之後的餘額,應納稅所得額有兩種計算方法。

直接計算法下的計算公式為:

應納稅所得額＝收入總額－不徵稅收入額－免稅收入額－各項扣除額－準予彌補的以前年度虧損額

間接計算法下的計算公式為:

應納稅所得額＝利潤總額±納稅調整項目金額

1. 收入總額

收入總額是指企業以貨幣形式和非貨幣形式從各種來源取得的收入,包括銷售貨物收入,提供勞務收入,轉讓財產收入,股息、紅利等權益性投資收益,利息收入,租金收入,特許權使用費收入,接受捐贈收入,其他收入。

2. 不徵稅收入

不徵稅收入是指從性質和根源上不屬於企業營利性活動帶來的經濟利益、不

負有納稅義務並不作為應納稅所得額組成部分的收入。如財政撥款、依法收取並納入財政管理的行政事業性收費、政府性基金以及國務院規定的其他不徵稅收入。

3. 免稅收入

免稅收入是指屬於企業的應稅所得,但按照稅法規定免予徵收企業所得稅的收入。免稅收入具體包括以下內容:

(1)國債利息收入。

(2)符合條件的居民企業之間的股息、紅利收入。

(3)在中國境內設立機構、場所的非居民企業從居民企業取得與該機構、場所有實際聯繫的股息、紅利收入。

(4)符合條件的非營利組織的收入。

4. 準予扣除項目

企業實際發生的與取得收入有關的、合理的支出,包括成本、費用、稅金、損失和其他支出等,準予在計算應納稅所得額時扣除。

知識鏈接

成本是指企業在生產經營活動中發生的銷售成本、業務支出以及其他耗費;費用是指企業在生產經營活動中發生的銷售費用、管理費用和財務費用,已經計入成本的有關費用除外;稅金是指企業發生的除企業所得稅和允許抵扣的增值稅以外的各項稅金及其附加;損失是指企業在生產經營活動中發生的固定資產和存貨的盤虧、毀損、報廢損失,轉讓財產損失,呆帳損失,壞帳損失,自然災害等不可抗力因素造成的損失以及其他損失。

根據《中華人民共和國企業所得稅法實施條例》規定,在計算應納稅所得額時,下列項目按規定的標準扣除:

(1)企業發生的合理的工資薪金支出,準予全部扣除。

(2)企業依照國務院有關主管部門或者省級人民政府規定的範圍和標準為職工繳納的基本養老保險費、基本醫療保險費、失業保險費、工傷保險費、生育保險費等基本社會保險費和住房公積金,準予扣除。

(3)企業發生的職工福利費支出,不超過工資薪金總額14%的部分,準予扣除;企業撥繳的工會經費,不超過工資薪金總額2%的部分,準予扣除;除國務院財政、稅務主管部門另有規定外,企業發生的職工教育經費支出,不超過工資薪金總額2.5%的部分,準予扣除;超過部分,準予在以後納稅年度結轉扣除。

（4）企業發生的與生產經營活動有關的業務招待費支出，按照發生額的60%扣除，但最高不得超過當年銷售（營業）收入的5‰。

（5）企業發生的符合條件的廣告費和業務宣傳費支出，除國務院財政、稅務主管部門另有規定外，不超過當年銷售（營業）收入15%的部分，準予扣除；超過部分，準予在以後納稅年度結轉扣除。

（6）企業發生的公益性捐贈支出，不超過年度利潤總額12%以內的部分，準予扣除。

5. 不得扣除項目

下列支出在計算應納稅所得額時不得扣除：

（1）向投資者支付的股息、紅利等權益性投資收益款項。

（2）企業所得稅稅款。

（3）稅收滯納金。

（4）罰金、罰款和被沒收財物的損失。

（5）企業發生的公益性捐贈支出以外的捐贈支出。

（6）贊助支出。贊助支出是指企業發生的與生產經營活動無關的各種非廣告性支出。

（7）未經核定的準備金支出。

（8）企業之間支付的管理費、企業內營業機構之間支付的租金和特許權使用費，以及非銀行企業內營業機構之間支付的利息。

（9）與取得收入無關的其他支出。

6. 虧損彌補

納稅人發生年度虧損的，可以用下一納稅年度的所得彌補；下一納稅年度的所得不足彌補的，可以逐年延續彌補，但是延續彌補期最長不得超過5年。5年內不管是盈利還是虧損，都作為實際彌補期限。

[例3-12] 某企業2015年度實現利潤總額500.50萬元，適用的所得稅稅率25%。當年計入成本、費用中應付工資薪金總額300萬元，發生職工福利費支出50萬元，職工教育經費支出10萬元，撥繳工會經費8萬元。假定沒有其他納稅調整事項，計算該企業2015年度應納稅所得額和應納企業所得稅稅額。

計算過程如下：

（1）計算準予扣除的各項支出

①準予扣除的職工福利費＝300×14%＝42（萬元）

②準予扣除的職工教育經費＝300×2.5%＝7.50（萬元）

③準予扣除的工會經費＝300×2％＝6(萬元)

(2)計算應納稅所得額

應納稅所得額＝500.50＋(50－42)＋(10－7.50)＋(8－6)＝513(萬元)

(3)計算應納企業所得稅稅額

應納企業所得稅稅額＝513×25％＝128.25(萬元)

[例3-13] 某企業2015年度銷售收入4,000萬元,實現利潤總額800萬元,適用的所得稅稅率為25％。當年取得國債利息收入10萬元,當年發生廣告費用700萬元,業務招待費30萬元,公益性捐贈支出100萬元。假定沒有其他納稅調整事項,計算該企業2015年度應納稅所得額和應納企業所得稅稅額。

計算過程如下：

(1)計算準予扣除的各項支出

①準予扣除的廣告費＝4,000×15％＝600(萬元)

②準予扣除的業務招待費上限＝4,000×5‰＝20(萬元)

業務招待費發生額的60％＝30×60％＝18(萬元)

準予扣除的業務招待費金額為18萬元。

③準予扣除的公益性捐贈支出＝800×12％＝96(萬元)

(2)計算應納稅所得額

應納稅所得額＝800＋(700－600)＋(30－18)＋(100－96)－10＝906(萬元)

(3)計算應納企業所得稅稅額

應納企業所得稅稅額＝906×25％＝226.50(萬元)

(五)企業所得稅徵收管理

1. 納稅地點

(1)除稅收法律、行政法規另有規定外,居民企業一般以企業登記註冊地為納稅地點,但登記註冊地在境外的,以企業實際管理機構所在地為納稅地點。

居民企業在中國境內設立的不具有法人資格的分支或營業機構,由該居民企業匯總計算並繳納企業所得稅。

(2)非居民企業在中國境內設立機構、場所的,應當就其所設機構、場所取得的來源於中國境內的所得,以及發生在中國境外但與其所設機構、場所有實際聯繫的所得繳納企業所得稅,以機構、場所所在地為納稅地點。

非居民企業在中國境內未設立機構、場所的,或者雖設立機構、場所,但取得的所得與其所設機構、場所沒有實際聯繫的,就其來源於中國境內的所得繳納企業所得稅,以扣繳義務人所在地為納稅地點。

2.納稅期限

企業所得稅實行按年(自公歷1月1日起到12月31日止)計算,分月或分季預繳,年終匯算清繳(年終後5個月內進行)、多退少補的徵納方法。

納稅人在一個年度中間開業,或者由於合併、關閉等原因,使該納稅年度的實際經營期不足12個月的,應當以其實際經營期為一個納稅年度。

3.納稅申報

按月或按季預繳的,應當自月份或季度終了之日起15日內,向稅務機關報送預繳企業所得稅納稅申報表,預繳稅款。

四、個人所得稅

(一)個人所得稅的概念

個人所得稅是以個人(自然人)取得的各項應稅所得為徵稅對象所徵收的一種稅。這裡的「個人」不僅包括自然人,還包括個體工商戶、個人獨資企業和合夥企業的投資者。

(二)個人所得稅的納稅義務人

個人所得稅的納稅義務人,以住所和居住時間為標準分為居民納稅義務人和非居民納稅義務人。

1.居民納稅義務人

居民納稅義務人是指在中國境內有住所,或者無住所但在中國境內居住滿一年的個人。居民納稅義務人負有無限納稅義務,其從中國境內和境外取得的所得,都要在中國繳納個人所得稅。

上述中的「在中國境內有住所的個人」,是指因戶籍、家庭、經濟利益關係而在中國境內習慣性居住的個人。「在境內居住滿一年」,是指在一個納稅年度中在中國境內居住365日。臨時離境的,不扣減日數。「臨時離境」,是指在一個納稅年度中一次不超過30日或者多次累計不超過90日的離境。

2.非居民納稅義務人

非居民納稅義務人是指在中國境內無住所又不居住,或者無住所而在中國境內居住不滿一年的個人。非居民納稅義務人承擔有限納稅義務,僅就其從中國境內取得的所得,在中國繳納個人所得稅。

(三)個人所得稅的應稅項目和稅率

1.個人所得稅的應稅項目

目前中國個人所得稅實行分類課徵制,共有11個應稅項目,具體如下。

(1) 工資、薪金所得。工資、薪金所得是指個人因任職或者受雇而取得的工資、薪金、獎金、年終加薪、勞動分紅、津貼、補貼以及與任職或者受雇有關的其他所得。

(2) 個體工商戶的生產、經營所得。個體工商戶的生產、經營所得是指經工商行政管理部門批准開業並領取營業執照的城鄉個體工商戶從事工業、手工業、建築業、交通運輸業、商業、飲食業、服務業、修理業等行業的生產、經營所得以及個人經政府有關部門批准取得執照，從事辦學、醫療、諮詢以及其他有償服務活動取得的所得等。

(3) 對企事業單位的承包經營、承租經營所得。對企事業單位的承包經營、承租經營所得是指個人承包經營、承租經營以及轉包、轉租取得的所得，包括個人按月或者按次取得的工資、薪金性質的所得。

(4) 勞務報酬所得。勞務報酬所得是指個人從事設計、裝潢、安裝、制圖、化驗、測試、醫療、法律、會計、諮詢、講學、新聞、廣播、翻譯、審稿、書畫、雕刻、影視、錄音、錄像、演出、表演、廣告、展覽、技術服務、介紹服務、經紀服務、代辦服務以及其他勞務取得的所得。

(5) 稿酬所得。稿酬所得是指個人因其作品以圖書、報刊形式出版、發表而取得的所得。

(6) 特許權使用費所得。特許權使用費所得是指個人提供專利權、商標權、著作權、非專利技術以及其他特許權的使用權取得的所得。

(7) 利息、股息、紅利所得。利息、股息、紅利所得是指個人擁有債權、股權而取得的利息、股息、紅利所得。

(8) 財產租賃所得。財產租賃所得是指個人出租建築物、土地使用權、機器設備、車船以及其他財產取得的所得。

(9) 財產轉讓所得。財產轉讓所得是指個人轉讓有價證券、股票、建築物、土地使用權、機器設備、車船以及其他財產取得的所得。

(10) 偶然所得。偶然所得是指個人得獎、中獎、中彩以及其他偶然性質的所得。

(11) 經國務院財政部門確定徵稅的其他所得。

2. 個人所得稅稅率

(1) 工資、薪金所得適用3%～45%的七級超額累進稅率。見表3-2所示。

(2) 個體工商戶的生產、經營所得，對企事業單位的承包經營、承租經營所得，個人獨資企業和合夥企業生產、經營所得適用5%～35%的五級超額累進稅率。見表3-3所示。

(3)稿酬所得適用比例稅率,稅率為 20%,並按應納稅額減徵 30%,故其實際稅率為 14%。

(4)勞務報酬所得適用比例稅率,稅率為 20%。對勞務報酬所得一次收入畸高的,可以實行加成徵收。所謂「勞務報酬所得一次收入畸高」,是指個人一次取得的勞務報酬,其應納稅所得額超過 20,000 元。加成徵收的具體辦法是:對每次應納稅所得額超過 20,000 元至 50,000 元的部分,依照稅法規定計算應納稅額後再按照應納稅額加徵五成;超過 50,000 元的部分,加徵十成。勞務報酬個人所得稅稅率見表 3-4 所示。

(5)特許權使用費所得,利息、股息、紅利所得,財產轉讓所得,財產租賃所得,偶然所得及其他所得,均適用比例稅率,稅率為 20%。

表 3-2　　　　　　　　　工資、薪金所得個人所得稅稅率表

級數	全月含稅應納稅所得額	稅率(%)	速算扣除數(元)
1	不超過 1,500 元的	3	0
2	超過 1,500 元至 4,500 元的部分	10	105
3	超過 4,500 元至 9,000 元的部分	20	555
4	超過 9,000 元至 35,000 元的部分	25	1,005
5	超過 35,000 元至 55,000 元的部分	30	2,755
6	超過 55,000 元至 80,000 元的部分	35	5,505
7	超過 80,000 元的部分	45	13,505

註:本表所稱全月含稅應納稅所得額是指依照稅法的規定,以每月收入額減除費用 3,500 元後的餘額或者再減除附加減除費用後的餘額。

表 3-3　　　　個體工商戶生產、經營所得和對企事業單位的承包經營、
承租經營所得個人所得稅稅率表

級數	全年含稅應納稅所得額	稅率(%)	速算扣除數(元)
1	不超過 15,000 元的	5	0
2	超過 15,000 元至 30,000 元的部分	10	750
3	超過 30,000 元至 60,000 元的部分	20	3,750
4	超過 60,000 元至 100,000 元的部分	30	9,750
5	超過 100,000 元的部分	35	14,750

表 3-4　　　　　　　　　勞務報酬個人所得稅稅率表

級數	每次應納稅所得額	稅率(%)	速算扣除數
1	不超過 20,000 元的部分	20	0
2	超過 20,000 元至 50,000 元的部分	30	2,000
3	超過 50,000 元的部分	40	7,000

(四)個人所得稅應納稅額的計算

1. 工資、薪金所得

工資、薪金所得以每月收入額減除費用 3,500 元或 4,800 元後的餘額,為應納稅所得額。其計算公式為:

應納稅額＝應納稅所得額×適用稅率－速算扣除數
　　　　＝(每月收入額－3,500 元或 4,800 元)×適用稅率－速算扣除數

[例 3-14]　中國某公司張某,2015 年 6 月取得工資、薪金收入 6,000 元。計算張某當月應納個人所得稅稅額。

計算過程如下:

(1)計算應納稅所得額

應納稅所得額＝6,000－3,500＝2,500(元)

(2)計算應納個人所得稅稅額

應納稅額＝2,500×10%－105＝145(元)

2. 個體工商戶的生產、經營所得

個體工商戶的生產、經營所得以每一納稅年度的收入總額減除成本、費用及損失後的餘額,為應納稅所得額。其計算公式為:

應納稅額＝應納稅所得額×適用稅率－速算扣除數
　　　　＝(收入總額－成本、費用以及損失)×適用稅率－速算扣除數

3. 對企事業單位的承包經營、承租經營所得

對企事業單位的承包經營、承租經營所得以每一納稅年度的收入總額,減除必要的費用後的餘額,為應納稅所得額。減除必要費用,是指按月減除 3,500 元。其計算公式為:

應納稅額＝應納稅所得額×適用稅率－速算扣除數
　　　　＝(納稅年度收入總額－必要費用)×適用稅率－速算扣除數

4.勞務報酬所得

勞務報酬所得每次收入不足 4,000 元的,減除費用 800 元;每次收入超過 4,000 元的,減除 20% 的費用,其餘額為應納稅所得額。其計算公式為:

(1)每次收入不足 4,000 元的:

$$應納稅額=(每次收入額-800)\times 20\%$$

(2)每次收入超過 4,000 元的:

$$應納稅額=每次收入額\times(1-20\%)\times 20\%$$

(3)每次收入的應納稅所得額超過 20,000 元的:

$$應納稅額=每次收入額\times(1-20\%)\times 適用稅率-速算扣除數$$

勞務報酬所得,屬於一次性收入的,以取得該項收入為一次;屬於同一項目連續性收入的,以一個月內取得的收入為一次。

[例 3-15] 歌星蔡某,2015 年共演出三次:3 月份取得演出收入 3,000 元,6 月份取得演出收入 8,000 元,9 月份取得演出收入 60,000 元。計算蔡某 3 月份、6 月份、9 月份每月應納個人所得稅稅額。

計算過程如下:

(1)3 月份取得演出收入應納個人所得稅稅額

應納稅額 $=(3,000-800)\times 20\%=440$(元)

(2)6 月份取得演出收入應納個人所得稅稅額

應納稅額 $=8,000\times(1-20\%)\times 20\%=1,280$(元)

(3)9 月份取得演出收入應納個人所得稅稅額

首先計算應納稅所得額:

應納稅所得額 $=60,000\times(1-20\%)=48,000$(元)

因本次收入的應納稅所得額超過 20,000 元,所以適用加成徵收,稅率為 30%。

應納稅額 $=48,000\times 30\%-2,000=12,400$(元)

5.稿酬所得

稿酬所得應納稅額的計算公式為:

(1)每次收入不足 4,000 元的:

$$應納稅額=(每次收入額-800)\times 20\%\times(1-30\%)$$

(2)每次收入在 4,000 元以上的:

$$應納稅額=每次收入額\times(1-20\%)\times 20\%\times(1-30\%)$$

[例 3-16] 趙某為一大學教授,2015 年 9 月因發表文章取得稿酬 30,000 元。計算趙某當月取得稿酬應納個人所得稅稅額。

計算過程如下：

應納稅額＝30,000×(1－20％)×20％×(1－30％)＝3,360(元)

6. 財產轉讓所得

財產轉讓所得應納稅額的計算公式為：

$$應納稅額＝應納稅所得額×適用稅率$$
$$＝(收入總額－財產原值－合理稅費)×20％$$

7. 利息、股息、紅利所得及偶然所得

利息、股息、紅利所得及偶然所得應納稅額的計算公式為：

$$應納稅額＝應納稅所得額×適用稅率$$
$$＝每次收入額×20％$$

(五)個人所得稅徵收管理

1. 自行申報

自行申報是由納稅人自行在稅法規定的納稅期限內,向稅務機關申報取得的應稅所得項目和數額,如實填寫個人所得稅納稅申報表,並按照稅法規定計算應納稅額,據此繳納個人所得稅的一種方法。

下列人員為自行申報納稅的納稅義務人：

(1)年所得 12 萬元以上的。

(2)從中國境內兩處或者兩處以上取得工資、薪金所得的。

(3)從中國境外取得所得的。

(4)取得應納稅所得,沒有扣繳義務人的。

(5)國務院規定的其他情形。

2. 代扣代繳

代扣代繳是指按照稅法規定負有扣繳稅款義務的單位或個人,在向個人支付應納稅所得時,應計算應納稅額,從其所得中扣除並繳入國庫,同時向稅務機關報送扣繳個人所得稅報告表。

凡支付個人應納稅所得的企業、事業單位、社會團體、軍隊、駐華機構(不含依法享有外交特權和豁免的駐華使領館、聯合國及其國際組織駐華機構)、個體戶等單位或者個人,為個人所得稅的扣繳義務人。

第三節　稅收徵收管理

　　稅收徵收管理是指稅務機關依據稅收法律法規的規定,按照一定的標準和程序,對稅款徵收過程進行的組織、管理、檢查等一系列工作的總稱。稅收徵收管理包括稅務登記、發票開具與管理、納稅申報、稅款徵收、稅務檢查和稅收法律責任等環節。

一、稅務登記

　　稅務登記是稅務機關依據稅法規定,對納稅人的生產、經營活動進行登記管理的一項法定制度,也是納稅人依法履行納稅義務的法定手續。稅務登記是整個稅收徵收管理的起點。

　　稅務登記包括開業登記,變更登記,停業、復業登記,註銷登記,外出經營報驗登記,納稅人稅種登記,扣繳稅款登記等。

(一)開業登記

　　開業登記又稱設立登記,是指從事生產、經營活動的納稅人,經國家行政管理部門批准設立後辦理的納稅登記。

　　1.開業稅務登記的對象

　　除國家機關、個人和無固定生產、經營場所的流動性農村小商販外,均應當按照規定辦理稅務登記。

　　2.開業稅務登記的地點

　　一般情況下,開業稅務登記的地點一般在生產、經營所在地或者納稅義務發生地。

　　3.開業稅務登記的時間

　　(1)從事生產、經營的納稅人領取工商營業執照(含臨時工商營業執照)的,應當自領取工商營業執照之日起30日內申報辦理稅務登記。

　　(2)從事生產、經營的納稅人未辦理工商營業執照,但經有關部門批准設立的,應當自有關部門批准設立之日起30日內申報辦理稅務登記。

　　(3)從事生產、經營的納稅人未辦理工商營業執照也未經有關部門批准設立的,應當自納稅義務發生之日起30日內申報辦理稅務登記。

　　(4)有獨立的生產經營權、在財務上獨立核算並定期向發包人或者出租人上交

承包費或租金的承包承租人,應當自承包承租合同簽訂之日起30日內,向其承包承租業務發生地稅務機關申報辦理稅務登記。

(5)從事生產、經營的納稅人外出經營,自其在同一縣(市)實際經營或提供勞務之日起,在連續的12個月內累計超過180天的,應當自期滿之日起30日內,向生產、經營所在地稅務機關申報辦理稅務登記。

(6)境外企業在中國境內承包建築、安裝、裝配、勘探工程和提供勞務的,應當自項目合同或協議簽訂之日起30日內,向項目所在地稅務機關申報辦理稅務登記。

(7)上述條款之外的其他納稅人,均應當自納稅義務發生之日起30日內,向納稅義務發生地稅務機關申報辦理稅務登記。

4.稅務登記證件的使用

納稅人辦理下列事項時必須持稅務登記證件:

(1)開立銀行帳戶。

(2)申請減稅、免稅、退稅。

(3)申請辦理延期申報、延期繳納稅款。

(4)領購發票。

(5)申請開具外出經營活動稅收管理證明。

(6)辦理停業、歇業。

(7)其他有關稅務事項。

(二)變更登記

變更稅務登記是指納稅人辦理設立稅務登記後,因登記內容發生變化,需要對原有登記內容進行更改,而向原主管稅務機關申請辦理的稅務登記。

納稅人辦理稅務登記後,如發生下列情形之一,應當辦理變更稅務登記:①改變名稱;②改變法定代表人;③改變經濟性質或經濟類型;④改變住所及經營地點(不涉及主管稅務機關變動的);⑤改變生產經營方式、經營範圍或經營期限;⑥增減註冊資本;⑦改變隸屬關係、生產經營權屬及增減分支機構;⑧改變開戶銀行和帳號等。

納稅人稅務登記內容發生變化的,應當自工商行政管理機關或其他機關辦理變更登記之日起30日內,持有關證件向原稅務登記機關申報辦理變更稅務登記。

(三)停業、復業登記

停業、復業登記是指納稅人暫停和恢復生產經營活動而辦理的納稅登記。

實行定期定額徵收方式的納稅人在營業執照核准的經營期限內需要停業的,應當在停業前向稅務機關申報辦理停業登記。納稅人在申報辦理停業登記時,應如實填寫停業申請登記表,說明停業理由、停業期限、停業前的納稅情況和發票的領、用、存情況,並結清應納稅款、滯納金、罰款。

納稅人的停業期限不得超過一年。納稅人應當於恢復生產經營之前,向稅務機關申報辦理復業登記。

納稅人停業期滿不能及時恢復生產經營的,應當在停業期滿前向稅務機關提出延長停業登記申請。納稅人在停業期滿未按期復業又不申請延長停業的,稅務機關應當視為已恢復營業,實施正常的稅收徵收管理。

(四)註銷登記

註銷稅務登記是指納稅人由於法定的原因終止納稅義務時,向原稅務機關申請辦理的取消稅務登記的手續。辦理註銷稅務登記後,該當事人不再接受原稅務機關的管理。

納稅人發生解散、破產、撤銷以及其他情形,依法終止納稅義務的,應當在向工商行政管理機關或者其他機關辦理註銷登記前,持有關證件向原稅務登記機關申報辦理註銷稅務登記;按照規定不需要在工商行政管理機關或者其他機關辦理註銷登記的,應當自有關機關批准或者宣告終止之日起15日內,持有關證件向原稅務登記機關申報辦理註銷稅務登記。

納稅人被工商行政管理機關吊銷營業執照或者被其他機關予以撤銷登記的,應當自營業執照被吊銷或者被撤銷登記之日起15日內,向原稅務登記機關申報辦理註銷稅務登記。

納稅人因住所、經營地點變動,涉及改變稅務登記機關的,應當在向工商行政管理機關或者其他機關申請辦理變更或者註銷登記前,或者住所、經營地點變動前,向原稅務登記機關申報辦理註銷稅務登記,並在30日內向遷達地稅務機關申報辦理稅務登記。

(五)外出經營報驗登記

從事生產、經營的納稅人到外縣(市)臨時從事生產、經營活動的,應當持稅務登記證向主管稅務機關申請開具《外出經營活動稅收管理證明》(以下簡稱《外管證》)向營業地稅務機關報驗登記,接受稅務管理。《外管證》實行一地一證原則,有效期一般為30日,最長不得超過180日。

納稅人外出經營活動結束,應當向經營地稅務機關填報《外出經營活動情況申請表》,按規定結清稅款、繳銷未使用完的發票,並由經營地稅務機關在《外管證》上

註明納稅人的經營、納稅及發票使用情況,納稅人應當在《外管證》有效期滿10日內,回到主管稅務機關辦理《外管證》繳銷手續。

(六)納稅人稅種登記

納稅人在辦理開業或變更稅務登記的同時應當申請填報稅種登記,由稅務機關根據其生產經營範圍及擁有的財產等情況,認定納稅人所適用的稅種、稅目、稅率、報繳稅款期限、徵收方式和繳庫方式等。稅務機關依據《納稅人稅種登記表》所填寫的項目,自受理之日起3日內進行稅種登記。

(七)扣繳義務人扣繳稅款登記

扣繳義務人包括代扣代繳義務人和代收代繳義務人。

已辦理稅務登記的扣繳義務人應當在扣繳義務發生之日起30日內,向稅務登記地主管稅務機關申報辦理扣繳稅款登記。稅務機關在其稅務登記證件上登記扣繳稅款事項,不再發給扣繳稅款登記證件。

根據規定可以不辦理稅務登記的扣繳義務人,應當在扣繳義務發生後向機構所在地稅務機關申報辦理扣繳稅款登記,稅務機關核發扣繳稅款登記證件。

[例3-17] 從事生產、經營的納稅人,應當自(　　)內,向所在地主管稅務機關辦理稅務登記。

  A.領取稅務登記證之日起30日內 B.領取營業執照之日起30日內
  C.領取稅務登記證之日起15日內 D.領取營業執照之日起15日內

【解析】選B。從事生產、經營的納稅人領取工商營業執照(含臨時工商營業執照)的,應當自領取工商營業執照之日起30日內申報辦理稅務登記。

二、發票開具與管理

發票是指在購銷商品、提供勞務或接受勞務、服務以及從事其他經營活動,所提供給對方的收付款的書面證明。它是會計核算的原始憑證,是財務收支的法定憑證,也是稅務檢查的重要依據。

(一)發票的種類

全面實施「營改增」後,可以使用的發票主要有增值稅專用發票、增值稅普通發票、增值稅電子普通發票、通用定額發票、通用機打發票、通用機打卷式發票、門票等發票。

1.增值稅專用發票使用規定

增值稅專用發票只限於增值稅一般納稅人領購使用,增值稅小規模納稅人不得領購使用;小規模納稅人發生應稅行為,購買方索取增值稅專用發票的,可以向

主管稅務機關申請代開。一般納稅人如有以下法定情形的,不得領購使用增值稅專用發票:

(1)會計核算不健全。

(2)不能向稅務機關準確提供增值稅銷項稅額、進項稅額、應納稅額數據及其他有關增值稅稅務資料的。

(3)有《稅收徵收管理法》規定的稅收違法行為,拒不接受稅務機關處理的。

(4)虛開增值稅專用發票、私自印製專用發票、未按規定開具發票等經稅務機關責令限期改正而仍未改正的。

(5)銷售的貨物全部屬於免稅項目者。

有上述情形之一的一般納稅人如已領購專用發票,稅務機關應收繳其結存的專用發票。

增值稅專用發票的基本聯次為三聯:第一聯為記帳聯,是銷售方核算銷售收入和銷項稅額的主要憑證;第二聯為抵扣聯,是購買方抵扣進項稅額的證明;第三聯為發票聯,是購買方核算購進業務的原始憑證。

2.其他發票使用規定

(1)月不含稅銷售額超過3萬元或季不含稅銷售額超過9萬元的小規模納稅人,應使用增值稅普通發票、增值稅電子普通發票。

(2)月不含稅銷售額不超過3萬元或季不含稅銷售額不超過9萬元的小規模納稅人,可使用國稅通用機打發票。

(3)收取過路(過橋)費納稅人,可使用國稅通用機打發票。

(4)所有納稅人可根據需要領用通用定額發票。

(5)使用具備開具卷式發票功能收銀機的納稅人可以領用通用機打卷式發票。

(二)發票的開具要求

開具發票必須做到以下幾點:

(1)單位和個人在發生經營業務、確認營業收入時,才能開具發票。

(2)單位和個人開具發票時應按號碼順序填開,填寫項目齊全、內容真實、字跡清楚、全部聯次一次性復寫或打印,內容完全一致,並在發票聯和抵扣聯加蓋單位財務印章或者發票專用章。

(3)填寫發票應當使用中文。民族自治地區可以同時使用當地通用的一種民族文字;外商投資企業和外資企業可以同時使用一種外國文字。

(4)使用電子計算機開具發票必須報主管稅務機關批准,並使用稅務機關統一監制的機打發票。開具後的存根聯應當按順序號裝訂成冊,以備稅務機關檢查。

(5)開具發票時限、地點應符合規定。

(6)任何單位和個人不得轉借、轉讓、代開發票;未經稅務機關批准,不得拆本使用發票。

(7)開具發票的單位和個人應當建立發票使用登記制度,設置發票登記簿,並定期向主管稅務機關報告發票使用情況。開具發票的單位和個人應當按照稅務機關的規定妥善存放和保管發票,不得丟失。已開具的發票存根聯和發票登記簿應當保存5年,保存期滿,報經稅務機關查驗後銷毀。

[例3-18] 已開具的發票存根聯和發票登記簿應當保存( )。

A.3年　　　　　　　　　　B.5年
C.15年　　　　　　　　　 D.永久

【解析】選B。已開具的發票存根聯和發票登記簿應當保存5年,保存期滿,報經稅務機關查驗後銷毀。

三、納稅申報

納稅申報是指納稅人、扣繳義務人按照稅法規定的期限和內容向稅務機關提交有關納稅事項書面報告的法律行為,是納稅人履行納稅義務、承擔法律責任的主要依據,是稅務機關稅收管理信息的主要來源和稅務管理的一項重要制度。納稅人辦理納稅申報主要採取的方式包括直接申報、郵寄申報、數據電文和簡易申報。

(一)直接申報

直接申報又稱上門申報,是指納稅人、扣繳義務人按照規定的期限自行到主管稅務機關辦理納稅申報或者報送代扣代繳申報表。這是一種傳統的納稅申報方式。

(二)郵寄申報

郵寄申報是指經稅務機關批准的納稅人、扣繳義務人使用統一規定的納稅申報特快專遞專用信封,通過郵政部門辦理交寄手續,並向郵政部門索取收據作為申報憑據的方式。郵寄申報以寄出地的郵政局郵戳日期為實際申報日期。該種申報方式比較適宜邊遠地區的納稅人。

(三)數據電文申報

數據電文申報是指經稅務機關批准的納稅人、扣繳義務人採用電子數據交換、電子郵件、電報、電傳或者傳真等方式進行納稅申報。目前,納稅人的網上申報就是數據電文申報的一種形式。

納稅人採取數據電文方式辦理納稅申報的,還應在申報結束後,在規定的時間

內將電子數據的書面材料報送或郵寄稅務機關；或者按照稅務機關的要求保存，必要時按稅務機關的要求出具。

(四)簡易申報

簡易申報是指實行定期定額徵收方式的納稅人，經稅務機關批准，在規定的期限內按照法律、行政法規規定繳清應納稅款，當期可以不辦理申報手續。在定額執行期結束後，再將每月實際發生的經營額、所得額一併向稅務機關申報。

(五)其他方式

其他方式是指納稅人、扣繳義務人採用上述以外的方式向稅務機關辦理納稅申報或者報送代扣代繳申報表。如納稅人、扣繳義務人委託他人代理向稅務機關辦理納稅申報或者報送代扣代繳申報表等。

[例 3-19] 納稅人進行納稅申報的方式主要有(　　)。

A.直接申報　　　　　　B.郵寄申報

C.數據電文申報　　　　D.簡易申報

【解析】選 ABCD。納稅人辦理納稅申報主要採取的方式包括直接申報、郵寄申報、數據電文申報和簡易申報。

四、稅款徵收

稅款徵收是指稅務機關依照稅收法律、法規的規定，將納稅人應當繳納的稅款組織入庫的一系列活動的總稱。它是稅收徵收管理的中心環節。

稅務機關依照法律、行政法規的規定徵收稅款，不得違反法律、行政法規的規定開徵、停徵、多徵、少徵、提前徵收、延緩徵收或者攤派稅款。除稅務機關、稅務人員以及經稅務機關依照法律、行政法規委託的單位和人員外，任何單位和個人不得進行稅款徵收活動。

(一)稅款徵收方式

稅款徵收方式是指稅務機關根據各稅種的不同特點和納稅人的具體情況而確定的計算、徵收稅款的形式和方法。目前稅款徵收的方式主要以下幾種：

1. 查帳徵收

查帳徵收是指稅務機關對財務健全的納稅人，依據其報送的納稅申報表、財務報表和其他有關的納稅資料，計算應納稅額，填寫繳款書或完稅證明，由納稅人到銀行劃解稅款的徵收方式。這種稅款徵收方式較為規範，適用於財務會計制度健全，能夠認真履行納稅義務的納稅人。

2.查定徵收

查定徵收是指由稅務機關根據納稅人的從業人員、生產設備、耗用原材料等因素,在正常生產經營條件下,對納稅人生產的應稅產品查定產量和銷售額,並據以計算徵收稅款的一種方式。這種徵收方式適用於生產經營規模較小、產品零星、會計核算不健全的小型廠礦和作坊。

3.查驗徵收

查驗徵收是指稅務機關對納稅人的應稅商品,通過查驗數量,按市場一般銷售單價計算其銷售收入,並據以計算應納稅款的一種徵收方式。這種徵收方式適用於經營品種比較單一,經營時間、地點和商品來源不固定的納稅人。如城鄉集貿市場中的臨時經營者和火車站、機場、碼頭、公路交通要道等地方的經營者。

4.定期定額徵收

定期定額徵收是指稅務機關根據有關規定,核定納稅人在一定經營時期內的應稅經營額及收益額,並以此為計稅依據,確定其應納稅額的一種徵收方式。這種徵收方式適用於生產經營規模小,又確無建帳能力的個體工商戶。

5.核定徵收

核定徵收是指稅務機關對不能完整、準確提供納稅資料的納稅人採用特定方式核定其應納稅收入或應納稅額,納稅人據以繳納稅款的一種徵收方式。核定徵收適用於下列幾種情況:

(1)依照法律、行政法規的規定可以不設置帳簿的。

(2)依照法律、行政法規的規定應當設置帳簿但未設置的。

(3)擅自銷毀帳簿或者拒不提供納稅資料的。

(4)雖設置帳簿,但帳目混亂,或者成本資料、收入憑證、費用憑證殘缺不全,難以查帳的。

(5)發生納稅義務,未按照規定的期限辦理納稅申報,經稅務機關責令限期申報,逾期仍不申報的。

(6)納稅人申報的計稅依據明顯偏低,又無正當理由的。

6.代扣代繳

代扣代繳是指按照稅法規定,負有扣繳稅款義務的單位與個人,在向納稅人支付款項時,從所支付的款項中直接扣收稅款的方式。其目的是對零星分散、不易控制的稅源實行源泉控制。

7.代收代繳

代收代繳是指按照稅法規定,負有收繳稅款義務的單位與個人,對納稅人應納

的稅款進行代收代繳的方式。這種徵收方式適用於稅收網路覆蓋不到或稅源很難控製的領域,如受託加工應繳消費稅的消費品,由受託方代收代繳消費稅。

8.委託代徵稅款

委託代徵稅款是指稅務機關委託代徵人以稅務機關的名義向納稅人徵收稅款,並將稅款繳入國庫的方式。該種方式一般適用於小額、零散稅源的徵收。

9.其他方式

除上述方式外,還有網路申報、IC卡納稅、郵寄納稅等方式。

(二)稅款的退還與追徵

1.稅款的退還

根據《稅收徵管法》的規定,納稅人不論何種原因超過應納稅額繳納的稅款,稅務機關發現後應當立即退還。納稅人自結算繳納稅款之日起3年內發現的,可以向稅務機關要求退還多繳的稅款並加算銀行同期存款利息,稅務機關及時查實後應當立即退還;涉及從國庫中退庫的,依照法律、行政法規有關國庫管理的規定退還。超過3年的,稅務機關不予受理。

2.稅款的追徵

稅務機關對超過納稅期限未繳或少繳稅款的納稅人可以在規定的期限內予以追徵,稅款的追徵具體有下列三種情形:

(1)因稅務機關的責任,致使納稅人、扣繳義務人未繳或者少繳稅款的,稅務機關在3年內可以要求納稅人、扣繳義務人補繳稅款,但是不得加收滯納金。

(2)因納稅人、扣繳義務人計算錯誤等失誤,未繳或者少繳稅款的,稅務機關在3年內可以追徵稅款,並加收滯納金;有特殊情況的(即數額在10萬元以上的),追徵期可以延長到5年。

(3)因納稅人、扣繳義務人和其他當事人偷稅、抗稅、騙稅的,稅務機關追徵其未繳或者少繳的稅款、滯納金或者所騙取的稅款,可以無限期追徵。

(三)稅收保全措施

稅收保全是指稅務機關對由於納稅人的行為或者某種客觀原因,致使以後稅款的徵收不能保證或難以保證而採取的限制納稅人處理和轉移商品、貨物或其他財產的措施。

1.稅收保全的適用情形

稅收保全適用下列兩種情形:

(1)稅務機關有根據認為從事生產、經營的納稅人有逃避納稅義務行為的,可

以在規定的納稅期之前,責令限期繳納應納稅款;在限期內發現納稅人有明顯的轉移、隱匿其應納稅的商品、貨物以及其他財產或者應納稅的收入的跡象的,稅務機關可以責成納稅人提供納稅擔保。如果納稅人不能提供納稅擔保,經縣以上稅務局(分局)局長批准,稅務機關可以採取稅收保全措施。

(2)稅務機關對從事生產、經營的納稅人以前納稅期的納稅情況依法進行稅務檢查時,發現納稅人有逃避納稅義務行為,並有明顯的轉移、隱匿其應納稅的商品、貨物以及其他財產或者應納稅的收入跡象的,可以按照《稅收徵管法》規定的批准權限採取稅收保全措施或者強制執行措施。

2.稅收保全的措施

(1)書面通知納稅人開戶銀行或者其他金融機構凍結納稅人的金額相當於應納稅款的存款。

(2)扣押、查封納稅人的價值相當於應納稅款的商品、貨物或者其他財產。其他財產是指納稅人的房地產、現金、有價證券等不動產和動產。

個人及其所撫養家屬維持生活必需的住房和用品,不在稅收保全措施的範圍之內。稅務機關對單價5,000元以下的其他生活用品,不採取稅收保全措施。

稅務機關採取稅收保全措施的期限一般不得超過6個月,重大案件需要延長的,應當報國家稅務總局批准。

納稅人在稅務機關採取稅收保全措施後,按稅務機關規定的期限繳納稅款的,稅務機關應當自收到稅款或者銀行轉回的完稅憑證之日起1日內解除稅收保全。

(四)稅收強制措施

稅收強制是指納稅人、扣繳義務人未按照規定的期限繳納或者解繳稅款,納稅擔保人未按照規定的期限繳納所擔保的稅款,稅務機關採取的強制追繳手段。

從事生產、經營的納稅人、扣繳義務人未按照規定的期限繳納或者解繳稅款,納稅擔保人未按照規定的期限繳納所擔保的稅款,由稅務機關責令限期繳納,逾期仍未繳納的,經縣以上稅務局(分局)局長批准,稅務機關可以採取下列強制執行措施:

(1)書面通知納稅人開戶銀行或者其他金融機構從其存款中扣繳稅款。

(2)依法拍賣或者變賣納稅人的價值相當於應納稅款的商品、貨物或者其他財產,以拍賣或者變賣所得抵繳稅款。

稅務機關採取強制執行措施時,對上述所列納稅人、扣繳義務人、納稅擔保人未繳納的滯納金同時強制執行。

個人及其所撫養家屬維持生活必需的住房和用品,不在強制執行措施的範圍

之內。稅務機關對單價5,000元以下的其他生活用品,不採取稅收強制措施。

[例3-20] 下列屬於稅務機關採取的稅收保全措施有(　　)。

　　A.書面通知納稅人開戶銀行凍結納稅人的金額相當於應納稅款的存款

　　B.書面通知納稅人開戶銀行從其存款中扣繳稅款

　　C.扣押納稅人的價值相當於應納稅款的財產

　　D.拍賣納稅人的價值相當於應納稅款的財產,以拍賣所得抵繳稅款

【解析】選AC。稅務機關可以採取的稅收保全的措施包括書面通知納稅人開戶銀行或者其他金融機構凍結納稅人的金額相當於應納稅款的存款;扣押、查封納稅人的價值相當於應納稅款的商品、貨物或者其他財產。

五、稅務代理

(一)稅務代理的概念

稅務代理是指代理人接受納稅主體的委託,在法定的代理範圍內依法代其辦理相關稅務事宜的行為。稅務代理人在其權限內,以納稅人(含扣繳義務人)的名義代為辦理納稅申報,申辦、變更、註銷稅務登記證,申請減免稅,設置保管帳簿憑證,進行稅務行政復議和訴訟等納稅事項的服務活動。

(二)稅務代理的特徵

1.公正性

稅務代理是一種社會仲介服務。因此稅務代理人要站在客觀公正的立場上,在國家稅收法律法規規定的範圍內為被代理人辦理稅務事宜,既不能損害國家利益,也不能損害委託人的合法權益。

2.自願性

稅務代理的選擇分為單向選擇和雙向選擇。無論哪種選擇都必須建立在雙方自願的基礎上,即稅務代理人實施稅務代理行為,應當以納稅人、扣繳義務人自願委託和自願選擇為前提。

3.有償性

稅務代理機構屬於社會仲介機構,因此稅務代理機構同其他企事業單位一樣要自負盈虧,通過提供有償服務,從中獲取一定的收入,從而獲取利潤。

4.獨立性

稅務代理機構與國家行政機關、納稅人或扣繳義務人等都不存在行政隸屬關係,即不受稅務行政部門的干預,又不受納稅人、扣繳義務人的左右,能夠獨立地代辦稅務事宜。

5.確定性

稅務代理人的稅務代理範圍是依據法律、行政法規以及行政規章的形式所確定形成的。因此,稅務代理人不得超越規定的內容來從事代理服務。除稅務機關按照法律法規的規定委託其代理外,代理人不得代理應由稅務機關行使的行政權力。

(三)稅務代理的法定業務範圍

稅務代理人可以接受納稅人、扣繳義務人的委託從事以下稅務代理:
(1)辦理稅務登記、變更稅務登記和註銷稅務登記手續。
(2)辦理除增值稅專用發票以外的發票領購手續。
(3)辦理納稅申報或扣繳稅款報告。
(4)辦理繳納稅款和申請退稅手續。
(5)製作涉稅文書。
(6)審查納稅情況。
(7)建帳建制,辦理帳務。
(8)開展稅務諮詢、受聘稅務顧問。
(9)稅務行政復議手續。
(10)國家稅務總局規定的其他業務。

[例 3-21] 稅務代理的特點包括(　　)。
　　A.公正性　　　　　　　　B.強制性
　　C.獨立性　　　　　　　　D.有償性

【解析】選 ACD。稅務代理的特點包括公正性、自願性、有償性、獨立性、確定性。

六、稅務檢查

(一)稅務檢查的概念

稅務檢查是指稅務機關根據稅收法律、行政法規的規定,對納稅人、扣繳義務人履行納稅義務、扣繳義務及其他有關業務事項進行審查、核實、監督活動的總稱。

(二)稅務檢查的內容

稅務機關有權進行下列稅務檢查:
(1)檢查納稅人的帳簿、記帳憑證、報表和有關資料,檢查扣繳義務人代扣代繳、代收代繳稅款帳簿、記帳憑證和有關資料。

稅務機關在檢查上述資料時,可以在納稅人、扣繳義務人的業務場所進行;必

要時,經縣以上稅務局(分局)局長批准,可以將納稅人、扣繳義務人以前會計年度的帳簿、記帳憑證、報表和其他有關資料調回稅務機關檢查,但是稅務機關必須向納稅人、扣繳義務人開付清單,並在3個月內完整退還;有特殊情況的,經設區的市、自治州以上稅務局局長批准,稅務機關可以將納稅人、扣繳義務人當年的帳簿、記帳憑證、報表和其他有關資料調回檢查,但是稅務機關必須給納稅人開付清單,並在30日內退還。

(2)到納稅人的生產、經營場所和貨物存放地檢查納稅人應納稅的商品、貨物或者其他財產,檢查扣繳義務人與代扣代繳、代收代繳稅款有關的經營情況。

(3)責成納稅人、扣繳義務人提供與納稅或者代扣代繳、代收代繳稅款有關的文件、證明材料和有關資料。

(4)詢問納稅人、扣繳義務人與納稅或者代扣代繳、代收代繳稅款有關的問題和情況。

(5)到車站、碼頭、機場、郵政企業及其分支機構檢查納稅人托運、郵寄應納稅商品、貨物或者其他財產的有關單據、憑證和有關資料。

(6)經縣以上稅務局(分局)局長批准,憑全國統一格式的檢查存款帳戶許可證明,查詢從事生產、經營的納稅人、扣繳義務人在銀行或者其他金融機構的存款帳戶。稅務機關在調查稅收違法案件時,經設區的市、自治州以上稅務局(分局)局長批准,可以查詢案件涉嫌人員的儲蓄存款。稅務機關查詢所獲得的資料,不得用於稅收以外的用途。

七、稅收法律責任

稅收法律責任是指稅收法律關係的主體因違反稅收法律規範所應承擔的法律後果。稅收法律責任可分為行政責任和刑事責任。

(一)稅務違法行政處罰

稅務違法行政處罰是指稅務機關依照稅收法律、法規和有關規定,依法對納稅主體違反稅收法律法規或規章,但尚未構成犯罪的稅務違法行為所實施的行政制裁。稅務違法行政處罰通常包括以下幾種形式:

(1)責令限期改正。這是一種較輕的處罰形式,主要適用於情節輕微或尚未構成實際危害後果的違法行為。

(2)罰款。罰款是稅務行政處罰中應用最廣的一種。

(3)沒收財物和沒收違法所得。

(4)收繳未使用發票和暫停供應發票。從事生產、經營的納稅人、扣繳義務人有違反稅收徵管法規定的稅收違法行為,拒不接受稅務機關處理的,稅務機關可以

收繳其發票或者停止向其發售發票。

(5)停止出口退稅權。對於騙取國家出口退稅稅款的,稅務機關可以在規定的時間內停止為其辦理出口退稅。

(二)稅務違法刑事處罰

稅務違法刑事處罰是指享有刑事處罰權的國家機關對違反稅收刑事法律規範,依法應當給予刑事處罰的公民、法人或者其他組織給予法律制裁的行為。刑事處罰包括主刑和附加刑兩種。主刑分為管制、拘役、有期徒刑、無期徒刑和死刑。附加刑分為罰金、剝奪政治權利、沒收財產。

八、稅務行政復議

(一)稅務行政復議的概念

稅務行政復議是指當事人(納稅人、扣繳義務人、納稅擔保人及其他稅務當事人)對稅務機關及其工作人員做出的稅務具體行政行為不服,依法向上一級稅務機關(復議機關)提出申請,復議機關對具體行政行為的合法性、合理性做出裁決。

(二)稅務行政復議的有關規定

納稅人、扣繳義務人、納稅擔保人同稅務機關在納稅上發生爭議時,必須先依照稅務機關的納稅決定繳納或者解繳稅款及滯納金或者提供相應的納稅擔保,然後可以依法申請行政復議;對行政復議決定不服的,可依法向人民法院起訴。

當事人對稅務機關的處罰決定、強制執行措施或者稅收保全措施不服的,可依法申請行政復議,也可依法向人民法院起訴。

當事人對稅務機關的處罰決定逾期不申請復議也不向人民法院起訴,又不履行的,做出處罰決定的稅務機關可以採取強制執行措施或者申請人民法院強制執行。

(三)稅務行政復議的管轄

對各級國家稅務局的具體行政行為不服的,向其上一級國家稅務局申請行政復議。

對各級地方稅務局的具體行政行為不服的,可以選擇向其上一級地方稅務局或者該稅務局的本級人民政府申請行政復議。省、自治區、直轄市人民代表大會及其常務委員會、人民政府對地方稅務局的行政復議管轄另有規定的,從其規定。

對國家稅務總局的具體行政行為不服的,向國家稅務總局申請行政復議。對行政復議決定不服,申請人可以向人民法院提起行政訴訟,也可以向國務院申請裁決。國務院的裁決為最終裁決。

(四)行政復議決定

行政復議機關應當自受理申請之日起60日內做出行政復議決定。

行政復議決定書一經送達,即發生法律效力。

自 測 題

一、單項選擇題

1. 下列不屬於稅收法律的是( )。
   A.《中華人民共和國企業所得稅法》
   B.《中華人民共和國個人所得稅法》
   C.《中華人民共和國企業所得稅法實施條例》
   D.《稅收徵收管理法》

2. 區分不同稅種的主要標誌是( )。
   A. 納稅人　　　　　　　　B. 徵稅對象
   C. 稅目　　　　　　　　　D. 稅率

3. 中國目前採用超額累進稅率的是( )。
   A. 增值稅　　　　　　　　B. 土地增值稅
   C. 企業所得稅　　　　　　D. 個人所得稅

4. 下列項目中,不屬於流轉稅類的是( )。
   A. 增值稅　　　　　　　　B. 消費稅
   C. 關稅　　　　　　　　　D. 印花稅

5. 下列項目中,屬於中央稅的是( )。
   A. 增值稅　　　　　　　　B. 消費稅
   C. 房產稅　　　　　　　　D. 車船稅

6. 從2009年1月1日起,中國全面實行( )。
   A. 消費型增值稅　　　　　B. 收入型增值稅
   C. 生產型增值稅　　　　　D. 週轉型增值稅

7. 從事貨物生產或提供應稅勞務的納稅人,年應稅銷售額在( )萬元以下的為增值稅小規模納稅人。
   A. 100　　　　　　　　　　B. 80
   C. 50　　　　　　　　　　 D. 500

8. 某商店為增值稅小規模納稅人,2015年2月份取得含稅銷售額53,560元,該商店2月份應繳納增值稅為(　　)元。

　　A. 2,080　　　　　　　　　　B. 1,560

　　C. 3,120　　　　　　　　　　D. 8,840

9. 一般納稅人銷售下列貨物中,應按13％稅率計徵增值稅的是(　　)。

　　A. 食品　　　　　　　　　　B. 糧食

　　C. 電力　　　　　　　　　　D. 服裝

10. 一般納稅人繳納的下列進項稅額中,不得從增值稅銷項稅額中抵扣的是(　　)。

　　A. 購進免稅農產品的進項稅額　　B. 非正常損失購進貨物的進項稅額

　　C. 購進貨物支付運費的進項稅額　　D. 接受加工勞務支付的進項稅額

11. 對於小規模納稅人,其進項稅額的正確處理方式是(　　)。

　　A. 可按3％抵扣進項稅額　　　　B. 不得抵扣任何進項稅額

　　C. 可按6％抵扣進項稅額　　　　D. 可按17％抵扣進項稅額

12. 採取托收承付和委託銀行收款方式銷售貨物,增值稅納稅義務的發生時間為(　　)的當天。

　　A. 取得索取銷售款憑據　　　　B. 合同約定的收款日期

　　C. 貨物發出　　　　　　　　　D. 發出貨物並辦妥托收手續

13. 根據規定,以1個月或者1個季度為一期的納稅人,自期滿之日起(　　)日內申報納稅。

　　A. 7　　　　　　　　　　　　B. 15

　　C. 10　　　　　　　　　　　 D. 30

14. 下列項目中,屬於消費稅納稅人的是(　　)。

　　A. 化妝品專賣店　　　　　　　B. 摩托車商店

　　C. 卷菸廠　　　　　　　　　　D. 汽油加油站

15. 實行從價定率徵稅的應稅消費品,其計稅依據是(　　)的銷售額。

　　A. 含消費稅而不含增值稅　　　B. 含增值稅而不含消費稅

　　C. 含消費稅和增值稅　　　　　D. 不含消費稅和增值稅

16. 根據《企業所得稅法》規定,下列各項中,不屬於企業所得稅納稅人的是(　　)。

　　A. 國有企業　　　　　　　　　B. 外商獨資企業

　　C. 合夥企業　　　　　　　　　D. 股份制企業

17.根據《企業所得稅法》規定,符合條件的小型微利企業,減按( )的稅率徵收企業所得稅。

  A. 10%   B. 15%

  C. 25%   D. 20%

18.下列個人所得中,適用比例稅率的是( )。

  A. 工資薪金所得   B. 個體工商戶的生產、經營所得

  C. 勞務報酬所得   D. 對企事業單位的承包承租經營所得

19.下列各項中,準予在企業所得稅稅前扣除的是( )。

  A. 增值稅   B. 稅收滯納金

  C. 非公益性捐贈支出   D. 銷售成本

20.下列稅款徵收方式中,適用於帳簿、憑證和會計核算比較健全的單位的是( )。

  A. 查驗徵收   B. 查帳徵收

  C. 查定徵收   D. 核定徵收

二、多項選擇題

1.下列各項中,屬於稅收特徵的有( )。

  A. 強制性   B. 公共性

  C. 固定性   D. 無償性

2.中國現行稅法使用的稅率有( )。

  A. 比例稅率   B. 定額稅率

  C. 全額累進稅率   D. 超額累進稅率

3.計稅依據是計算應納稅額的依據或標準,計稅依據可分為( )。

  A. 從價計徵   B. 選擇計徵

  C. 從量計徵   D. 複合計徵

4.下列項目中,屬於財產稅類的有( )。

  A. 車輛購置稅   B. 城鎮土地使用稅

  C. 房產稅   D. 契稅

5.下列項目中,屬於增值稅徵收範圍的有( )。

  A. 銷售家電   B. 提供諮詢服務

  C. 提供加工勞務   D. 轉讓專利使用權

6.單位或個體經營者將自產或委託加工的貨物( )視同銷售貨物,徵收增值稅。

  A. 分配給股東   B. 用於集體福利

C. 無償贈送他人　　　　　　　　D. 用於個人消費

7. 下列企業的混合銷售行為,視同銷售貨物,徵收增值稅的有(　　)。

　　A. 從事家電生產的企業　　　　B. 從事服裝批發的企業

　　C. 提供旅遊服務的企業　　　　D. 提供運輸服務的企業

8. 下列屬於增值稅小規模納稅人的有(　　)。

　　A. 從事貨物生產或提供應稅勞務的納稅人,年應稅銷售額在50萬元以上的

　　B. 從事貨物生產或提供應稅勞務的納稅人,年應稅銷售額在50萬元以下的

　　C. 銷售服務的納稅人,年應稅銷售額在500萬元以下的

　　D. 銷售服務的納稅人,年應稅銷售額在500萬元以上的

9. 一般納稅人提供下列服務中的(　　)服務,可按11%的低稅率計徵增值稅。

　　A. 交通運輸　　　　　　　　　B. 建築

　　C. 郵政　　　　　　　　　　　D. 不動產租賃

10. 下列項目中,其進項稅額不得從銷項稅額中抵扣的有(　　)。

　　A. 用於集體福利的購進貨物或者應稅勞務、服務

　　B. 用於免徵增值稅項目的購進貨物或者應稅勞務、服務

　　C. 用於個人消費的購進貨物或者應稅勞務、服務

　　D. 購進固定資產

11. 根據《增值稅暫行條例》規定,增值稅一般納稅人採用下列(　　)方式銷售貨物,其納稅義務的發生時間為書面合同約定的收款日期的當天,無書面合同約定的或者書面合同沒有約定收款日期的,為貨物發出的當天。

　　A. 預收貨款　　　　　　　　　B. 賒銷

　　C. 分期收款　　　　　　　　　D. 委託銀行收款

12. 根據《消費稅暫行條例》的規定,下列貨物中,應徵收消費稅的有(　　)。

　　A. 啤酒　　　　　　　　　　　B. 木制一次性筷子

　　C. 保健品　　　　　　　　　　D. 實木地板

13. 根據《消費稅暫行條例》的規定,下列消費品中,採用從量定額與從價定率相結合複合計稅方法徵收消費稅的有(　　)。

　　A. 白酒　　　　　　　　　　　B. 黃酒

　　C. 卷菸　　　　　　　　　　　D. 啤酒

14. 下列關於納稅人生產銷售應稅消費品,其納稅義務發生時間的表述中,符合稅法規定的有( )。

   A. 採取分期收款結算方式的,為書面合同約定的收款日期的當天

   B. 採取預收貨款結算方式的,為發出應稅消費品的當天

   C. 採取賒銷結算方式的,為發出應稅消費品的當天

   D. 採取委託銀行收款方式的,為收到款項的當天

15. 根據《企業所得稅法》規定,下列項目中,屬於居民企業的有( )。

   A. 依法在中國境內成立的企業

   B. 依照外國法律成立且實際管理機構不在中國境內,但在中國境內設立機構、場所的企業

   C. 依照外國法律成立但實際管理機構在中國境內的企業

   D. 依照外國法律在中國境內未設立機構、場所,但有來源於中國境內所得的企業

16. 根據《企業所得稅法》規定,下列項目屬於不徵稅收入的有( )。

   A. 財政撥款   B. 國債利息收入

   C. 接受捐贈收入   D. 納入財政管理的政府性基金

17. 下列項目中,每次收入不超過4,000元的,減除費用800元;4,000元以上的,減除20%的費用,其餘額為個人所得稅的應納稅所得額的有( )。

   A. 工資、薪金所得   B. 中獎所得

   C. 勞務報酬所得   D. 稿酬所得

18. 根據《個人所得稅法》規定,應當自行辦理納稅申報的納稅人有( )。

   A. 從中國境內兩處或者兩處以上取得工資、薪酬所得的

   B. 從中國境外取得所得的

   C. 取得應納稅所得,沒有扣繳義務人的

   D. 年所得10萬元以上的納稅人

19. 《稅收徵收管理法》規定,下列情況中,稅務機關有權核定徵收的有( )。

   A. 擅自銷毀帳簿或者拒不提供納稅資料的

   B. 雖設置帳簿,但帳目混亂或者成本資料、收入憑證、費用憑證殘缺不全,難以查帳的

   C. 發生納稅義務,未按照規定的期限辦理納稅申報,經稅務機關責令限期申報,逾期仍不申報的

   D. 納稅人申報的計稅依據明顯偏低,又無正當理由的

20.下列屬於稅收違法行政處罰的有(　　)。
   A.責令限期改正　　　　　　B.罰款
   C.沒收財物和違法所得　　　D.收繳未使用發票和暫停供應發票

三、判斷題

1.稅收是指國家為了實現其職能,憑藉經濟權力,根據法律法規對納稅人強制無償徵收,取得財政收入的一種形式。（　　）

2.徵稅對象是區別不同稅種的主要標誌。（　　）

3.稅收的強制性是稅收「三性」的核心。（　　）

4.中國現行稅法體系中,增值稅、消費稅、房產稅均屬流轉稅。（　　）

5.某公司將購買的貨物用於集體福利,視同銷售貨物徵收增值稅。（　　）

6.某公司銷售空調並代客戶安裝,應視為銷售貨物徵收增值稅。（　　）

7.2009年1月1日起,小規模納稅人一律適用4%的徵收率。（　　）

8.當期銷項稅額小於進項稅額時,其不足抵扣的部分不得結轉下期抵扣。（　　）

9.增值稅小規模納稅人銷售貨物或者提供應稅勞務,不得抵扣進項稅額。（　　）

10.委託加工的應稅消費品,受託方為個人的,由委託方向機構所在地或者居住地的主管稅務機關申報納稅。（　　）

11.居民企業應當就其來源於中國境內、境外的所得繳納企業所得稅;非居民企業應當就其取得的來源於中國境內的所得繳納企業所得稅。（　　）

12.企業發生的與生產經營活動有關的業務招待費支出,一律按照發生額的60%扣除。（　　）

13.企業發生的公益性捐贈支出,在應納稅所得額12%以內的部分,準予在計算應納稅所得額時扣除。（　　）

14.企業所得稅實行按年計算,分月或分季預繳,年終匯算清繳,多退少補徵納的辦法。（　　）

15.勞務報酬所得,屬於同一項目連續性收入的,以一個月內取得的收入為一次。（　　）

16.王某在2015年11月取得勞務報酬所得5,000元,其應納稅所得額為4,000元。（　　）

17.任何單位和個人不得轉借、轉讓、代開發票,不得拆本使用發票。（　　）

18.稅務機關採取強制執行措施,須經省以上稅務局(分局)局長批准。（　　）

19.從事生產、經營的納稅人違反《稅收徵管法》規定,拒不接受稅務機關處理的,稅務機關可以收繳其發票或者停止向其發售發票。（　　）

20.起徵點是指對徵稅對象開始徵稅的起點數額。徵稅對象數額沒有達到起徵點的,不徵稅;徵稅對象數額達到起徵點的,就其全部數額徵稅。（　　）

四、案例分析題

（一）

中原公司屬於國家重點扶持的高新技術企業。2015 年實現收入總額3,000 萬元(其中,國債利息收入 100 萬元),發生各項成本費用共計 2,000 萬元,其中包括合理的工資薪金總額 500 萬元,職工福利費 50 萬元,職工教育經費 10 萬元,工會經費 30 萬元,公益性捐贈 50 萬元。

要求:根據上述資料,回答下列問題。

(1)關於該公司職工福利費扣除限額的說法中正確的有(　　)。

　　A. 50 萬元　　　　　　　　B. 70 萬元

　　C. 10 萬元　　　　　　　　D. 12.50 萬元

(2)關於該公司職工教育經費扣除限額的說法中正確的有(　　)。

　　A. 準予扣除的職工教育經費是 12.50 萬元

　　B. 職工教育經費超過法定扣除的,準予在以後年度結轉扣除

　　C. 準予扣除的職工教育經費是 10 萬元

　　D. 準予扣除的職工教育經費是 2 萬元

(3)關於該公司工會經費扣除限額的說法中正確的有(　　)。

　　A. 準予扣除的工會經費是 10 萬元

　　B. 職工工會經費超過法定扣除的,準予在以後年度結轉扣除

　　C. 8 萬元

　　D. 30 萬元

(4)該公司公益性捐贈允許扣除的金額有(　　)。

　　A. 50 萬元　　　　　　　　B. 120 萬元

　　C. 360 萬元　　　　　　　　D. 240 萬元

(5)關於該公司適用稅率的說法正確的有(　　)。

　　A. 25%　　　　　　　　　　B. 20%

　　C. 15%　　　　　　　　　　D. 35%

（二）

黎明和高山共同出資成立了一家有限責任公司,後來兩人在經營上發生分歧,黎明把自己的股份轉讓給了趙亮,公司的法定代表人也由黎明變成了趙亮。高山

與趙亮協商,認為應當把公司搬到本區的另一個繁華地帶。由於新經營地點裝修,公司停業了3個月,開業後經營不到一年,由於業務發展緩慢、租金過高,高山與趙亮決定解散公司。

要求:根據上述資料,回答下列問題。

(1)黎明和高山成立有限責任公司(　　)。

　　A.應當在辦理公司企業法人營業執照前30日內辦理稅務登記

　　B.應當在領取營業執照之日起30日內辦理稅務登記

　　C.可以不辦理稅務登記

　　D.應當辦理稅務登記

(2)關於公司解散,下列說法中正確的有(　　)。

　　A.應當在工商登記機關辦理註銷登記前辦理註銷稅務登記

　　B.應當在工商登記機關辦理註銷登記後辦理註銷稅務登記

　　C.如果因違法被吊銷企業法人營業執照,應在吊銷之日起15日內辦理註銷稅務登記

　　D.不需要辦理註銷稅務登記

(3)下列哪些事項發生後需要辦理變更稅務登記(　　)。

　　A.黎明把自己的股份轉讓給了趙亮

　　B.公司法定代表人由黎明變成了趙亮

　　C.經營地點在本區內發生變動

　　D.註冊資本發生變動

(4)若公司到外地從事臨時經營活動,下列說法中正確的有(　　)。

　　A.需要辦理外出經營活動稅收管理證明

　　B.不需要辦理外出經營活動稅收管理證明

　　C.只有在外地經營超過180天,才辦理外出經營活動稅收管理證明

　　D.應當接受營業地稅務機關管理

(5)關於該公司停業,下列說法中正確的有(　　)。

　　A.需要辦理停業登記

　　B.不需要辦理停業登記

　　C.停業一年以上的才需要辦理停業登記

　　D.停業一年以上也不需要辦理停業登記

第四章　財政法律制度

學習目標

1. 瞭解預算法律制度的構成
2. 瞭解國庫集中收付制度的概念
3. 瞭解政府採購法律制度的構成和原則
4. 掌握國家預算的級次劃分和構成、預算管理的職權、預算組織的程序以及預、決算的監督
5. 掌握政府採購的執行模式和方式
6. 掌握國庫單一帳戶體系的構成及財政收支的方式

第一節　預算法律制度

一、預算法律制度的構成

預算法律制度是指國家經過法定程序制定的，用以調整國家預算關係的法律、行政法規和相關規章制度。中國預算法律制度由《中華人民共和國預算法》（以下簡稱《預算法》）《中華人民共和國預算法實施條例》（以下簡稱《預算法實施條例》）以及有關國家預算管理的其他法規制度構成。

(一)《預算法》

1994年3月22日，第八屆全國人民代表大會第二次會議通過《預算法》，並於1995年1月1日起施行。此後，2014年8月31日，第十二屆全國人民代表大會常務委員會第十次會議審議通過了《全國人民代表大會常務委員會關於修改〈中華人民共和國預算法〉的決定》，並重新頒布新修訂後的《預算法》，此決定自2015年1月1日起施行。修訂後的《預算法》共分為11章101條，分別為總則、預算管理職

權、預算收支範圍、預算編製、預算審查和批准、預算執行、預算調整、決算、監督、法律責任和附則。該法是中國第一部財政基本法律,是中國國家預算管理工作的根本性法律以及制定其他預算法規的基本依據。它的頒布施行,對於規範政府收支行為,強化預算約束,加強對預算的管理和監督,建立健全全面規範、公開透明的預算制度,保障經濟社會的發展,具有十分重要的意義。

(二)《預算法實施條例》

為了貫徹實施《預算法》,使之更具操作性,為預算及其監督提供更為具體明確的行為準則,國務院於1995年11月22日頒布了《預算法實施條例》,該條例共分為8章79條,分別為總則、預算收支範圍、預算編製、預算執行、預算調整、決算、監督和附則。《預算法實施條例》根據《預算法》所確立的基本原則和規定,對其中的有關法律概念以及預算管理的方法和程序等作了具體規定。

[例4-1] 下列各項中,屬於調整國家進行預算資金的籌措、分配、使用和管理過程中發生的經濟關係的法律規範的總稱是( )。

　　A.財政法律制度　　　　　　B.預算法律制度
　　C.稅收法律制度　　　　　　D.金融法律制度

【解析】選B。預算法律制度是指國家經過法定程序制定的,用以調整國家預算關係的法律、行政法規和相關規章制度。

二、國家預算概述

(一)國家預算的概念

國家預算也稱政府預算,是指經過法定程序批准的國家年度財政收支計劃。國家預算是實現財政職能的基本手段,反應國家的施政方針和社會經濟政策,規定政府活動的範圍和方向。

(二)國家預算的作用

國家預算作為財政分配和宏觀調控的主要手段,具有分配、調控和監督職能。國家預算的作用是國家預算職能在經濟生活中的具體體現,它主要表現為以下三個方面:

1.財力保證作用

國家預算既是保障國家機器運轉的物質條件,又是政府實施各項社會經濟政策的有效保證。

2.調節制約作用

國家預算作為國家的基本財政計劃,是國家財政實行宏觀控制的主要依據和

主要手段。國家預算的收支規模可調節社會總供給和總需求的平衡,預算支出的結構可調節國民經濟結構,因而國家預算的編製和執行情況對國民經濟和社會發展都有直接的制約作用。

3.反應監督作用

通過國家預算的編製和執行便於掌握國民經濟的運行狀況、發展趨勢以及出現的問題,從而採取對策措施,促進國民經濟穩定、協調地發展。

[例 4-2] 下列各項中,屬於國家預算作用的有(　　)。

A.財力保證　　　　　　B.調節制約

C.反應監督　　　　　　D.維持政權

【解析】選 ABC。國家預算的作用包括財力保證作用、調節制約作用和反應監督作用。

(三)國家預算級次的劃分

各級政府的財權大小要通過預算收支範圍的劃分具體體現出來,而政府活動範圍和方向又受到預算收支規模的制約。在現代社會,一般國家都實行多級預算。

根據國家政權結構、行政區域劃分和財政管理體制的要求,按照一級政府設立一級預算的原則,中國國家預算共分為五級預算,具體包括:

(1)中央預算。

(2)省級(省、自治區、直轄市)預算。

(3)地市級(設區的市、自治州)預算。

(4)縣市級(縣、自治縣、不設區的市、市轄區)預算。

(5)鄉鎮級(鄉、民族鄉、鎮)預算。

不具備設立預算條件的鄉、民族鄉、鎮,經省、自治區、直轄市政府確定,可以暫不設立預算。

(四)國家預算的構成

1.國家預算根據政府級次不同可以分為中央預算和地方預算

(1)中央預算。中央預算由中央各部門(含直屬單位)的預算組成。中央預算包括地方向中央上解的收入數額和中央對地方返還或者給予補助的數額。所謂「中央各部門」,是指與財政部直接發生預算繳款、撥款關係的國家機關、軍隊、政黨組織和社會團體;所謂「直屬單位」,是指與財政部直接發生預算繳款、撥款關係的企業和事業單位。

(2)地方預算。地方預算由各省、自治區、直轄市總預算組成。地方各級政府

預算由本級各部門(含直屬單位)的預算組成,包括下級政府向上級政府上解的收入數額和上級政府對下級政府返還或者給予補助的數額。所謂「本級各部門」,是指與本級政府財政部門直接發生預算繳款、撥款關係的地方國家機關、軍隊、政黨組織和社會團體;所謂「直屬單位」,是指與本級政府財政部門直接發生預算繳款、撥款關係的企業和事業單位。

2.國家預算根據預算對象不同可以分為各級總預算和部門單位預算

(1)總預算。按照國家行政區域劃分和政權結構可相應劃分為各級次的總預算,如中國的中央總預算、省(自治區、直轄市)總預算、市總預算、縣總預算等。地方各級總預算由本級政府預算和匯總的下一級政府的總預算匯編而成。下一級政府只有本級預算的,下一級政府總預算即指下一級政府的本級預算;沒有下一級政府預算的,總預算即指本級預算。

(2)部門單位預算。各部門預算由本部門及其所屬各單位預算組成。單位預算是指列入部門預算的國家機關、社會團體和其他單位的收支預算。部門單位預算是總預算的基礎。

[例4-3] 下列關於預算體系組成的表述中,錯誤的是(　　)。

A.地方預算由省、自治區、直轄市總預算組成

B.部門單位預算是指部門、單位的收支預算

C.地方各級總預算包括本級政府預算和匯總的下一級政府的總預算

D.預算組成不受限制,可隨意編製

【解析】選D。中國的預算組成並非沒有限制的,中央預算由中央各部門(含直屬單位)的預算組成;地方預算由各省、自治區、直轄市總預算組成。

三、預算管理的職權

根據統一領導、分級管理和權責相結合的原則,《預算法》明確規定了各級人民代表大會及其常務委員會、各級政府、各級財政部門和各部門、各單位的預算管理職權。

(一)各級人民代表大會及其常務委員會的職權

1.全國人民代表大會的職權

(1)審查中央預算和地方預算草案及中央和地方預算執行情況的報告。

(2)批准中央預算和中央預算執行情況的報告。

(3)改變或者撤銷全國人民代表大會常務委員會關於預算、決算的不適當的決議。

2.全國人民代表大會常務委員會的職權

(1)監督中央和地方預算的執行。

(2)審查批准中央預算的調整方案。

(3)審查和批准中央的決算。

(4)撤銷國務院制定的同憲法、法律相牴觸的關於預算、決算的行政法規、決定和命令。

(5)撤銷省、自治區、直轄市人民代表大會及其常務委員會制定的同憲法、法律和行政法規相牴觸的關於預算、決算的地方性法規和決議。

3.縣級以上地方各級人民代表大會的職權

(1)審查本級總預算草案及本級總預算執行情況的報告。

(2)批准本級預算和本級預算執行情況的報告。

(3)改變或者撤銷本級人民代表大會常務委員會關於預算、決算的不適當的決議。

(4)撤銷本級政府關於預算、決算的不適當的決定和命令。

4.縣級以上地方各級人民代表大會常務委員會的職權

(1)監督本級總預算的執行。

(2)審查和批准本級預算的調整方案。

(3)審查和批准本級政府決算。

(4)撤銷本級政府和下一級人民代表大會及其常務委員會關於預算、決算的不適當的決定、命令和決議。

5.鄉、民族鄉、鎮的人民代表大會的職權

(1)審查和批准本級預算和本級預算執行情況的報告。

(2)監督本級預算的執行。

(3)審查和批准本級預算的調整方案。

(4)審查和批准本級決算。

(5)撤銷本級政府關於預算、決算的不適當的決定和命令。

知識鏈接

最新修訂的《預算法》,對全國人民代表大會及其常務委員會的預算管理職權內容補充如下:

全國人民代表大會財政經濟委員會對中央預算草案初步方案及上一年預算執行情況、中央預算調整初步方案和中央決算草案進行初步審查，提出初步審查意見。

省、自治區、直轄市人民代表大會有關專門委員會對本級預算草案初步方案及上一年預算執行情況、本級預算調整初步方案和本級決算草案進行初步審查，提出初步審查意見。

設區的市、自治州人民代表大會有關專門委員會對本級預算草案初步方案及上一年預算執行情況、本級預算調整初步方案和本級決算草案進行初步審查，提出初步審查意見，未設立專門委員會的，由本級人民代表大會常務委員會有關工作機構研究提出意見。

縣、自治縣、不設區的市、市轄區人民代表大會常務委員會對本級預算草案初步方案及上一年預算執行情況進行初步審查，提出初步審查意見。縣、自治縣、不設區的市、市轄區人民代表大會常務委員會有關工作機構對本級預算調整初步方案和本級決算草案研究提出意見。

設區的市、自治州以上各級人民代表大會有關專門委員會進行初步審查、常務委員會有關工作機構研究提出意見時，應當邀請本級人民代表大會代表參加。

對於以上提出的意見，本級政府財政部門應當將處理情況及時反饋。

依照以上提出的意見以及本級政府財政部門反饋的處理情況報告，應當印發本級人民代表大會代表。

全國人民代表大會常務委員會和省、自治區、直轄市、設區的市、自治州人民代表大會常務委員會有關工作機構，依照本級人民代表大會常務委員會的決定，協助本級人民代表大會財政經濟委員會或者有關專門委員會承擔審查預算草案、預算調整方案、決算草案和監督預算執行等方面的具體工作。

(二)各級財政部門的職權

1.國務院財政部門的職權

(1)具體編製中央預算、決算草案。

(2)具體組織中央和地方預算執行。

(3)提出中央預算預備費動用方案。

(4)具體編製中央預算的調整方案。

(5)定期向國務院報告中央和地方預算的執行情況。

2.地方各級政府財政部門職權

(1)具體編製本級預算、決算草案。

(2)具體組織本級總預算的執行。

(3)提出本級預算預備費動用方案。

(4)具體編製本級預算的調整方案。

(5)定期向本級政府和上一級政府財政部門報告本級總預算的執行情況。

(三)各部門、各單位的職權

1.各部門的職權

各部門編製本部門預算、決算草案;組織和監督本部門預算的執行;定期向本級政府財政部門報告預算的執行情況。

2.各單位的職權

各單位編製本單位預算、決算草案;按照國家規定上繳預算收入,安排預算支出;接受國家有關部門的監督。

[例4-4] 下列有關各部門預算管理職權的表述中,不正確的有(　　)。

A.編製本部門預算、決算草案

B.組織和監督本部門預算的執行

C.定期向上級政府財政部門報告預算的執行情況

D.不定期向本級政府財政部門報告預算的執行情況

【解析】選CD。各部門的預算管理職權包括:編製本部門預算、決算草案;組織和監督本部門預算的執行;定期向本級政府財政部門報告預算的執行情況。

四、預算收入與預算支出

根據《預算法》規定,預算由預算收入和預算支出組成。

(一)預算收入

1.從來源上看,預算收入劃分為稅收收入、國有資產收益、專項收入和其他收入等

稅收收入是指國家按照預定標準,向經濟組織和居民無償地徵收實物或貨幣所取得的一種財政收入,它是國家預算資金的重要來源;國有資產收益是指各部門和各單位佔有和使用及依法處分境內、外國有資產產生的收益,按照國家有關規定應當上繳的預算部分,如國有資產投資產生的股息;專項收入是指根據特定需要由國務院批准或者經國務院授權由財政部批准,設置、徵集和納入預算管理、有專項用途的收入,例如鐵道專項收入、徵收排污費專項收入、電力建設基金專項收入等;其他收入是指除上述各項收入以外的納入預算管理的收入,包括規費收入、罰沒收入等。

2.從歸屬上看,預算收入劃分為中央預算收入、地方預算收入、中央和地方預算共享收入

中央預算收入是指按照分稅制財政管理體制,納入中央預算、地方不參與分享的收入,包括中央本級收入和地方按照規定向中央上解的收入;地方預算收入是指按照分稅制財政管理體制,納入地方預算、中央不參與分享的收入,包括地方本級收入和中央按照規定返還或者補助地方的收入;中央和地方預算共享收入是指按照分稅制財政管理體制,中央預算和地方預算對同一稅種的收入,按照一定劃分標準或者比例分享的收入。

(二)預算支出

1.從內容上看,預算支出劃分為經濟建設支出、事業發展支出、國家管理費用支出、國防支出、各項補貼支出、其他支出等

經濟建設支出是指國家用於生產性投資和基本建設方面的財政支出,這些支出主要包括基本建設投資支出、專項建設基金支出、支持農業生產支出等;事業發展支出是指用於教育、科學、文化、衛生、體育、工業、交通、商業、農業、林業、環境保護、水利、氣象等方面事業的支出,具體包括公益性基本建設支出、設備購置支出、人員費用支出、事業費用支出以及其他事業發展支出等。

2.從主體上看,預算支出劃分為中央預算支出和地方預算支出

中央預算支出是指按照分稅制財政管理體制,由中央財政承擔並列入中央預算的支出,包括中央本級支出和中央返還或者補助地方的支出;地方預算支出是指按照分稅制財政管理體制,由地方財政承擔並列入地方預算的支出,包括地方本級支出和地方按照規定上解中央的支出。

[例4-5] 中國《預算法》規定的預算支出形式包括(　　)。

　　A.經濟建設支出　　　　　　B.事業發展支出
　　C.國家管理費用支出　　　　D.國防支出

【解析】選ABCD。中國預算支出包括經濟建設支出、事業發展支出、國家管理費用支出、國防支出、各項補貼支出和其他支出等。

知識鏈接

最新修訂的《預算法》關於預算的分類內容如下:

預算包括一般公共預算、政府性基金預算、國有資本經營預算、社會保險基金預算。

一般公共預算收入包括各項稅收收入、行政事業性收費收入、國有資源(資產)有償使用收入、轉移性收入和其他收入。

一般公共預算支出按照其功能分類,包括一般公共服務支出、外交、公共安全、國防支出,農業、環境保護支出,教育、科技、文化、衛生、體育支出,社會保障及就業支出和其他支出。

一般公共預算支出按照其經濟性質分類,包括工資福利支出、商品和服務支出、資本性支出和其他支出。

五、預算組織程序

預算組織程序是指國家在預算管理方面依序進行的各個工作環節所構成的有秩序活動的總體。預算組織程序包括預算編製、預算審批、預算執行、預算調整四個環節。

(一)預算的編製

1.預算編製的原則

國家預算的編製必須遵循一定的原則,其主要有公開性、可靠性、完整性、統一性和年度性。

(1)公開性

國家預算反應政府的活動範圍、方向和政策,與全體公民的切身利益息息相關,因此國家預算及其執行情況必須採取一定形式進行公開,為人民所瞭解並置於人民的監督之下。

(2)可靠性

國家預算每一收支項目的數字指標必須運用科學的方法,依據充分確實的資料,並總結出規律性,進行計算,不得假定或估算,更不能任意編造。

(3)完整性

列入國家預算的一切財政收支都要反應在預算中,不得打埋伏、造假帳、在預算外另列預算。國家允許的預算外收支,也應在預算中有所反應。

(4)統一性

雖然一級政府設立一級預算,但所有地方預算連同中央預算一起共同組成統一的國家預算。因此要求設立統一的預算科目,每個科目都應嚴格按統一的口徑、程序計算和填列。

(5)年度性

政府必須按照法定預算年度編製國家預算,這一預算要反應全年的財政收

支活動,同時不允許將不屬於本年度財政收支的內容列入本年度的國家預算之中。

2.預算年度

預算年度又稱財政年度。中國國家預算年度採取的是公歷年制。《預算法》規定,預算年度自公歷1月1日起至12月31日止。

3.預算草案的編製依據

預算草案是指各級政府、各部門、各單位編製的未經法定程序審查和批准的預算收支計劃。國務院應當及時下達關於編製下一年預算草案的通知,編製預算草案的具體事項,由國務院財政部門部署。各級政府、各部門、各單位應當按照國務院規定的時間編製預算草案。

各級預算應當根據年度經濟社會發展目標、國家宏觀調控總體要求和跨年度預算平衡的需要,參考上一年預算執行情況、有關支出績效評價結果和本年度收支預測,按照規定程序徵求各方面意見後,進行編製。

各級政府依據法定權限做出決定或者制定行政措施,凡涉及增加或者減少財政收入或者支出的,應當在預算批准前提出並在預算草案中做出相應安排。

各部門、各單位應當按照國務院財政部門制定的政府收支分類科目、預算支出標準和要求,以及績效目標管理等預算編製規定,根據其依法履行職能和事業發展的需要以及存量資產情況,編製本部門、本單位預算草案。其中,政府收支分類科目,收入分為類、款、項、目;支出按其功能進行分類,分為類、款、項,按其經濟性質進行分類,分為類、款。

4.預算草案的編製內容

(1)中央預算草案的編製內容

中央預算草案的編製內容包括本級預算收入和支出;上一年度結餘用於本年度安排的支出;返還或者補助地方的支出;地方上解的收入。

(2)地方各級政府預算草案的編製內容

地方各級政府預算草案的編製內容包括本級預算收入和支出;上一年度結餘用於本年度安排的支出;上級返還或者補助的收入;返還或者補助下級的支出;上解上級的支出;下級上解的收入。

(二)預算的審批

1.預算的審查和批准

中央預算由全國人民代表大會審查和批准。地方各級預算由本級人民代表大

會審查和批准。

全國人民代表大會和地方各級人民代表大會對預算草案及其報告、預算執行情況的報告重點審查下列內容：

(1)上一年預算執行情況是否符合本級人民代表大會預算決議的要求。

(2)預算安排是否符合本法的規定。

(3)預算安排是否貫徹國民經濟和社會發展的方針政策，收支政策是否切實可行。

(4)重點支出和重大投資項目的預算安排是否適當。

(5)預算的編製是否完整，是否符合《預算法》第四十六條的規定。

(6)對下級政府的轉移性支出預算是否規範、適當。

(7)預算安排舉借的債務是否合法、合理，是否有償還計劃和穩定的償還資金來源。

(8)與預算有關重要事項的說明是否清晰。

全國人民代表大會財政經濟委員會向全國人民代表大會主席團提出關於中央和地方預算草案及中央和地方預算執行情況的審查結果報告。

省、自治區、直轄市、設區的市、自治州人民代表大會有關專門委員會，縣、自治縣、不設區的市、市轄區人民代表大會常務委員會，向本級人民代表大會主席團提出關於總預算草案及上一年總預算執行情況的審查結果報告。審查結果報告應當包括下列內容：

(1)對上一年預算執行和落實本級人民代表大會預算決議的情況做出評價。

(2)對本年度預算草案是否符合《預算法》的規定，是否可行做出評價。

(3)對本級人民代表大會批准預算草案和預算報告提出建議。

(4)對執行年度預算、改進預算管理、提高預算績效、加強預算監督等提出意見和建議。

2.預算備案

鄉、民族鄉、鎮政府應當及時將經本級人民代表大會批准的本級預算報上一級政府備案。縣級以上地方各級政府應當及時將經本級人民代表大會批准的本級預算及下一級政府報送備案的預算匯總，報上一級政府備案。

縣級以上地方各級政府將下一級政府依照規定報送備案的預算匯總後，報本級人民代表大會常務委員會備案。國務院將省、自治區、直轄市政府依照規定報送備案的預算匯總後，報全國人民代表大會常務委員會備案。

3.預算批覆

各級預算經本級人民代表大會批准後,本級政府財政部門應當在20日內向本級各部門批覆預算。各部門應當在接到本級政府財政部門批覆的本部門預算後15日內向所屬各單位批覆預算。

[例4-6] 下列關於預算審批的說法中正確的有(　　)。

　　A.中央預算由全國人民代表大會審查和批准

　　B.地方各級政府預算由本級人民代表大會審查和批准

　　C.中央預算和地方各級政府預算均由全國人民代表大會審查和批准

　　D.中央預算和地方各級政府預算均由本級人民代表大會審查和批准

【解析】選AB。根據規定,中央預算由全國人民代表大會審查和批准,地方各級政府預算由本級人民代表大會審查和批准。

(三)預算的執行

各級預算由本級政府組織執行,具體工作由本級政府財政部門負責。各部門、各單位是本部門、本單位的預算執行主體,負責本部門、本單位的預算執行,並對執行結果負責。

預算年度開始後,各級預算草案在本級人民代表大會批准前,可以安排下列支出:

(1)上一年度結轉的支出。

(2)參照上一年同期的預算支出數額安排必須支付的本年度部門基本支出、項目支出,以及對下級政府的轉移性支出。

(3)法律規定必須履行支付義務的支出,以及用於自然災害等突發事件處理的支出。

預算經本級人民代表大會批准後,按照批准的預算執行。各級政府預算預備費的動用方案,由本級政府財政部門提出,報本級政府決定。

各級政府應當加強對預算執行的領導,支持政府財政、稅務、海關等預算收入的徵收部門依法組織徵收預算收入,支持政府財政部門嚴格管理預算支出。

縣級以上各級預算必須設立國庫;具備條件的鄉、民族鄉、鎮也應當設立國庫。中央國庫業務由中國人民銀行辦理,地方國庫業務依照國務院的有關規定辦理。各級國庫庫款的支配權屬於本級政府財政部門。除法律、行政法規另有規定外,未經本級政府財政部門同意,任何部門、單位和個人都無權凍結、動用國庫庫款或者以其他方式支配已入國庫的庫款。各級政府應當加強對本級國庫的管理和監督。

(四)預算的調整

經全國人民代表大會批准的中央預算和經地方各級人民代表大會批准的地方各級預算,在執行中出現下列情況之一的,應當進行預算調整:

(1)需要增加或者減少預算總支出的。

(2)需要調入預算穩定調節基金的。

(3)需要調減預算安排的重點支出數額的。

(4)需要增加舉借債務數額的。

1.預算調整方案的審批

在預算執行中,各級政府一般不制定新的增加財政收入或者支出的政策和措施,也不制定減少財政收入的政策和措施;必須做出並需要進行預算調整的,應當在預算調整方案中做出安排。

在預算執行中,各級政府對於必須進行的預算調整,應當編製預算調整方案。預算調整方案應當說明預算調整的理由、項目和數額。

在預算執行中,由於發生自然災害等突發事件,必須及時增加預算支出的,應當先動支預備費;預備費不足支出的,各級政府可以先安排支出,屬於預算調整的,列入預算調整方案。

國務院財政部門應當在全國人民代表大會常務委員會舉行會議審查和批准預算調整方案的30日前,將預算調整初步方案送交全國人民代表大會財政經濟委員會進行初步審查。

省、自治區、直轄市政府財政部門應當在本級人民代表大會常務委員會舉行會議審查和批准預算調整方案的30日前,將預算調整初步方案送交本級人民代表大會有關專門委員會進行初步審查。

設區的市、自治州政府財政部門應當在本級人民代表大會常務委員會舉行會議審查和批准預算調整方案的30日前,將預算調整初步方案送交本級人民代表大會有關專門委員會進行初步審查,或者送交本級人民代表大會常務委員會有關工作機構徵求意見。

縣、自治縣、不設區的市、市轄區政府財政部門應當在本級人民代表大會常務委員會舉行會議審查和批准預算調整方案的30日前,將預算調整初步方案送交本級人民代表大會常務委員會有關工作機構徵求意見。

中央預算的調整方案應當提請全國人民代表大會常務委員會審查和批准。縣級以上地方各級政府預算的調整方案應當提請本級人民代表大會常務委員會審查和批准;鄉、民族鄉、鎮政府預算的調整方案應當提請本級人民代表大會審查和批

准。未經批准,不得調整預算。

2.預算調整方案的備案

地方各級政府預算的調整方案經批准後,由本級政府報上一級政府備案。

3.不屬於預算調整的範圍

在預算執行中,地方各級政府因上級政府增加不需要本級政府提供配套資金的專項轉移支付而引起的預算支出變化,不屬於預算調整。

接受增加專項轉移支付的縣級以上地方各級政府應當向本級人民代表大會常務委員會報告有關情況;接受增加專項轉移支付的鄉、民族鄉、鎮政府應當向本級人民代表大會報告有關情況。

六、決算

(一)決算的概念

決算是對年度預算收支執行結果的會計報告,是對年度預算執行結果的總結。決算是國家管理預算活動的最後一道程序。

(二)決算草案的編製

決算草案是指各級政府、各部門、各單位編製的尚未經法定程序審查和批准的預算收支的年度執行結果。決算草案由各級政府、各部門、各單位,在每一預算年度終了後按照國務院規定的時間編製。

編製決算草案,必須符合法律、行政法規的規定,做到收支真實、數額準確、內容完整、報送及時。

(三)決算草案的審批

各部門對所屬各單位的決算草案,應當審核並匯總編製本部門的決算草案,在規定的期限內報本級政府財政部門審核。各級政府財政部門對本級各部門決算草案審核後發現有不符合法律、行政法規規定的,有權予以糾正。

國務院財政部門編製中央決算草案,報國務院審計部門審計後,報國務院審定,由國務院提請全國人民代表大會常務委員會審查和批准;縣級以上地方各級政府財政部門編製本級決算草案,報本級政府審計部門審定後,由本級政府提請本級人民代表大會常務委員會審查和批准;鄉、民族鄉、鎮政府編製本級決算草案,提請本級人民代表大會審查和批准。

(四)決算的批覆

各級政府決算經批准後,財政部門應當向本級各部門批覆決算。縣級以上各

級政府決算草案經本級人民代表大會常務委員會批准後,本級政府財政部門應當自批准之日起20日內向本級各部門批覆決算。各部門應當自本級政府財政部門批覆本部門決算之日起15日內向所屬各單位批覆決算。

(五)決算的備案

地方各級政府應當將經批准的決算及下一級政府上報備案的決算匯總,報上一級政府備案。

縣級以上各級政府應當將下一級政府報送備案的決算匯總後,報本級人民代表大會常務委員會備案。

[例4-7] 國務院財政部門編製中央決算草案,報國務院審計部門審計後,報國務院審定,由國務院提請全國政協常委會審查和批准。 ( )

[解析]錯誤。國務院財政部門編製中央決算草案,報國務院審計部門審計後,報國務院審定,由國務院提請全國人民代表大會常務委員會審查和批准。

七、預決算的監督

預決算的監督包括國家權力機關的監督、各級政府的監督、各級政府財政部門的監督和各級政府審計部門的監督。

(一)國家權力機關的監督

(1)全國人民代表大會及其常務委員會對中央和地方預算、決算進行監督。

(2)縣級以上地方各級人民代表大會及其常務委員會對本級和下級政府預算、決算進行監督。

(3)鄉、民族鄉、鎮人民代表大會對本級預算、決算進行監督。

(二)各級政府的監督

各級政府有權監督下級政府的財政預算執行,對下級政府在預算執行中違反法律、行政法規和國家方針政策的行為,依法予以制止和糾正。下級政府應當定期向上一級政府報告預算執行情況。

(三)各級政府財政部門的監督

各級政府財政部門負責監督檢查本級各部門及其所屬各單位預算的編製、執行,並向本級政府和上一級政府財政部門報告預算執行的情況。

(四)縣級以上政府審計部門的監督

縣級以上政府審計部門依法對預算執行、決算實行審計監督。對預算執行和其他財政收支的審計工作報告應當向社會公開。

[例 4-8] 下列關於預決算監督的表述中，正確的有（　　）。
A. 全國人民代表大會及其常務委員會對中央和地方預算、決算進行監督
B. 縣級以上地方各級人民代表大會及其常務委員會對本級和下級政府預算、決算進行監督
C. 鄉、民族鄉、鎮人民代表大會對本級預算、決算進行監督
D. 縣級以上政府審計部門依法對預算執行、決算實行審計監督

【解析】選 ABCD。根據《預算法》規定，全國人民代表大會及其常務委員會對中央和地方預算、決算進行監督；縣級以上地方各級人民代表大會及其常務委員會對本級和下級政府預算、決算進行監督；鄉、民族鄉、鎮人民代表大會對本級預算、決算進行監督。縣級以上政府審計部門依法對預算執行、決算實行審計監督。

第二節　政府採購法律制度

一、政府採購法律制度的構成

中國的政府採購法律制度由《中華人民共和國政府採購法》、國務院各部門，特別是財政部頒布的一系列部門規章以及地方性法規和政府規章組成。

（一）政府採購法

政府採購法是指調整各級國家機關、事業單位和團體組織，使用財政性資金依法採購貨物、工程和服務的活動的法律規範的總稱。

2002 年 6 月 29 日第九屆全國人民代表大會常務委員會第二十八次會議通過了《中華人民共和國政府採購法》（以下簡稱《政府採購法》），自 2003 年 1 月 1 日起施行。2014 年 8 月 31 日第十二屆全國人民代表大會常務委員會第十次會議中《全國人民代表大會常務委員會關於修改〈中華人民共和國保險法〉等五部法律的決定》對其進行了修正。《政府採購法》共 9 章 88 條，除總則和附則外，分別對政府採購當事人、政府採購方式、政府採購程序、政府採購合同、質疑與投訴、監督檢查、法律責任的問題，做出了較為全面的規定。《政府採購法》是中國政府採購法律制度中效力最高的法律文件，是制定其他規範性文件的依據。《政府採購法》的頒布實施，規範了政府採購行為，提高了政府採購資金的使用效益，保護了政府採購當事人的合法權益，維護了國家利益和社會公共利益。

（二）政府採購部門規章

政府採購部門規章主要是指國務院財政部門制定的規章。為了細化政府採

法的相關規定,增強《政府採購法》的可操作性,財政部頒布了《政府採購貨物和服務招標投標管理辦法》《政府採購信息公告管理辦法》,它們都屬於政府採購部門規章。

(三)政府採購地方性法規和政府規章

政府採購地方性法規是指省、自治區、直轄市的人民代表大會及其常務委員會在不與法律、行政法規相抵觸的情況下制定的規範性文件。如《廣東省實施(中華人民共和國政府採購法)辦法》。政府採購地方性規章是指省、自治區、直轄市的人民政府制定的地方規範性文件。如《上海市政府採購管理辦法》《北京市政府採購辦法》等。

[例4-9] 下列各項中,屬於中國政府採購法律制度中效力最高的法律文件是( )。

A.《政府採購法》

B.《北京市政府採購辦法》

C.《政府採購貨物和服務招標投標管理辦法》

D.《政府採購信息公告管理辦法》

【解析】選A。《政府採購法》是中國政府採購法律制度中效力最高的法律文件,是制定其他規範性文件的依據。

二、政府採購的概念與原則

(一)政府採購的概念

政府採購是指各級國家機關、事業單位和團體組織,使用財政性資金採購依法制定的集中採購目錄以內的或者採購限額標準以上的貨物、工程和服務的行為。

1.政府採購的主體範圍

政府採購的主體是使用國家財政性資金運作的各級國家機關、事業單位和社會團體等。國有企業不屬於政府採購的主體範圍。

2.政府採購的資金範圍

政府採購的資金來源為財政性資金和需要財政償還的公共借款,其中「財政性資金」是指預算內資金、預算外資金,以及與財政資金相配套的單位自籌資金的總和。這些資金的最終來源為納稅人的稅收和政府對公共服務的收費。

3.政府採購的對象範圍

政府採購對象包括貨物、工程和服務。貨物是指各種形態和種類的物品,包括

原材料、燃料、設備、產品等。工程是指建設工程,包括建築和構築物的新建、改建、擴建、裝修、拆除、修繕等。服務是指除貨物和工程以外的其他政府採購對象。

4.政府集中採購目錄和政府採購限額標準

政府集中採購目錄和採購限額標準由各省級以上人民政府確定並公布。屬於中央預算的政府採購項目,其集中採購目錄和政府採購限額標準由國務院確定並公布;屬於地方預算的政府採購項目,其集中採購目錄和政府採購限額標準由省、自治區、直轄市人民政府或者其授權的機構確定並公布。納入集中採購目錄的政府採購項目,應當實行集中採購。

(二)政府採購的原則

1.公開透明原則

公開透明原則是指政府採購所進行的有關活動必須公開進行,包括採購數量、質量、規格、要求等要公開;採購的合同條件、採購過程、採購結果等採購信息要公開;採購活動要逐項做好採購記錄以備審查監督;供應商還可對有關活動的程序進行質疑和投訴。

2.公平競爭原則

公平競爭原則是指政府採購要通過公平競爭選擇最優的供應商,取得最好的採購效果,所有參加競爭的供應商機會均等並受到同等待遇,不得有任何歧視行為。

3.公正原則

公正原則是指在公開、公平原則上所取得的結果的公正和整個操作程序、過程的公正。公正原則主要體現在確定供應商上,要對所有供應商一視同仁,不得有歧視條件和行為,任何單位或個人無權干預採購活動的正常開展。政府採購當事人在採購活動中的地位是平等的,任何一方不得向另一方提出不合理的要求,不得將自己的意志強加給對方。公正原則是建立在公開透明和公平的基礎上的,只有公開透明和公平,才能有公正的政府採購的結果。

4.誠實信用原則

誠實信用原則是民事活動的基本原則,政府採購既包括民事因素也包括公共管理的因素,也應遵守民事活動的基本原則。誠實信用原則要求政府採購各方都要誠實守信,不得有欺騙背信的行為,以善意的方式行使權力,尊重他人利益和公共利益,忠實地履行約定義務。

三、政府採購的功能與執行模式

(一)政府採購的功能

1. 節約財政支出,提高採購資金的使用效益

政府採購遵循公開透明、公平競爭、公正和誠實信用等原則,實現規範的、陽光化的採購,不僅可以使政府得到物美價廉的商品和勞務,大幅度地節約支出,降低行政成本,而且可以強化預算約束,減少資金的流通環節,提高資金使用效率。國際經驗表明,實行政府採購後,採購資金的節約率一般在10%以上。

2. 強化宏觀調控

政府採購是運用財政性資金為滿足社會公共需要而進行的採購活動。政府採購具有典型的公共性特徵和巨大的市場影響力,它不僅是採購公共物品與服務的重要手段,還是政府實現宏觀調控目標的手段。如政府可以通過調整採購規模、採購時間、採購規則等方式來實現特定的宏觀調控目標。

3. 活躍市場經濟

政府採購是政府與供應商之間進行的交易。由於政府是市場中的最大消費者,而且政府採購遵循公開、公平、公正的原則,在競標過程中執行嚴密、透明的「優勝劣汰」機制,所有這些都會調動供應商參與政府採購的積極性,而且能夠促使供應商不斷提高產品質量、降低生產成本或者改善售後服務,以使自己能夠贏得政府這一最大的消費者。由於供應商是市場中最活躍的因素,所以,供應商競爭能力的提高又能夠帶動整個國內市場經濟的繁榮昌盛。從國際競爭的角度看,政府採購又有助於供應商邁出國門、走向國際市場,提高中國產品在國際市場上的競爭能力,並早日進入國際政府採購市場。

4. 推進反腐倡廉

建立政府採購制度,在政府採購過程中引入招標、投標等競爭機制,在當事各方之間建立起相互監督的制約關係,各方將在公平透明的「游戲規則」下為自身利益最大化而展開競爭,進而從制度層面有效地減少採購過程中的權錢交易、尋租等腐敗現象。

5. 保護民族產業

中國在加入世界貿易組織時,並沒有加入世界貿易組織的《政府採購協議》,這意味著中國政府採購市場沒有對外開放。因此,政府採購原則上應該採購本國產品,擔負起保護民族產業的重要職責。尤其是在中國加入世界貿易組織後,面臨大量進口產品對民族產業特別是對汽車、信息等高新技術產業形成衝擊和壓力的情

況,保留政府採購市場暫不對外開放,顯然具有重要意義。以法律和政策的方式規定政府採購應該採購本國產品,支持民族產業發展,有利於實現保護民族產業的目標。即便今後中國加入了《政府採購協議》,仍然會有大量在協議條款之外的政府採購項目,對於這部分採購,同樣需要實施保護本國產品的政策措施。

[例 4-10] 下列各項中,屬於政府採購功能的有(　　)。

A. 強化宏觀調控　　　　　　B. 節約財政支出

C. 活躍市場經濟　　　　　　D. 提高採購資金的使用效益

【解析】選 ABCD。政府採購的功能包括:節約財政支出,提高採購資金的使用效益;強化宏觀調控;活躍市場經濟;推進反腐倡廉;保護民族產業。

(二)政府採購的執行模式

1. 集中採購

集中採購是指由政府設立的職能機構統一為其他政府機構提供採購服務的一種採購組織實施形式。按照政府採購法的規定,集中採購必須委託集中採購機構代理採購。

實行集中採購有利於取得規模效益,降低採購成本,保證採購質量,貫徹落實政府採購的政策導向,便於實施統一的管理和監督等優點。但是,集中採購週期長、程序重複,難以滿足用戶多樣化的需求,特別是無法滿足緊急情況的採購需要。

2. 分散採購

分散採購是指由各預算單位直接採購所需貨物、工程及服務的一種採購組織實施形式。凡採購未納入集中採購目錄的政府採購項目,可以自行採購,也可以委託集中採購機構在委託的範圍內代理採購。

分散採購的特點是採購者與使用者、採購權與使用權的合一,與集中採購模式相比,其採購主體眾多,採購權相對分散到各單位。實行分散採購的優點是靈活性和自主性強、手續簡便、滿足採購及時性和多樣性的需求;缺點是失去了規模效益、加大了採購成本、會導致資產閒置及資金浪費、不利於國家宏觀調控、容易滋生腐敗。

[例 4-11] 下列關於實行集中採購的優點的說法正確的有(　　)。

A. 取得規模效益　　　　　　B. 降低採購成本

C. 保證採購質量　　　　　　D. 便於滿足用戶多樣性需求

【解析】選 ABC。實行集中採購有利於取得規模效益,降低採購成本,保證採購質量,貫徹落實政府採購的政策導向,便於實施統一的管理和監督等優點。

四、政府採購當事人

政府採購當事人是指在政府採購活動中享有權利和承擔義務的各類主體,包括採購人、供應商和採購代理機構等。

(一)採購人

採購人是指依法進行政府採購的國家機關、事業單位、團體組織。國家機關、事業單位、團體組織在使用財政性資金採購貨物、工程和服務時,是政府採購法律關係中的採購人。在政府採購中採購人的地位是特定的,採購人可以自行採購,也可以委託採購,但納入集中採購目錄以內的必須委託集中採購機構代理採購。

1. 採購人的權利

採購人的權利主要包括:

(1)自行選擇採購代理機構的權利。

(2)要求採購代理機構遵守委託協議約定的權利。

(3)審查政府採購供應商的資格的權利。

(4)依法確定中標供應商的權利。

(5)簽訂採購合同並參與對供應商履約驗收的權利。

(6)特殊情況下提出特殊要求的權利。

(7)其他合法權利。

2. 採購人的義務

採購人的義務主要包括:

(1)遵守政府採購的各項法律、法規和規章制度。

(2)接受和配合政府採購監督管理部門的監督檢查,同時還要接受和配合審計機關的審計監督以及監察機關的監察。

(3)尊重供應商的正當合法權益。

(4)遵守採購代理機構的工作秩序。

(5)在規定時間內與中標供應商簽訂政府採購合同。

(6)在指定媒體及時向社會發布政府採購信息、招標結果。

(7)依法答覆供應商的詢問和質疑。

(8)妥善保存反應每項採購活動的採購文件。

(9)其他法定義務。

(二)供應商

供應商是指向採購人提供貨物、工程或者服務的法人、其他經濟組織或者自然人。

1.供應商參加政府採購活動應當具備的條件
(1)具有獨立承擔民事責任的能力。
(2)具有良好的商業信譽和健全的財務會計制度。
(3)具有履行合同所必需的設備和專業技術能力。
(4)有依法繳納稅收和社會保障資金的良好記錄。
(5)參加政府採購活動前三年內,在經營活動中沒有重大違法記錄。
(6)法律、行政法規規定的其他條件。

兩個以上的供應商可以組成一個聯合體,以一個供應商的身分共同參加某項目的政府採購。參加聯合體的供應商均應當具備《政府採購法》所規定的條件,聯合體應當向採購人提交聯合協議,聯合協議載明聯合體各方承擔的工作和義務。聯合體各方應當共同與採購人簽訂政府採購合同,聯合體各方就合同約定的事項對採購人承擔連帶責任。

2.供應商的權利
(1)平等地取得政府採購供應商資格的權利。
(2)平等地獲得政府採購信息的權利。
(3)自主、平等地參加政府採購的競爭的權利。
(4)就政府採購活動事項提出詢問和質疑的權利。
(5)自主、平等地簽訂政府採購合同的權利。
(6)有權要求採購人或集中採購機構保守其商業機密的權利。
(7)有權監督政府採購依法公開、公正進行的權利。
(8)其他合法權利。

3.供應商的義務
(1)遵守政府採購的各項法律、法規和規章制度。
(2)按規定接受政府採購供應商資格審查,並在資格審查中客觀真實地反應自身情況。
(3)在政府採購活動中,滿足採購人或者集中採購機構的正當要求。
(4)投標中標後,供應商應該按規定的程序與政府採購機構或採購人簽訂政府採購合同並嚴格履行合同義務。
(5)其他法定義務。

[例4-12] 下列各項中,屬於供應商參加政府採購活動應當具備的條件有(　　)。

　　A.具有獨立承擔民事責任的能力

B. 具有良好商業信譽和健全的財務會計制度

C. 有依法繳納稅收和社會保障資金的良好記錄

D. 參加政府採購活動前5年內,在經營活動中沒有重大違法記錄

【解析】選 ABC。供應商參加政府採購活動應當具備下列條件:具有獨立承擔民事責任的能力、具有良好的商業信譽和健全的財務會計制度;具有履行合同所必需的設備和專業技術能力;有依法繳納稅收和社會保障資金的良好記錄;參加政府採購活動前三年內,在經營活動中沒有重大違法記錄;法律、行政法規規定的其他條件。

(三)採購代理機構

採購代理機構是指具備一定條件,經政府有關部門批准而依法擁有政府採購代理資格的社會仲介機構。採購代理機構包括集中採購機構和一般採購代理機構。

1. 集中採購機構

集中採購機構是政府集中採購的法定代理機構,是由設區的市、自治州以上的人民政府根據本級政府採購項目組織集中採購的需要而設立的。

集中採購機構的性質:第一,集中採購機構是採購代理機構,它只能根據採購人的委託,以代理人的身分辦理政府採購事務。集中採購機構完全是為了向採購人提供採購服務而設立的;第二,集中採購機構不是政府機關,而是非營利性的事業法人,它進行的採購不是為了滿足自身的需要,而是為採購人採購納入集中採購目錄和部分未納入集中採購目錄的政府採購項目等。

政府採購中心是典型的集中採購機構,它不是政府行政機構,而是非營利性事業法人。其採購代理資格不需要政府特別認定。

採購人採購納入集中採購目錄的政府採購項目,必須委託集中採購機構代理採購;採購未納入集中採購目錄的政府採購項目,可以自行採購,也可以委託集中採購機構在委託的範圍內代理採購。

納入集中採購目錄屬於通用的政府採購項目的,應當委託集中採購機構代理採購;屬於本部門、本系統有特殊要求的項目,應當實行部門集中採購;屬於本單位有特殊要求的項目,經省級以上人民政府批准,可以自行採購。

2. 一般採購代理機構

一般採購代理機構的資格由國務院有關部門或省級人民政府有關部門認定,主要負責分散採購的代理業務。

一般採購代理機構的主要業務是接受採購人的委託,以採購人的名義,利用招

標等方式,為採購人擇優選定供應商。它要向委託人或中標人收取一定的服務費。

政府採購代理機構作為一種特殊的利益主體,其義務和責任主要包括依法開展代理採購活動並提供良好服務;依法發佈採購信息;依法接受監督管理;不得向採購人行賄或者採取其他不正當手段謀取非法利益;其他法定義務和責任。

[例 4-13] 設區的市、自治州以上人民政府根據本級政府採購項目組織集中採購的需要設立集中採購機構。集中採購機構是非營利事業法人,根據採購人的委託辦理採購事宜。 ( )

【解析】正確。設區的市、自治州以上人民政府根據本級政府採購項目組織集中採購的需要設立機構。集中採購機構不是政府機關,而是非營利性的事業法人。

五、政府採購方式

政府採購的方式包括公開招標、邀請招標、競爭性談判、單一來源採購、詢價採購。其中公開招標是政府採購的主要採購方式。

(一)公開招標

公開招標是指採購人或其委託的採購代理機構以招標公告的方式邀請不特定的供應商投標,從中擇優選擇中標供應商的一種採購方式。

貨物服務採購項目達到公開招標數額標準的,必須採用公開招標的方式。政府採購公開招標的具體數額標準,屬於中央預算的政府採購項目,由國務院確定;屬於地方預算的政府採購項目,由省、自治區、直轄市人民政府確定;因特殊情況需要採用公開招標以外的採購方式的,應當在採購活動開始前獲得設區的市、自治州以上人民政府採購監督管理部門的批准。

採購人不得將應當以公開招標方式採購的貨物或者服務化整為零或者以其他任何方式規避公開招標採購。

採用公開招標方式採購的,採購單位必須在財政部門指定的政府採購信息發佈媒體上發佈招標公告。自招標文件發出之日起至投標人提交投標文件截止之日止,不得少於 20 日。

(二)邀請招標

邀請招標也稱選擇性招標,是指採購人或其委託的採購代理機構向 3 家或 3 家以上的供應商發出招標邀請書,邀請其參加投標,從中選擇中標供應商的一種採購方式。採用這種方式應符合以下條件:

(1)具有特殊性,只能從有限範圍的供應商處採購的。
(2)採用公開招標方式的費用占政府採購項目總價值的比例過大的。

(三)競爭性談判

競爭性談判是指採購人或委託的採購代理機構通過與多家供應商(不少於 3 家)進行談判,最後從中確定中標供應商的一種採購方式。採用這種方式應符合以下條件。

(1)招標後沒有供應商投標或者沒有合格標的或者重新招標未能成立的。

(2)技術重複或者性質特殊,不能確定詳細規格或者具體要求的。

(3)採用招標所需時間不能滿足用戶緊急需要的。

(4)不能事先計算出價格總額的。

(四)單一來源採購

單一來源採購也稱直接採購,是指採購人或委託的採購代理機構向唯一供應商進行採購的方式。該方式的主要特點是沒有競爭性,適用於達到了限額標準和公開招標數額標準,但所購商品的來源渠道單一,或屬專利、首次製造、合同追加、原有採購項目的後續擴充和發生了不可預見的緊急情況不能從其他供應商處採購等。採用這種採購方式應符合以下條件:

(1)只能從唯一供應商處採購的。

(2)發生了不可預見的緊急情況不能從其他供應商處採購的。

(3)必須保證原有採購項目一致性或者服務配套要求,需要繼續從原供應商處添購,並且添購資金總額不超過原合同採購金額 10% 的。

(五)詢價採購

詢價採購是指採購人或委託的採購代理機構向 3 家以上的有關供應商發出詢價單,讓供應商一次報出不得更改的報價,然後在報價的基礎上進行比較並確定最優供應商的一種採購方式。該方式適用於採購的貨物規格、標準統一,現貨貨源充足且價格變化幅度小的政府採購項目。

(六)國務院政府採購監督管理部門認定的其他採購方式

國務院政府採購監督管理部門認定的其他採購方式是彈性條款,政府採購的方式應當符合政府採購實際的要求,如《上海市政府採購管理辦法》規定的定點採購,中央單位採用的協議供貨制度,在實踐中都取得良好的效果。所以授權國務院政府採購監督管理部門認定其他的採購方式是必要的,但新的政府採購方法在程序上應當由國務院政府採購監督管理部門認定。

[例 4-14] 根據《政府採購法》的有關規定,招標後沒有供應商投標或者沒有合格標的或者重新招標未能成立的,其適用的政府採購方式是(   )。

A. 詢價方式　　　　　　　　B. 邀請招標方式
C. 公開招標方式　　　　　　D. 競爭性談判方式

【解析】選 D。符合下列情形之一的貨物或者服務,可以採用競爭性談判方式採購:招標後沒有供應商投標或者沒有合格標的或者重新招標未能成立的;技術重複或者性質特殊,不能確定詳細規格或者具體要求的;採用招標所需時間不能滿足用戶緊急需要的;不能事先計算出價格總額的。

六、政府採購的監督檢查

《政府採購法》規定,各級人民政府財政部門是負責政府採購監督管理的部門,依法履行對政府採購活動的監督管理職責。各級人民政府及其他有關部門依法履行與政府採購活動有關的監督管理職責。

(一)政府採購監督管理部門的監督

政府採購監督管理部門應當加強對政府採購活動及集中採購機構的監督檢查。其監督檢查的主要內容包括有關政府採購的法律、行政法規和規章的執行情況;採購範圍、採購方式和採購程序的執行情況;政府採購人員的職業素質和專業技能。

政府採購監督管理部門不得設置集中採購機構,不得參與政府採購項目的採購活動。採購代理機構與行政機關不得存在隸屬關係或者其他利益關係。

(二)集中採購機構的內部監督

集中採購機構應當建立健全內部監督管理制度。採購活動的決策和執行程序應當明確,並相互監督、相互制約。經辦採購的人員與負責採購合同審核、驗收人員的職責權限應當明確,並相互分離。

集中採購機構的採購人員應當具有相關職業素質和專業技能,符合政府採購監督管理部門規定的專業崗位任職要求。

集中採購機構對其工作人員應當加強教育和培訓;對採購人員的專業水平、工作實績和職業道德狀況定期進行考核。採購人員經考核不合格的,不得繼續任職。

(三)採購人的內部監督

採購人必須按照《政府採購法》規定的採購方式和採購程序進行採購。政府採購項目的採購標準和採購結果應當公開。任何單位和個人不得違反《政府採購法》的規定,要求採購人或者採購工作人員向其指定的供應商進行採購。

(四)政府其他有關部門的監督

審計機關應當對政府採購進行審計監督。政府採購監督管理部門、政府採

各當事人有關政府採購活動,應當接受審計機關的審計監督。監察機關應當對參與政府採購活動的國家機關、國家公務員和國家行政機關任命的其他人員實施監察。

(五)政府採購活動的社會監督

任何單位和個人對政府採購活動中的違法行為,有權控告和檢舉,有關部門、機關應當依照各自職責及時處理。

[例 4-15] 下列各項中,不屬於政府採購監督檢查內容的是(　　)。

A. 採購程序的執行情況

B. 集中採購機構的有關情況

C. 政府採購人員的職業素質和專業技能

D. 有關政府採購的法律、行政法規和規章的執行情況

【解析】選 B。政府採購監督檢查的主要內容包括有關政府採購的法律、行政法規和規章的執行情況;採購範圍、採購方式和採購程序的執行情況;政府採購人員的職業素質和專業技能。

第三節　國庫集中收付制度

一、國庫集中收付制度的概念

國庫集中收付制度一般也稱為國庫單一帳戶制度,包括國庫集中支付制度和收入收繳管理制度,是指由財政部門代表政府設置國庫單一帳戶體系,所有的財政性資金均納入國庫單一帳戶體系收繳、支付和管理的制度。

財政收入通過國庫單一帳戶體系,直接繳入國庫和財政專戶;財政支出通過國庫單一帳戶體系,以財政直接支付和財政授權支付的方式,將資金支付到商品和勞務供應者或用款單位,即預算單位使用資金但見不到資金;未支用的資金均保留在國庫單一帳戶,由財政部門代表政府進行管理運作,降低政府籌資成本,為實施宏觀調控政策提供可選擇的手段。

國庫集中收付制度的實施大大提高了財政資金收付管理的規範性、安全性、有效性,增加了透明度。實行國庫集中收付制度後,支出單位的財政資金都集中存放在國庫,有利於財政部門對資金加強統一調度和管理,使庫款調度更加靈活。同時也從根本上改變財政資金管理分散、各支出部門和支出單位多頭開戶、重複開戶的混亂局面。

二、國庫單一帳戶體系

(一)國庫單一帳戶體系的概念

國庫單一帳戶體系是指以財政國庫存款帳戶為核心的各類財政性資金帳戶的集合,所有財政性資金的收入、支付、存儲及資金清算活動均在該帳戶體系內運行。

(二)國庫單一帳戶體系的構成

國庫單一帳戶體系由下列銀行帳戶構成:

1. 國庫單一帳戶

財政部門在中國人民銀行開設的國庫存款帳戶,簡稱國庫單一帳戶。該帳戶用於記錄、核算和反應財政預算資金和納入預算管理的政府性基金的收入和支出情況,並用於與財政部門在商業銀行開設的零餘額帳戶進行清算,實現支付。國庫單一帳戶在財政總預算會計中使用,行政單位和事業單位會計中不設該帳戶。

2. 財政部門零餘額帳戶

財政部門在商業銀行開設的零餘額帳戶,簡稱財政部門零餘額帳戶。該帳戶用於財政直接支付和與國庫單一帳戶清算。該帳戶每日發生的支付,於當日營業終了前由代理銀行(即商業銀行)與國庫單一帳戶清算;營業中單筆支付額在5,000萬元人民幣以上的(含5,000萬元),應當及時與國庫單一帳戶清算。財政部門零餘額帳戶在國庫會計中使用,行政單位和事業單位會計中不設該帳戶。

3. 預算單位零餘額帳戶

財政部門在商業銀行為預算單位開設的零餘額帳戶,簡稱預算單位零餘額帳戶。該帳戶用於財政授權支付和清算。該帳戶每日發生的支付,於當日營業終了前由代理銀行在財政部門批准的用款額度內與國庫單一帳戶清算;營業中單筆支付額在5,000萬元人民幣以上的(含5,000萬元),應當及時與國庫單一帳戶清算。

預算單位零餘額帳戶可以辦理轉帳、提取現金等結算業務,可以向本單位按帳戶管理規定保留的相應帳戶劃撥工會經費、住房公積金及提租補貼,以及經財政部門批准的特殊款項,不得違反規定向本單位其他帳戶和上級主管單位、所屬下級單位帳戶劃撥資金。預算單位零餘額帳戶在行政單位和事業單位會計中使用。

4. 預算外資金財政專戶

財政部門在商業銀行開設的預算外資金財政專戶,簡稱預算外資金專戶。該專戶用於記錄、核算和反應預算外資金的收入和支出活動,並用於預算外資金日常收支清算。預算外資金財政專戶在財政部門設立和使用。

5.特設專戶

經國務院或者國務院授權財政部批准的預算單位在商業銀行開設的特殊專戶,簡稱特設專戶。該專戶用於記錄、核算和反應預算單位的特殊專項支出活動,並用於與國庫單一帳戶清算。特設專戶在按規定申請設置了特設專戶的預算單位使用。

[例 4-16]　根據國庫集中收付制度的規定,用於財政直接支付和與國庫單一帳戶清算的帳戶是(　　)。

　　A.預算單位的零餘額帳戶　　　　B.財政部門的零餘額帳戶
　　C.預算外資金財政專戶　　　　　D.特設專戶

【解析】選 B。用於財政直接支付和與國庫單一帳戶清算的帳戶是財政部門的零餘額帳戶。

三、財政收支的方式

(一)財政收入的收繳方式

財政收入的收繳方式分為直接繳庫和集中匯繳兩種方式。

1.直接繳庫

直接繳庫是指由繳款單位或繳款人按照有關法律法規規定,直接將應繳收入繳入國庫單一帳戶或預算外資金財政專戶。

2.集中匯繳

集中匯繳是指由徵收機關(有關法定單位)按照有關法律規定,將所收的應繳收入匯總繳入國庫單一帳戶或預算外資金財政專戶。

(二)財政支出支付的方式

在國庫集中收付制度下,財政性資金的支付方式包括財政直接支付和財政授權支付兩種方式。

1.財政直接支付

財政直接支付是指財政部門向中國人民銀行和代理銀行簽發支付指令,代理銀行根據支付指令通過國庫單一帳戶體系將資金直接支付到收款人(即商品或勞務的供應商等)或用款單位(即具體申請和使用財政性資金的預算單位)帳戶。

實行財政直接支付的支出包括財政統一發放的工資支出、工程採購、物品和服務採購等購買支出的集中採購部分和轉移支出。

第四章 財政法律制度

> **知識鏈接**

財政直接支付的流程由預算單位按照年初部門預算控製數或批准的部門預算(包括調整預算),按季編製分月用款計劃,向財政部門申報,並由財政部門正式批覆給預算單位。預算單位需要支付資金時,由預算單位根據財政部門批覆的分月用款計劃,向財政部門提出支付申請。財政部門審核無誤後,向代理銀行簽發財政直接支付令,通知代理銀行從財政零餘額帳戶付款給收款人(墊付),同時向中國人民銀行或預算外非稅收入財政專戶行發出清算信息。於每日營業終了前,財政部門從國庫單一帳戶或預算外非稅收入財政專戶付款到代理銀行財政部門零餘額帳戶。

2. 財政授權支付

財政授權支付是指預算單位按照財政部門的授權,自行向代理銀行簽發支付指令,代理銀行根據支付指令,在財政部批准的用款額度內,通過國庫單一帳戶體系將資金直接支付到收款人帳戶。

實行財政授權支付的支出包括未實行財政直接支付的專項支出和公用支出中的零星支出及小額現金的提取。

> **知識鏈接**

財政授權支付的流程由預算單位按照年初部門預算控製數或批准的部門預算(包括調整預算)按季編製分月用款計劃,並向財政部門申報。財政部門批覆後,每月25日向代理銀行下達下一月份授權支付額度,同時通知中國人民銀行或預算外非稅收入資金財政專戶銀行。代理銀行負責將授權支付額度以到帳通知書的形式通知到預算單位。預算單位在月度用款額度內,根據支出需要自行開具授權支付令並通知授權支付代理銀行,由代理銀行按照財政部門批覆的額度從預算單位零餘額帳戶中付款墊支。每日營業終了,財政部門從國庫單一帳戶或預算外非稅收入資金財政專戶付款到代理銀行預算單位零餘額帳戶。

[例4-17] 財政直接支付是指財政部門向中國人民銀行和代理銀行簽發支付指令,代理銀行根據支付指令通過國庫單一帳戶體系將資金直接支付到收款人或用款單位帳戶。( )

【解析】正確。財政直接支付是指財政部門向中國人民銀行和代理銀行簽發支付指令,代理銀行根據支付指令通過國庫單一帳戶體系將資金直接支付到收款人

(即商品或勞務的供應商等)或用款單位(即具體申請和使用財政性資金的預算單位)帳戶。

自 測 題

一、單項選擇題

1.( )是中國第一部財政法基本法律。
   A.《預算法》
   B.《預算法實施條例》
   C.《中央企業財務預算管理暫行辦法》
   D.《政府採購法》

2.國家實行一級政府一級預算,根據政府層級的不同,中國共有( )級預算。
   A. 一   B. 三
   C. 五   D. 七

3.下列各項中,屬於中國預算級次劃分的原則是( )。
   A. 統一管理   B. 分級領導
   C. 各級自行決定   D. 一級政府一級預算

4.下列各權力機關中,有權撤銷國務院制定的同憲法相抵觸的關於預算行政法規的是( )。
   A. 鄉、民族鄉、鎮的人民代表大會
   B. 各級人民代表大會及其常務委員會
   C. 全國人民代表大會常務委員會
   D. 縣級以上地方各級人民代表大會及其常務委員會

5.根據中國《預算法》的規定,不屬於國務院財政部門預算管理職權的是( )。
   A. 具體編製中央預算、決算草案
   B. 具體組織中央和地方預算的執行
   C. 審查和批准中央預算的調整方案
   D. 具體編製中央預算的調整方案

6.鄉級政府編製的決策草案,由( )審批。
   A. 國務院   B. 縣級以上人民政府

C. 鄉級人民代表大會 D. 縣級人民代表大會

7. 根據中國《預算法》的規定,不屬於全國人民代表大會常務委員會職權的是( )。

　　A. 監督中央和地方預算的執行　　B. 審查和批准中央預算的調整方案

　　C. 審查和批准中央決算　　D. 具體組織中央和地方預算的執行

8. 對本級各部門、各單位和下級政府的預算執行、決算實施監督的部門是( )。

　　A. 各級政府財政部門　　B. 各級政府

　　C. 各級政府審計部門　　D. 上一級政府財政部門

9. ( )是指按照分稅制財政管理體制,中央預算和地方預算對同一稅種的收入,按照一定劃分標準或者比例分享的收入。

　　A. 中央預算收入

　　B. 地方預算收入

　　C. 中央和地方共享收入

　　D. 中央按照規定返還或者補助地方的收入

10. 下列選項中,不屬於政府採購當事人的是( )。

　　A. 採購人　　B. 保證人

　　C. 供應商　　D. 採購代理機構

11. 根據《政府採購法》的規定,A市人民政府需要採購一批貨物,這批貨物具有特殊性,只能從有限範圍的供應商處採購,那麼A市人民政府適用的政府採購方式是( )。

　　A. 公開招標方式　　B. 邀請招標方式

　　C. 競爭性談判方式　　D. 單一來源方式

12. 根據政府採購法律制度的規定,採用邀請招標方式的,採購人應當從符合相應資格條件的供應商中隨機邀請( )家以上的供應商,並以投標邀請書的方式,邀請其參加投標。

　　A. 3　　B. 5

　　C. 10　　D. 15

13. 政府採購要按照事先約定的條件和程序進行,對所有供應商一視同仁,任何單位和個人無權干預採購活動的正常開展,這體現了( )。

　　A. 公開透明原則　　B. 公平競爭原則

　　C. 公正原則　　D. 誠實信用原則

193

14.財政收入收繳方式中,由徵收機關(有關法定單位)按有關法律法規規定,將所收的應繳收入匯總繳入國庫單一帳戶或預算外資金財政專戶的方式是(　　)。

　　A.分次匯繳　　　　　　　　　　B.直接繳庫

　　C.集中匯繳　　　　　　　　　　D.匯總繳納

15.中國國家預算收入的最主要部分是(　　)。

　　A.稅收收入

　　B.依照規定應當上繳的國有資產收益

　　C.專項收入

　　D.其他收入

16.國庫單一帳戶體系,是指以(　　)為核心的各類財政性資金的集合。

　　A.財政國庫存款帳戶　　　　　　B.財政一般存款帳戶

　　C.財政專項存款帳戶　　　　　　D.財政預算內資金帳戶

17.下列各項中,屬於財政收入收繳方式的是(　　)。

　　A.直接繳庫　　　　　　　　　　B.間接繳庫

　　C.分次預繳　　　　　　　　　　D.分期繳庫

18.下列各項中,屬於財政支出支付方式的是(　　)。

　　A.分批支付　　　　　　　　　　B.授權支付

　　C.間接支付　　　　　　　　　　D.按期支付

19.財政支出支付方式中,由財政部門向中國人民銀行和代理銀行簽發支付指令,代理銀行根據支付指令通過國庫單一帳戶體系將資金直接支付到收款人或用款單位帳戶的方式稱為(　　)。

　　A.財政直接支付　　　　　　　　B.財政授權支付

　　C.財政委託支付　　　　　　　　D.財政集中支付

20.用於記錄、核算和反應納入預算管理的財政收入和支出的帳戶是(　　)。

　　A.國庫單一帳戶　　　　　　　　B.財政部門零餘額帳戶

　　C.預算外資金財政專戶　　　　　D.特設專戶

二、多項選擇題

1.預算法律制度由(　　)構成。

　　A.《預算法》

　　B.《預算法實施條例》

　　C.《中央企業財務預算管理暫行辦法》

　　D.《政府採購法》

2. 各級預算經本級人民代表大會批准後,本級政府財政部門應當在( )日內向本級各部門批覆預算。

　　A. 20　　　　　　　　　　　　B. 15

　　C. 10　　　　　　　　　　　　D. 5

3. 下列選項中,屬於各級政府編製年度預算草案的依據有( )。

　　A. 年度經濟社會發展目標

　　B. 國家宏觀調控總體要求和跨年度預算平衡的需要

　　C. 有關支出績效評價結果和本年度收支預測

　　D. 上一年度預算執行情況

4. 預算包括( )。

　　A. 一般公共預算　　　　　　　B. 政府性基金預算

　　C. 國有資本經營預算　　　　　D. 社會保險基金預算

5. 下列屬於全國人民代表大會的預算管理職權的有( )。

　　A. 批准中央預算執行情況的報告　　B. 審查中央預算草案

　　C. 審查地方預算草案　　　　　　　D. 審查地方預算執行情況的報告

6. 下列關於中央預算的表述中,正確的有( )。

　　A. 由中央各部門(含直屬單位)的預算組成

　　B. 中央預算包括地方向中央上解的收入數額

　　C. 中央預算不包括中央對地方返還或者給予補助的數額

　　D. 中央預算不包括企業和事業單位的預算

7. 經全國人民代表大會批准的中央預算和經地方各級人民代表大會批准的地方各級預算,在執行中出現( )情況的,應當進行預算調整。

　　A. 需要增加或者減少預算總支出的

　　B. 需要調入預算穩定調節基金的

　　C. 需要調減預算安排的重點支出數額的

　　D. 需要增加舉借債務數額的

8. 根據中國《預算法》的規定,不屬於全國人民代表大會預算管理職權的有( )。

　　A. 批准中央預算和中央預算執行情況的報告

　　B. 審查和批准中央預算的調整方案

　　C. 監督中央和地方預算的執行

　　D. 改變或者撤銷全國人民代表大會常務委員會關於預算、決算的不適當的決議

9. 政府採購的當事人有（　　）。

　　A. 採購人　　　　　　　　　　B. 供應商

　　C. 採購代理機構　　　　　　　D. 律師事務所

10. 下列選項中,可以作為政府採購當事人中採購人的有（　　）。

　　A. 中華人民共和國商務部　　　B. 人民教育出版社

　　C. 中國紅十字會　　　　　　　D. 甲個人獨資企業

11. 下列各項中,屬於政府採購執行模式的有（　　）。

　　A. 自行採購　　　　　　　　　B. 集中採購

　　C. 分散採購　　　　　　　　　D. 供應商採購

12. 根據《政府採購法》的規定,政府採購採用的方式包括（　　）等。

　　A. 公開招標　　　　　　　　　B. 邀請招標

　　C. 競爭性談判　　　　　　　　D. 單一來源

13. 根據規定,關於政府採購執行模式表述正確的有（　　）。

　　A. 採購納入集中採購目錄的政府採購項目,應當實行集中採購

　　B. 集中採購必須委託集中採購機構代理採購

　　C. 採購未納入集中採購目錄的政府採購項目,只能實行自行採購

　　D. 採購未納入集中採購目錄的政府採購項目,可以自行採購,也可以委託集中採購機構在委託的範圍內代理採購

14. 下列各項中,滿足邀請招標方式採購條件的有（　　）。

　　A. 採購項目具有特殊性,只能從有限範圍的供應商中採購

　　B. 採用公開招標方式費用占總價值比例過大的採購方式

　　C. 公開招標後沒有供應商投標的採購項目

　　D. 不能事先計算出價格總額的採購項目

15. 符合（　　）情形之一的貨物或者服務,可以採用單一來源方式採購。

　　A. 只能從唯一供應商處採購的

　　B. 發生了不可預見的緊急情況不能從其他供應商處採購的

　　C. 必須保證原有採購項目一致性或者服務配套的要求,需要繼續從原供應商處添購,並且添購資金總額不超過原合同採購金額10%的

　　D. 不能事先計算出價格總額的

16. 關於國庫集中收付制度,下列說法中正確的是（　　）。

　　A. 財政部門代表政府設置國庫單一帳戶體系

　　B. 所有的財政性資金均納入國庫單一帳戶體系收繳、支付和管理

C. 大大提高了財政資金收付管理的規範性和安全性

D. 能有效地防止利用財政資金謀取私利等腐敗現象的發生

17. 下列屬於國庫單一帳戶體系的有(　　)。

　　A. 預算外資金財政專戶　　　　B. 預算單位零餘額帳戶

　　C. 財政部門零餘額帳戶　　　　D. 國庫單一帳戶

18. 下列關於財政部門的零餘額帳戶的表述中,正確的是(　　)。

　　A. 該帳戶用於財政直接支付和與國庫單一帳戶清算

　　B. 該帳戶每日發生的支付,於當日營業終了前與國庫單一帳戶清算

　　C. 營業中每筆支付額3,000萬元人民幣以上的(含3,000萬元),應當及時與國庫單一帳戶清算

　　D. 財政部門的零餘額帳戶在國庫會計中使用,行政單位和事業單位會計中不設置該帳戶

19. 財政收入的收繳方式包括(　　)。

　　A. 直接繳庫　　　　　　　　　B. 間接繳庫

　　C. 集中匯繳　　　　　　　　　D. 委託繳庫

20. 下列關於財政直接支付說法正確的有(　　)。

　　A. 由財政部門向中國人民銀行和代理銀行簽發支付指令

　　B. 代理銀行根據支付指令通過國庫單一帳戶體系進行支付

　　C. 代理銀行根據支付指令只能將資金直接支付到用款單位

　　D. 代理銀行根據支付指令可以將資金直接支付到收款人

三、判斷題

1. 中國國家預算體系中不包括縣市級以下的預算。　　　　　　　　(　　)

2. 中國實行一級政府一級預算。　　　　　　　　　　　　　　　　(　　)

3. 罰沒收入屬於預算收入。　　　　　　　　　　　　　　　　　　(　　)

4. 中國《預算法》規定,預算年度自公歷1月1日起至12月31日止。 (　　)

5. 國務院財政部門編製中央決算草案,報國務院審定後,由國務院提請全國政協常委會審查和批准。　　　　　　　　　　　　　　　　　　　　　(　　)

6. 每一收支項目的數字指標必須運用科學的方法,依據充分確實的資料,並總結出規律性進行計算,不得假定、估算,更不能任意編造,體現了國家預算的完整性原則。　　　　　　　　　　　　　　　　　　　　　　　　　　　　(　　)

7. 無論鄉、民族鄉、鎮是否有設立預算條件,都一定要設立預算。　(　　)

8. 政府採購是指各級國家機關、事業單位和團體組織,使用財政性資金採購依

法制定的集中採購目錄以內的或者採購限額標準以上的貨物、工程和服務的行為。
(　　)

9. 凡採購未納入集中採購目錄的政府採購項目,既可以自行採購,也可以委託集中採購機構在委託的範圍內代理採購。(　　)

10. 中國政府採購實行集中採購的單一模式。(　　)

11. 採用公開招標方式的費用占政府採購項目總價值的比例過大的,可以採用邀請招標方式採購。(　　)

12. 政府集中採購目錄和採購限額標準由縣級以上人民政府確定並公布。
(　　)

13. 採購人不得將應當以公開招標方式採購的貨物或者服務化整為零來規避公開招標採購。(　　)

14. 邀請招標應作為政府採購的主要採購方式。(　　)

15. 單一來源方式,是指採購人向唯一供應商進行採購的方式。(　　)

16. 各級人民政府審計部門是負責政府採購監督管理部門,依法履行對政府採購活動的監督管理職責。(　　)

17. 財政部門零餘額帳戶可以用於進行財政授權支付。(　　)

18. 國庫單一帳戶在財政總預算會計中使用,行政單位和事業單位會計中不設置該帳戶。(　　)

19. 各級政府監督本級和下級政府的預算執行。(　　)

20. 政府採購的對象包括貨物、工程和服務。(　　)

四、案例分析題

(一)

在一次關於國家預算的研討會上,參會代表分別做出如下發言:

甲:國家預算是指經法定程序批准的、國家在一定期間內預定的財務收支計劃,是國家進行財政分配的依據和宏觀調控的重要手段。國家預算在經濟生活中主要起到財政保證、調節制約、統計和反應監督的作用。

乙:中國的國家預算實行一級政權一級預算。

丙:中國國家預算是具有法律效力的基本財政計劃,是國家為了實現政治經濟任務,有計劃地集中和分配財政收入的重要工具,是國家經濟政策的反應。

丁:部門單位預算是由本部門所屬各單位預算組成,各單位預算由各預算部門和單位編製,是總預算的基礎。

戊:中國國家預算級次結構是依據國家政權結構、經濟發展區域規劃、行政區

域劃分和財政管理體制設計的。

要求:根據上述資料,回答下列問題。

(1)下列甲代表關於國家預算在經濟生活中的作用的發言中,正確的為(　　)。

　　A. 統計作用　　　　　　　　B. 財力保證作用
　　C. 反應監督作用　　　　　　D. 調節制約作用

(2)結合乙代表的發言,下列各項有關中國現行國家預算實行級次的表述中,正確的為(　　)。

　　A. 三級預算　　　　　　　　B. 五級預算
　　C. 四級預算　　　　　　　　D. 六級預算

(3)結合丙代表的發言,下列表述中不正確的有(　　)。

　　A. 中國的預算支出主要用於經濟建設和文化、教育、科學、衛生以及社會福利事業等
　　B. 中國的預算收入主要採取無償劃撥的形式
　　C. 國家預算是指經法定程序批准的、國家在一定期間內預定的財政收支計劃
　　D. 中國國家預算是具有法律效力的基本財政計劃

(4)結合丁代表的發言,下列關於部門單位預算的表述中,不正確的為(　　)。

　　A. 部門單位預算由本部門所屬各單位預算組成
　　B. 各單位預算草案由其主管部門負責編製
　　C. 部門單位預算由各預算部門和單位編製
　　D. 部門單位預算是總預算的基礎

(5)結合戊代表的發言,下列各項屬於中國國家預算級次結構設計依據的有(　　)。

　　A. 經濟發展區域規劃　　　　B. 國家政策結構
　　C. 行政區域劃分　　　　　　D. 財政管理體制

(二)

甲單位是實行國庫集中支付的事業單位。2015年2月,甲單位根據預算安排擬採購一臺納入政府採購集中採購目錄的實驗設備A。由於急需設備A,甲單位決定選擇邀請招標方式自行採購。甲單位向3家供應商發出了投標邀請書,最終選擇了供應商乙企業,並與其簽訂了合同,但未將中標情況通知其他投標人。2015年12月,一家未中標的供應商丙企業向甲單位所在地政府採購監管部門丁單位投

訴,認為甲單位沒有將中標情況及時通知所有未中標的投標人。監管部門對甲單位進行調查,發現甲單位未按照規定保管該項採購活動的採購文件,而且丙企業所反應情況屬實。監管部門對甲單位進行了相應的處罰。

要求:根據上述資料,回答下列問題。

(1)下列各項中,屬於政府採購主體的為(　　)。

　　A. 事業單位　　　　　　　B. 國有企業

　　C. 社會團體　　　　　　　D. 政府機關

(2)下列各項中,屬於本例甲單位採購設備 A 應實行的方式為(　　)。

　　A. 委託集中採購機構代理採購　　B. 採購人自行採購

　　C. 由主管部門代為採購　　　　　D. 聯合其他採購人自行團購

(3)下列本案例各單位中,屬於政府採購當事人的為(　　)。

　　A. 甲單位　　　　　　　B. 丙企業

　　C. 丁單位　　　　　　　D. 乙企業

(4)下列各項中,屬於甲單位作為政府採購的採購人應享有的權利有(　　)。

　　A. 拒絕政府採購監督管理部門監督檢查的權利

　　B. 依法確定中標供應商的權利

　　C. 自行選擇政府採購代理機構的權利

　　D. 審查政府採購供應商的資格的權利

(5)下列各項中,屬於甲單位作為政府採購的採購人應承擔的義務有(　　)。

　　A. 尊重供應商的正當合法權益

　　B. 在規定時間內與中標供應商簽訂政府採購合同

　　C. 在指定媒體及時向社會發布政府採購信息、招標結果

　　D. 妥善保存反應每項採購活動的採購文件

第五章　會計職業道德

學習目標

1. 瞭解會計職業道德的功能
2. 熟悉會計職業道德的含義
3. 熟悉加強會計職業道德教育的途徑
4. 掌握會計職業道德規範的主要內容

第一節　會計職業道德概述

一、職業道德的特徵與作用

(一)職業道德的概念

職業道德是指在一定職業活動中應遵循的、體現一定職業特徵的、調整一定職業關係的職業行為準則和規範。

(二)職業道德的特徵

職業道德除了具有道德的一般特徵外,還具有以下特徵:

1. 職業性

職業道德的內容與職業實踐活動緊密相連,反應著特定職業活動對從業人員行為的道德要求。每一種職業道德都只能規範本行業從業人員的職業行為,在特定的職業範圍內發揮作用。

2. 實踐性

職業行為過程,就是職業實踐過程,只有在實踐過程中,才能體現出職業道德的水準。職業道德的作用是調整職業關係,對從業人員職業活動的具體行為進行

規範,解決現實生活中的具體道德衝突。

3. 繼承性

職業道德是在長期實踐過程中形成的,會被作為經驗和傳統繼承下來。即使在不同的社會經濟發展階段,同樣一種職業因服務對象、服務手段、職業利益、職業責任和義務相對穩定,職業行為的道德要求的核心內容將被繼承和發揚,從而形成了被不同社會發展階段普遍認同的職業道德規範。

4. 多樣性

社會分工的多樣性,決定了職業道德的多樣性。不同的行業和不同的職業,有不同的職業道德標準。

(三)職業道德的作用

職業道德是社會道德體系的重要組成部分,它一方面具有社會道德的一般作用,另一方面又具有自身的特殊作用,具體表現為以下幾個方面:

1. 促進職業活動的有序進行

行業、企業的發展有賴於良好的經濟效益,而良好的經濟效益源於高素質的員工。員工素質主要包含知識、能力、責任心三個方面,其中責任心是最重要的。而職業道德水平高的從業人員,其責任心是極強的,因此,職業道德能促進本行業的發展。

2. 對社會道德風尚產生積極的影響

職業道德是整個社會道德的主要內容。職業道德一方面涉及每個從業者如何對待職業,如何對待工作,同時也是一個從業人員的生活態度、價值觀念的表現,是一個人的道德意識,道德行為發展的成熟階段,具有較強的穩定性和連續性。另一方面,職業道德也是一個職業集體,甚至一個行業全體人員的行為表現,如果每個行業、每個職業集體都具備優良的道德,對整個社會道德水平的提高就會發揮重要的作用。

二、會計職業道德的概念與特徵

(一)會計職業道德的概念

會計職業道德是指在會計職業活動中應當遵循的、體現會計職業特徵的、調整會計職業關係的職業行為準則和規範。

(二)會計職業道德的特徵

會計作為社會經濟活動中的一種特殊職業,除具有職業道德的一般特徵外,還具有以下兩個特徵:

第五章　會計職業道德

1.具有一定的強制性

由於會計職業道德涉及眾多相關者的利益,會計職業道德不同於一般的道德,許多內容都直接納入了會計法律制度,如《會計法》《會計基礎工作規範》等都規定了會計職業道德的內容和要求。

2.較多關注公眾利益

會計職業的特殊性,對會計職業道德提出了更高的要求,要求會計人員客觀公正,在會計職業活動中,發生道德衝突時要堅持準則,把社會公眾利益放在第一位。

三、會計職業道德的功能與作用

(一)會計職業道德的功能

1.指導功能

在社會經濟活動中,會計職業道德具有指導會計人員行為的功能。會計職業道德指導會計人員自願地選擇有利於消除各種矛盾、調整相互關係的會計行為,改善會計領域內個人與個人之間、個人與單位之間、個人與國家之間的關係,促進會計人員協調一致,保質保量、及時地完成會計工作。

2.評價功能

會計職業道德使人們依據會計職業道德標準,通過社會輿論和個人心理活動等形式,對會計人員的會計職業行為等進行善惡評價,表明褒貶態度。會計職業道德的評價功能能讓會計人員養成強烈的職業道德責任感,對正確的會計行為有道德上的滿足,對不當的會計行為有道德上的批判,有助於調整會計人員的職業行為,改善會計行業作風。

3.教化功能

會計職業道德通過造成社會輿論、形成會計道德風尚、樹立會計職業道德榜樣等方式深刻影響、教化人們,尤其是會計人員的會計道德觀念和會計道德行為,培養會計道德習慣和鍛煉會計道德品質,促使會計人員人格昇華以及提高社會道德水準。會計職業道德的教化功能,一方面引導會計人員履行會計職業道德原則和會計職業道德規範,另一方面通過遵守會計職業道德的會計人員在各種社會活動中直接和間接地影響社會道德,推動社會道德水準不斷提高。

(二)會計職業道德的作用

1.是規範會計行為的基礎

會計職業道德引導、規勸、約束會計人員樹立正確的職業觀念,遵循職業道德,

規範會計行為。

2.是實現會計目標的重要保證

會計人員只有嚴格遵守職業道德規範,才能及時提供相關的、可靠的會計信息,反應企業管理層受託責任履行情況,有助於財務會計報告使用者做出經濟決策。因此,會計職業道德規範約束著會計人員的職業行為,是實現會計目標的重要保證。

3.是對會計法律制度的重要補充

會計法律制度是會計職業的最低要求,它只能對會計人員不得違法的行為做出規定,不宜對他們如何愛崗敬業、提高技能、強化服務等提出具體要求。但是,如果會計人員缺乏愛崗敬業的熱情和態度,沒有具備必要的職業技能和服務意識,則很難保證會計信息達到真實、完整的法定要求。因此,會計職業道德是對會計法律制度的重要補充,其作用是會計法律制度所不能替代的。

4.是提高會計人員職業素養的內在要求

社會的進步和發展,對會計職業者的素質要求越來越高,會計職業道德是會計人員素質的重要體現。一個高素質的會計人員應當做到愛崗敬業、誠實守信,提高專業勝任能力,這不僅是會計職業道德的主要內容,也是會計職業者遵循會計職業道德的可靠保證。倡導會計職業道德,加強會計職業道德教育,並結合會計職業活動引導會計職業者進一步加強自我修養,提高專業勝任能力,促進會計職業者整體素質的不斷提高。

四、會計職業道德與會計法律制度的關係

(一)會計職業道德與會計法律制度的聯繫

會計職業道德與會計法律制度有著共同的目標、相同的調整對象、承擔著同樣的責任,兩者聯繫密切。主要表現在:

1.兩者在作用上相互補充、相互協調

在規範會計行為中,我們不可能完全依賴會計法律制度的強制功能而排斥會計職業道德的教化功能,會計行為不可能都由會計法律制度進行規範,不需要或不宜由會計法律制度進行規範的行為,可通過會計職業道德規範來實現。同樣,那些基本的會計行為必須運用會計法律制度強制規範。

2.兩者在內容上相互借鑑、相互吸收

會計法律制度中含有會計職業道德規範的內容,同時,會計職業道德規範中也包含會計法律制度的某些條款。最初的會計職業道德規範就是對會計職業行為約定俗成的基本要求,後來制定的會計法律制度吸收了這些基本要求,便形成了會計

法律制度,可以說,會計法律制度是會計職業道德的最低要求。

(二)會計職業道德與會計法律制度的區別

1.性質不同

會計法律制度由國家立法部門或行政管理部門制定頒布,它充分體現了統治階級的願望和意志,通過國家機器強制執行,具有很強的他律性;會計職業道德主要是從品行角度對會計人員的會計行為做出規範,主要依靠社會輿論、傳統習慣和內心信念的力量來調整會計工作中會計人員之間,以及他們與其他社會成員之間的利益關係,具有很強的自律性。

2.作用範圍不同

會計法律制度側重於調整會計人員的外在行為和結果的合法化,具有較強的客觀性;會計職業道德不僅要求調整會計人員的外在行為,還要求調整會計人員內在的精神世界。

3.實現形式不同

會計法律制度是通過一定的程序由國家立法部門或行政管理部門制定的,其表現形式是具體的、明確的、正式形成文字的成文規定;而會計職業道德的表現形式既有明確的、成文的規定,也有不成文的規範,存在於人們的意識和信念之中。

4.實施保障機制不同

會計法律制度由國家強制力保障實施;會計職業道德缺乏對裁定執行的保障。

5.評價標準不同

會計法律制度要求是「必須」,評價的標準是對和錯,對違反會計法律制度的行為,應對其後果進行追究,並視情節輕重予以不同程度的懲罰;會計職業道德要求的是「應該」,評價標準是善和惡,是一個價值判斷,對違背會計職業道德規範的行為應予以輿論譴責,並引起行為人對違背良心的內疚和行為的反思。

[例 5-1] 下列關於會計職業道德的表述中,正確的是(　　)。

　　A.會計職業道德是對會計從業人員行為最低限度的要求

　　B.會計職業道德具有很強的強制性

　　C.會計職業道德對會計人員的調整具有很強的自律性

　　D.會計職業道德在時間上和空間上對會計人員的影響沒有會計法律制度廣泛持久

【解析】選C。會計職業道德對會計人員的調整基本上是非強制執行的,主要依靠會計人員的自覺性,具有很強的自律性。

第二節　會計職業道德規範的主要內容

一、愛崗敬業

(一)愛崗敬業的含義

愛崗敬業是指忠於職守的事業精神，這是會計職業道德的基礎。「愛崗」要求會計人員熱愛本職工作，安心本職崗位，在任何時候、任何場合下都要做到忠於職守、盡職盡責。「敬業」要求從事會計職業的人員充分認識到會計工作在國民經濟中的地位和作用，以從事會計工作為榮，敬重會計工作，認真地對待本職工作，將身心與本職工作融為一體，具有獻身於會計工作的決心。

愛崗敬業是愛崗與敬業的總稱。愛崗和敬業，互為前提，相互支持，相輔相成。「愛崗」是「敬業」的基石，「敬業」是「愛崗」的昇華，「敬」由「愛」生，「愛」由「敬」起。不愛崗就很難做到敬業，不敬業，愛崗只能是空話。

(二)愛崗敬業的基本要求

1. 正確認識會計職業，樹立職業榮譽感

會計人員只有正確地認識會計本質，明確會計工作的重要性，愛崗敬業才有堅實的思想基礎。

2. 熱愛會計工作，敬重會計職業

會計人員要樹立「干一行愛一行」的思想，只有真正熱愛會計工作，才能增強從事會計職業的光榮感和責任感，才能無條件地忠誠於會計事業。

3. 安心工作，任勞任怨

只有安心本職工作，才能真正做到敬業；只有做到任勞任怨，才能達到不計較個人得失的境界。

4. 嚴肅認真，一絲不苟

會計工作是一項嚴肅細緻的工作，沒有嚴肅認真的工作態度和一絲不苟的工作作風，就容易出現錯漏。

5. 忠於職守，盡職盡責

忠於職守主要表現為忠實於服務主體、忠實於社會公眾、忠實於國家三個方面。在對單位(或雇主)的忠誠與社會公眾利益發生衝突時，會計人員應選擇符合

更高社會正義的忠誠,維護社會公眾利益。

[例5-2] 會計人員李某認為會計工作整天就是與數字打交道,沒有什麼前途,工作中馬馬虎虎,積極性不高。李某的做法違背了(　　)的會計職業道德要求。

A.愛崗敬業　　　　　　　　B.誠實守信
C.廉潔自律　　　　　　　　D.堅持準則

【解析】選A。李某的做法違背了愛崗敬業的會計職業道德要求。愛崗敬業要求會計人員正確認識會計職業,樹立愛崗敬業精神,熱愛會計工作,安心本職崗位,忠於職守,盡心盡力,盡職盡責。

二、誠實守信

(一)誠實守信的含義

誠實是指言行思想一致,不弄虛作假、不欺上瞞下,做老實人,說老實話,辦老實事。守信就是遵守自己所做出的承諾,講信用,重信用,信守諾言,保守秘密。誠實守信是做人的基本準則,也是會計職業道德的精髓。

知識鏈接

朱鎔基同志在2001年視察北京國家會計學院時,為北京國家會計學院題詞:「誠信為本,操守為重,堅持準則,不做假帳。」中國現代會計學之父潘序倫先生認為,「誠信」是會計職業道德的重要內容,他終身倡導:「信以立志,信以守身,信以處事,信以待人,毋忘『立信』,當必有成。」

(二)誠實守信的基本要求

1.做老實人,說老實話,辦老實事,不搞虛假

誠實守信是會計人員的立身之本。會計人員要以誠為本,實事求是,言行一致,表裡如一,如實反應和披露單位經濟業務事項,不弄虛作假,不欺上瞞下,盡量減少和避免各種失誤,維護國家和社會公眾利益。

2.保密守信,不為利益所誘惑

會計人員因職業特點經常接觸到單位和客戶的一些商業秘密。會計人員應樹立保密觀念,不得將從業過程中所獲得的信息為己所用,或者洩露給第三者以牟取私利。因此,保守秘密是會計職業道德規範的重要內容,也是會計人員維護國家、單位利益應盡的義務。

3.執業謹慎,信譽至上

執業謹慎要求註冊會計師在執業中始終保持應有的謹慎態度,根據自身的業務能力承接業務,不能為追求營業收入而違背職業道德,迎合客戶的不正當要求;註冊會計師要嚴格按照獨立審計準則和執業規範、程序實施審計,對審計中發現的違反國家統一會計準則制度及國家相關法律制度的經濟業務事項,應當按照規定在審計報告中予以充分反應,維護職業信譽及社會公眾的合法權益。

[例 5-3] 下列各項中,屬於會計職業道德精髓的是(　　)。

　　A.強化服務　　　　　　B.堅持準則
　　C.廉潔自律　　　　　　D.誠實守信

【解析】選 D。誠實守信是會計職業道德的精髓。

三、廉潔自律

(一)廉潔自律的含義

廉潔就是不貪污錢財,不收受賄賂,保持清白。自律是指自律主體按照一定的標準,自己約束自己、自己控制自己的言行和思想的過程。廉潔自律是會計職業道德的前提,也是會計職業道德的內在要求。

(二)廉潔自律的基本要求

1.樹立正確的人生觀和價值觀

正確的人生觀和價值觀是廉潔自律的思想基礎。會計人員應當樹立正確的人生觀和價值觀,自覺抵制享樂主義、個人主義、拜金主義等錯誤的思想,徹底摒棄「金錢至上、金錢萬能」的人生哲學,在不義之財面前不動心,決不利用手中權力貪占便宜。

2.公私分明,不貪不占

公私分明就是劃分公與私的界限,做到「常在河邊走,就是不濕鞋」;不貪不占就是會計人員不貪、不占、不收禮、不同流合污,做到「理萬金分文不沾」。

3.遵紀守法,一身正氣

《會計法》賦予了會計人員職責和義務。會計人員不僅要遵紀守法,而且要敢於、善於運用法律法規賦予的職業權利,勇於承擔職業責任,履行職業義務,保證廉潔自律。會計人員和會計組織只有首先做到自身廉潔,嚴格約束自己,才能要求別人廉潔,才能理直氣壯地阻止或防止別人侵占集體利益,正確行使反應和監督的會計職責,保證各項經濟活動正常進行。

[例 5-4] 某會計人員在經辦會計業務中,收受客戶禮品,該會計人員的行為違背( )的會計職業道德要求。

A. 強化服務　　　　　　　B. 愛崗敬業
C. 廉潔自律　　　　　　　D. 誠實守信

【解析】選 C。廉潔自律要求會計人員公私分明、不貪不占、遵紀守法、公正廉潔。

四、客觀公正

(一)客觀公正的含義

客觀是指按事物的本來面目去反應,不摻雜個人的主觀意願,也不為他人意見所左右。公正就是平等、公平、正直,沒有偏失。客觀公正是會計職業道德所追求的理想目標。

對於會計職業而言,客觀主要包括兩層含義:一是真實性,即以實際發生的經濟活動為依據,對會計事項進行確認、計量、記錄和報告;二是可靠性,即會計核算要準確,記錄要可靠,憑證要合法。

客觀公正應貫穿於會計活動的整個過程:一是在處理會計業務的過程中或進行職業判斷時,應保持客觀公正的態度,實事求是、不偏不倚;二是指會計人員對經濟業務的處理結果是公正的。

(二)客觀公正的基本要求

1. 依法辦事

會計人員在工作過程中必須遵守各種法律、法規、準則和制度,依照法律規定進行核算,才能做出客觀的會計職業判斷。

2. 實事求是

實事求是要求會計人員從實際對象出發,按照事物的實際情況辦事,在需要進行職業判斷時,應保持客觀公正的態度,實事求是、不偏不倚。

3. 如實反應

如實反應要求會計人員客觀反應事物的本來面貌,不誇大、不隱瞞,如實反應和披露單位的經濟業務事項。

[例 5-5] 客觀公正的基本要求是( )。

A. 堅持準則、實事求是、如實反應　　B. 公私分明、實事求是、依法辦事
C. 依法辦事、如實反應、實事求是　　D. 端正態度、忠於職守、實事求是

【解析】選 C。客觀公正的基本要求包括依法辦事,如實反應,實事求是。

五、堅持準則

(一)堅持準則的含義

堅持準則是指會計人員在處理業務過程中,要嚴格按照會計法律制度辦事,不為主觀或他人意志所左右。

上述中的「準則」不僅包括會計準則,而且包括會計法律、會計行政法規、國家統一的會計準則制度及與會計工作相關的法律制度。堅持準則是會計職業道德的核心。

(二)堅持準則的基本要求

1. 熟悉準則

熟悉準則是遵循準則、堅持準則的前提。熟悉準則是指會計人員應瞭解和掌握《會計法》和國家統一的會計準則制度及與會計相關的法律制度。只有熟悉準則,才能按準則辦事,才有可能提高會計人員的守法能力,這是做好會計工作的前提。

2. 遵循準則

遵循準則即執行準則。「沒有規矩,不成方圓」。會計人員在業務處理過程中,不僅自己要自覺地嚴格遵守各項準則、自律在先,而且也要敢於要求他人遵守準則,使單位具體的經濟業務事項和經濟行為符合會計法律和國家統一的會計準則制度,避免違法違紀行為的發生。

會計人員要及時學習、掌握準則的最新變化,瞭解本部門、本單位的實際情況,對實際經濟生活中出現的新情況、新問題以及準則未涉及的經濟業務或事項,能夠運用所掌握的會計專業理論和技能,做出客觀的職業判斷,準確地理解和執行準則。

3. 敢於同違法行為作鬥爭

在企業的經營活動中,當國家利益、集體利益與單位、部門以及個人利益發生衝突時,會計人員要以國家法律法規、制度準則為準繩,依法履行會計監督職責,敢於同違反會計法律法規和財務制度的現象作鬥爭,確保會計信息的真實性和完整性。

[例5-6] 會計職業道德的內容中有「堅持準則」一項,這裡的準則是指(　　)。

A. 會計準則　　　　　　　　B. 會計法律
C. 會計行政法規　　　　　　D. 與會計相關的法律制度

【解析】選 ABCD。這裡的「準則」不僅指會計準則,而且包括會計法律、會計行政法規、國家統一的會計制度及與會計工作相關的法律制度。

六、提高技能

(一)提高技能的含義

提高技能是指會計人員通過學習、培訓和實踐等途徑,持續提高會計職業技能,以達到和維持足夠的專業勝任能力的活動。

會計職業技能包括會計理論操作水平、會計實務操作能力、職業判斷能力、自動更新知識能力、提供會計信息的能力、溝通交流能力以及職業經驗等。

作為一名會計工作者,必須不斷地提高其職業技能,這既是會計人員的義務,也是在職業活動中做到客觀公正、堅持準則的基礎,是參與管理的前提。

(二)提高技能的基本要求

1. 具有不斷提高會計專業技能的意識和願望

會計人員要想生存和發展,就必須時刻保持緊迫感和危機意識,樹立強烈的求知慾望和提高技能的意識,使自己的知識不斷更新,保持持續的專業勝任能力、職業判斷能力和溝通交流能力,提高會計專業技能,使自己立於不敗之地。

2. 具有勤學苦練的精神和科學的學習方法

會計人員要不斷地學習與探索,不斷學習新的會計理論和新的準則制度,不斷提高自己的業務水平、理論水平、操作技能和職業判斷能力;要將理論聯繫實際,積極參加社會實踐活動,在實踐中錘煉、提高會計業務的操作能力,把理性和感性的知識結合起來,全面認識事物。

[例 5-7] 提高技能是會計職業道德的基本要求,也是會計人員勝任本職工作的重要條件,下列各項屬於會計職業技能的有(　　)。

A. 會計理論水平　　B. 會計實務能力
C. 職業判斷能力　　D. 自動更新知識能力

【解析】選 ABCD。會計技能包括會計理論水平、會計實務能力、職業判斷能力、自動更新知識能力、提供會計信息能力、溝通交流能力以及職業經驗等。

七、參與管理

(一)參與管理的含義

參與管理是指間接參加管理活動,為管理者當參謀,為管理活動服務。

會計人員在參與管理過程中並不是直接從事管理活動,只是通過認真履行會

計職責,間接地從事管理活動或者說參與管理活動,為管理活動服務。會計人員要樹立參與管理的意識,在做好本職工作的同時,經常積極主動地向單位領導反應經營活動情況和存在的問題,提出合理化建議,協助領導決策,參與經營管理活動,不能只是消極被動地記帳、算帳、報帳。

(二)參與管理的基本要求

1.努力鑽研業務,熟悉財經法規和相關制度,提高業務技能,為參與管理打下堅實的基礎

會計人員應當努力鑽研業務,使自己的知識和技能適應所從事工作的要求。只有具備嫻熟的業務處理能力和精湛的技能,才能更好地參與管理,為改善經營管理、提高經濟效益服務。會計人員應當熟悉並深刻領會財經法律、法規、規章和國家統一的會計準則制度,廣泛宣傳有關會計規章制度,充分利用掌握的會計信息去分析單位的管理問題,找出薄弱環節,為單位管理、決策提供專業支持。

2.熟悉服務對象的經營活動和業務流程,使管理活動更具針對性和有效性

會計人員應當熟悉本單位的生產經營、業務流程和管理情況,掌握單位的生產經營能力、技術設備條件、產品市場及資源狀況等情況,結合財會工作的綜合信息優勢,積極參與預測,主動提出合理化建議,協助領導決策。

[例5-8] 下列各項中,符合會計職業道德中參與管理要求的有( )。

A.主動提出合理化建議

B.定期對本單位會計資料進行內部審計

C.全面熟悉本單位經營活動和業務流程

D.熟悉財經法規和相關制度,提高業務技能

【解析】選ACD。會計人員應當熟悉本單位的生產經營、業務流程和管理情況,熟悉財經法規和相關制度,提高業務技能,主動提出合理化建議,協助領導決策。

八、強化服務

(一)強化服務的含義

強化服務就是要求會計人員具有文明的服務態度、強烈的服務意識和優良的服務質量。

(二)強化服務的基本要求

1.強化服務意識

會計人員要樹立強烈的服務意識,為會計信息使用者提供高質量的會計信息,

更好地參與管理，不斷提高會計職業的聲譽。

2.提高服務質量

強化服務的關鍵是提高服務質量。強化會計人員的服務就是真實、客觀地記帳、算帳和報帳，積極主動地向單位領導反應經營活動情況和存在的問題，提出合理化建議，協助領導決策。

質量上乘，並非無原則地滿足服務主體的需要，而是在堅持原則、堅持會計準則的基礎上盡量滿足用戶或服務主體的需要。

[例5-9] 下列會計職業道德規範中，要求會計人員樹立服務意識，提高服務質量，努力維護和提升會計職業的良好社會形象的是（　　　）。

A.愛崗敬業　　　　　　　B.客觀公正
C.強化服務　　　　　　　D.提高技能

【解析】選C。強化服務要求會計人員具有文明的服務態度、強烈的服務意識和優良的服務質量。

第三節　會計職業道德教育

一、會計職業道德教育的含義

會計職業道德教育是指根據會計工作的特點，有目的、有組織、有計劃地對會計人員施加系統的會計職業道德影響，促使會計人員形成會計職業道德品質，履行會計職業道德義務的活動。

會計職業道德教育的主要任務是幫助和引導會計人員培養會計職業道德情感，樹立會計職業道德信念，遵守會計職業道德規範，使會計人員懂得什麼是對的，什麼是錯的；什麼是可以做的，什麼是不應該做的；什麼是必須提倡的，什麼是堅決反對的。

二、會計職業道德教育的形式

會計職業道德教育的主要形式包括接受教育和自我修養。

(一)接受教育

接受教育，即外在教育，是指通過學校或培訓單位對會計從業人員進行以職業責任、職業義務為核心內容的正面引導，以規範其職業行為，維護國家和社會公眾利益的教育。

(二)自我修養

自我修養是內在教育,是從業人員自我學習、自我改造,提高自身道德修養的行為活動。

三、會計職業道德教育的內容

(一)會計職業道德觀念教育

會計人員通過學習會計職業道德知識,樹立會計職業道德觀念,瞭解會計職業道德對社會經濟秩序、會計信息質量的影響,以及違反會計職業道德將受到的懲戒和處罰。普及會計職業道德基礎知識,是會計職業道德教育的基礎,也是重要的一環。要把會計職業道德教育同社會教育、學校教育、家庭教育結合起來,採取廣播電視、報紙、雜誌等媒介普及會計職業道德知識,形成「遵守會計職業道德光榮,違背會計職業道德可恥」的風尚。

(二)會計職業道德規範教育

職業道德規範教育是指對會計人員開展以會計職業道德規範為內容的教育。會計職業道德規範的主要內容是愛崗敬業、誠實守信、廉潔自律、客觀公正、堅持準則、提高技能、參與管理和強化服務,這是會計職業道德教育的核心內容,應貫穿於會計職業道德教育的始終。

(三)會計職業道德警示教育

通過對違反會計職業道德行為和違法會計行為典型案例進行討論和剖析,從中得到警示,從而提高會計人員的法律意識和會計職業道德觀念,提高會計人員辨別是非的能力。

(四)其他教育

與會計職業道德相關的其他教育,主要有形勢教育、品德教育、法制教育等。

四、會計職業道德教育的途徑

(一)接受教育的途徑

1. 崗前職業道德教育

崗前職業道德教育是指對將要從事會計職業的人員進行的道德教育,包括會計專業學歷教育及獲取會計從業資格中的職業道德教育。教育的側重點應放在職業觀念、職業情感及職業規範等方面。

2. 崗位職業道德繼續教育

崗位職業道德繼續教育是指對已進入會計職業的會計人員進行的繼續教育。

會計人員繼續教育中的會計職業道德教育目標是適應新的市場經濟形勢的發展變化，在不斷更新、補充、拓展會計人員業務能力的同時，使其政治素質、職業道德水平不斷提高。

(二)自我修養的途徑

自我修養的途徑主要是慎心，堅守心靈，不被誘惑，具體包括以下內容：

1. 慎獨慎欲

會計職業道德修養的最高境界是做到「慎獨」。即在一個人單獨處事、無人監督的情況下，也能自覺地按照道德準則去辦事；慎欲是指用正當的手段獲得物質利益。會計人員應當做到慎欲，把國家、社會公眾和集體利益放在首位，在追求自身利益的時候，不損害國家和他人利益。

2. 慎省慎微

慎省是指認真自省，通過自我反思、自我解剖、自我總結，敢於做到是非觀、價值觀、知行觀的自我鬥爭，不斷地進行自我昇華、自我超越，逐步樹立起正確的道德觀念，培養高尚的道德品質，提高自己的精神境界；慎微是指在微處、小處自律，從微處、小處著眼，積小善，成大德。

3. 自警自勵

自警是指要隨時警醒、告誡自己，警鐘長鳴，防止各種不良思想對自己的侵襲；自勵是指要以崇高的會計職業道德理想、信念激勵自己、教育自己。

[例5-10] 下列各項中，不屬於會計職業道德教育途徑的是(　　)。

　　A. 會計專業技術資格考試　　　　B. 會計人員繼續教育
　　C. 會計人員自我修養　　　　　　D. 會計學歷教育

【解析】選A。選項B屬於崗位職業道德繼續教育，選項C屬於會計職業道德教育的自我修養途徑，選項D屬於崗前職業道德教育。

第四節　會計職業道德建設組織與實施

一、財政部門的組織推動

各級財政部門應當負起組織和推動本地區會計職業道德建設的責任，把會計職業道德建設與會計法制建設緊密結合起來，主動採用多種形式開展會計職業道德宣傳教育，在會計從業資格管理中加強會計職業道德建設以及在會計專業技術

資格考試和評審中加強會計職業道德建設。

二、會計行業的自律

會計職業組織起著聯繫會員與政府的橋樑作用，應充分發揮協會等會計職業組織的作用，改革和完善會計職業組織自律機制，有效發揮自律機制在會計職業道德建設中的促進作用。如中國註冊會計師協會先後發布了《中國註冊會計師職業道德基本準則》《中國註冊會計師職業道德規範指導意見》等，對註冊會計師職業道德內容提出了要求。

三、企事業單位的內部監督

企事業單位應形成內部約束機制，防範舞弊和經營風險，支持並督促會計人員遵循會計職業道德，依法開展會計工作。在制度建設上，要重視內部控製制度建設，完善內部約束機制，有效防範舞弊和經營風險。在任用會計人員時，應當審查會計人員的職業記錄和誠信檔案，選擇業務素質高、職業道德好、無不良記錄的人員從事會計工作。在日常工作中，應注意開展對會計人員的道德和紀律教育，並加強檢查，促進會計人員堅持原則，做到誠實守信。

四、社會各界的監督與配合

加強會計職業道德建設，既是提高廣大會計人員素質的一項基礎性工作，又是一項重複的社會系統工程。它不僅是某一個單位、某一個部門的任務，也是各地區、各部門、各單位的共同責任。廣泛開展會計職業道德的宣傳教育，加強輿論監督，在全社會會計人員中倡導誠信為榮、失信為恥的職業道德意識，引導會計人員加強職業道德修養。

［例 5-11］ 會計職業道德的自律管理機構是（　　）。
　　A. 財務部門　　　　　　　　B. 其他組織
　　C. 工商管理部門　　　　　　D. 會計行業組織

【解析】選 D。中國註冊會計師協會等會計行業組織的職業道德管理，屬於會計職業道德自律管理。

第五節　會計職業道德的檢查與獎懲

一、會計職業道德檢查與獎懲的意義

開展會計職業道德檢查與獎懲是道德規範付諸實施的必要方式，也是促使道

德力量發揮作用的必要手段,具有重要的現實意義。

1. 促使會計人員遵守職業道德規範

獎懲機制是利用人類趨利避害的特點,以利益的給予或剝奪為砝碼,對會計人員起著引導或威懾的作用,使會計行為主體不論出於什麼樣的動機,都必須遵循會計職業道德規範,否則就會遭受利益上的損失。獎懲機制把會計職業道德要求與個人利益結合起來,體現了義利統一的原則。

2. 裁決與教育作用

作為會計人員,哪些會計行為是對的,哪些會計行為是不對的,均可通過會計職業道德的檢查與獎懲做出裁決。在會計職業道德的檢查與獎懲中,可以運用各種會計法規、條例及道德要求等一系列標準,鞭笞違反道德的行為,同時褒獎符合職業道德要求的行為,並使其發揚光大,蔚為風氣,互相砥礪。因此,通過會計職業道德的檢查與獎懲,使廣大會計人員生動而直接地感受到會計職業道德的價值,「道德法庭」與其教育的作用是不可低估的。

3. 有利於形成抑惡揚善的社會環境

會計職業道德是整個社會道德的一個組成部分,因此,會計職業道德的好壞,對社會道德環境的優劣會產生一定的影響;反之,社會道德環境的好壞,也影響著會計的職業行為。獎懲機制是抑惡揚善的槓桿。對會計行為而言,判斷善惡的標準就是會計職業道德規範。那些遵守會計職業道德規範的行為,就可稱之為善行;而那些違背會計職業道德規範的行為,就可稱之為惡行。通過倡導、讚揚、鼓勵自覺遵守會計職業道德規範的行為,貶抑、鞭撻、譴責、查處會計造假等不良行為,有助於人們分清是非,形成良好的社會風氣,從而進一步促進會計職業道德的發展。

二、會計職業道德檢查與獎懲機制

(一)財政部門的監督檢查

各級財政部門應當履行組織和推動本地區會計職業道德建設的責任,利用行政管理上的優勢,對會計職業道德情況實施必要的行政監管。主要措施有以下幾點:

1. 執法檢查與會計職業道德檢查相結合

財政部門作為《會計法》的執法主體,一方面督促各單位嚴格執行會計法律法規;另一方面也是對各單位會計人員執行會計職業道德情況的檢查和檢驗。

2. 會計從業資格證書註冊登記和年檢與會計職業道德檢查相結合

會計從業資格證書實行定期年檢制度,年檢時審查的內容包括持證人員遵守

財經紀律、法規和會計職業紀律情況，依法履行會計職責情況。不符合有關規定的不予通過年檢。

3. 會計專業技術資格考評、聘用與會計職業道德檢查相結合

報考各級會計專業技術資格的會計人員，均要求「堅持原則，具備良好的職業道德品質」，會計專業技術資格考試管理機構在組織報名時，應對參加報名的會計人員職業道德遵守情況進行檢查。對有不遵循會計職業道德記錄的，應取消其報名資格。

4. 與會計人員表彰獎勵制度相結合

各級財政部門在表彰獎勵會計人員時，不僅要考察工作業績，還應考察會計職業道德遵守情況。

(二)會計行業組織的自律管理與約束

會計行業自律是會計職業組織對整個會計職業的會計行為進行自我約束、自我控制的過程。建立健全會計人員行業自律管理制度，是政府對會計人員進行宏觀管理的必要補充。會計行業組織以行業誠信建設為主線，充分履行行業協會「服務、監督、管理、協調」的職責，發揮協會在行業自律管理和服務等方面的專業優勢，通過對整個會計行業的會計行為進行自我約束、自我控制，有助於督促會計人員依法開展會計工作，樹立良好的行業風氣，促進行業的發展。

(三)激勵機制的建立

對會計人員遵守職業道德情況進行考核和獎懲，建立和完善激勵機制，對違反會計職業道德的行為進行懲戒，對自覺遵守會計職業道德的優秀會計工作者進行表彰。

[例5-12] 下列有關加強會計職業道德建設措施的描述中，正確的是(　　)。

A. 會計職業道德建設與會計專業技術資格考評、聘用相結合
B. 會計職業道德建設與會計人員表彰獎勵制度相結合
C. 會計職業道德建設與會計執法檢查相結合
D. 會計職業道德建設與會計從業資格證書管理相結合

【解析】選ABCD。加強會計職業道德建設的措施有執法檢查與會計職業道德檢查相結合；會計從業資格證書註冊登記和年檢與會計職業道德檢查相結合；會計專業技術資格考評、聘用與會計職業道德檢查相結合；與會計人員表彰獎勵制度相結合。

第五章　會計職業道德

自　測　題

一、單項選擇題

1. 中國「守法為德」稱為現代道德的最本質的價值規定，表明了當代社會（　　）的基本定位。

　　A. 以德治國　　　　　　　　B. 以嚴治國
　　C. 以理治國　　　　　　　　D. 依法治國

2. 方某撿到 1,000 元錢，準備採取以下幾種方式進行處理，其中符合社會主義道德要求的是（　　）。

　　A. 將所撿到的 1,000 元以方某個人名義捐贈給希望工程
　　B. 找到失主後，要求失主支付 500 元作為報酬，其餘 500 元還給失主
　　C. 將所撿到的 1,000 元替隔壁住院的烈士家屬王大爺支付住院費
　　D. 將所撿到的 1,000 元交給當地派出所

3. 中國對一些損失浪費、違法亂紀的行為和一切不合法、不合理的業務開支，要求嚴肅認真對待，把好關，這體現了「愛崗敬業」的（　　）要求。

　　A. 熱愛會計工作　　　　　　B. 安心工作，任勞任怨
　　C. 嚴肅認真，一絲不苟　　　D. 忠於職守，盡職盡責

4. 「常在河邊走，就是不濕鞋」，這句話體現的會計職業道德規範的內容是（　　）。

　　A. 參與管理　　　　　　　　B. 廉潔自律
　　C. 提高技能　　　　　　　　D. 強化服務

5. 著名教育家葉聖陶所說的「教育的目的是為了（　　），」也就是實現由接受教育到自我教育的過程。

　　A. 養成良好的道德行為　　　B. 加強職業道德修養
　　C. 實現道德境界的昇華　　　D. 不教育

6. 會計人員熱愛會計工作，安心本職崗位，忠於職守，盡心盡力，盡職盡責，這是會計職業道德中（　　）的具體體現。

　　A. 愛崗敬業　　　　　　　　B. 誠實守信
　　C. 提高技能　　　　　　　　D. 強化服務

7. 職業道德的本質是由（　　）決定的。

　　A. 社會實踐　　　　　　　　B. 經濟基礎
　　C. 社會經濟關係　　　　　　D. 上層建築

8. 會計職業道德修養的最高境界是(　　)。

　　A. 慎獨　　　　　　　　　　B. 慎言

　　C. 慎行　　　　　　　　　　D. 慎思

9. 中國對會計職業道德進行監督檢查的部門主要是(　　)。

　　A. 紀律檢查和監察部門　　　B. 工商行政管理部門

　　C. 財政部門　　　　　　　　D. 會計行業組織

10. 中國對「認真執行本法、忠於職守、堅持原則、做出顯著成績的會計人員，給予精神的或者物質的獎勵」做出這一規定的法律是(　　)。

　　A.《中華人民共和國註冊會計師法》

　　B.《中華人民共和國稅收徵收管理法》

　　C.《中華人民共和國會計法》

　　D.《中華人民共和國審計法》

11. 誠實守信要求會計人員做到(　　)。

　　A. 不洩露秘密　　　　　　　B. 保持應有的獨立性

　　C. 積極參與管理　　　　　　D. 強化服務

12. 在會計工作中，會計人員應認真地執行崗位規範，在各種重複的情況下，能夠抵制各種誘惑，忠實地履行崗位職責。這體現了會計職業道德規範中(　　)的要求。

　　A. 誠實守信　　　　　　　　B. 廉潔自律

　　C. 愛崗敬業　　　　　　　　D. 強化服務

13. 在中國組織和推動會計職業道德的建設，並對相關工作依法實施行政管理的機構是(　　)。

　　A. 財政部門　　　　　　　　B. 會計行業組織

　　C. 工商行政管理部門　　　　D. 其他機構

14. 會計人員在工作中「懶」「拖」的不良習慣，違背了會計職業道德規範中的(　　)的具體內容。

　　A. 愛崗敬業　　　　　　　　B. 誠實守信

　　C. 堅持準則　　　　　　　　D. 客觀公正

15. 中國「信以立志，信以守身，信以處事，信以待人」，這句話體現的會計職業道德規範的內容是(　　)。

　　A. 堅持準則　　　　　　　　B. 客觀公正

　　C. 廉潔自律　　　　　　　　D. 誠實守信

16. 「理萬金分文不沾」這句話體現的會計職業道德是(　　)。

　　A. 參與管理　　　　　　　　B. 廉潔自律

C. 強化服務　　　　　　　　D. 提高技能

17. 下列各項中,不符合會計職業道德「參與管理」的行為有(　　)。

　　A. 對公司財務會計報告進行綜合分析並提交風險預警報告

　　B. 參加公司重大投資項目的可行性研究和投資效益論證

　　C. 分析壞帳形成的原因,提出加強授信管理、加快貨款回收的建議

　　D. 分析企業盈利能力,查找存在的問題,提出多記費用、減少納稅的措施

18. 遵守會計法律是對會計從業人員行為的(　　)要求。

　　A. 最高層次　　　　　　　　B. 最低限度

　　C. 最高標準　　　　　　　　D. 社會實踐

19. 對認真執行《會計法》、忠於職守、堅持原則、做出顯著成績的會計人員進行獎勵的方式錯誤的是(　　)。

　　A. 取消年終獎　　　　　　　B. 晉升工資

　　C. 頒發榮譽證書　　　　　　D. 授予榮譽稱號

20. 下列各項中,要求會計人員在工作中應實事求是,不偏不倚,保持應有的獨立性的會計職業道德是(　　)。

　　A. 愛崗敬業　　　　　　　　B. 實事求是

　　C. 廉潔自律　　　　　　　　D. 客觀公正

二、多項選擇題

1. 會計職業道德的內容中有「客觀公正」一項,這裡的「公正」是指(　　)。

　　A. 註冊會計師在進行審計鑒證時應以超然獨立的姿態,進行公平、公正的判斷和評價,出具客觀、適當的審計意見

　　B. 在履行會計職能時,摒棄單位、個人私利,公平公正、不偏不倚地對待相關利益各方

　　C. 國家統一的會計準則制度要求公正

　　D. 執行會計準則制度的人,即公司、企業單位管理層和會計人員,應當具備誠實的品質

2. 註冊會計師的職業道德是(　　)。

　　A. 獨立　　　　　　　　　　B. 客觀

　　C. 公平　　　　　　　　　　D. 公正

3. 教育的重點是要貫徹(　　)的指示精神,進一步全面、系統地加強會計職業道德培訓,提高廣大會計人員的政治水平和思想道德意識。

　　A. 以德治國的重要思想　　　B. 誠信為本,操守為重

　　C. 堅持準則　　　　　　　　D. 不做假帳

4. 忠於職守、盡職盡責,要求會計人員忠實於( )。
 A. 自己   B. 家人和親戚朋友
 C. 社會公眾   D. 國家

5. 會計職業道德教育的其他教育包括( )。
 A. 形勢教育   B. 繼續教育
 C. 品德教育   D. 法制教育

6. 通過學習會計職業道德知識,要求會計人員( )。
 A. 樹立會計職業道德觀念
 B. 瞭解會計職業道德對社會經濟秩序、會計信息質量的影響
 C. 瞭解違反會計職業道德將受到懲戒和處罰
 D. 在建立和維護會計市場的完整性方面,發揮重要的作用

7. 在會計職業道德建設中,應當發揮作用的部門或單位有( )。
 A. 各級財政部門   B. 會計職業組織
 C. 企事業單位   D. 會計學術團體

8. 會計人員違反職業道德,可能會受到( )的處罰。
 A. 所在單位   B. 行業協會
 C. 財政部門   D. 業務主管部門

9. 會計職業道德檢查與獎懲機制包括( )。
 A. 財政部門的監督檢查   B. 會計行業組織的自律管理與約束
 C. 會計從業者發揚慎獨精神   D. 激勵機制的建立

10. 下列各項中,屬於違反會計職業道德,由職業團體通過自律性監管給予懲罰的形式有( )。
 A. 吊銷會計從業資格證書
 B. 罰款
 C. 進行通報批評
 D. 取消參加會計專業技術資格考試報名資格

11. 會計職業道德的功能包括( )。
 A. 指導功能   B. 評價功能
 C. 規範功能   D. 教化功能

12. 職業道德的特徵有( )。
 A. 職業性   B. 廣泛性
 C. 實踐性   D. 繼承性

13.會計法律制度與會計職業道德的相互作用表現在(　　)。
　　A.道德是法律的堅實基礎　　　　B.道德是法律的前提條件
　　C.道德是法律的有力保證　　　　D.道德是法律的行為規範
14.下列關於會計職業道德與會計法律制度區別的表述正確的有(　　)。
　　A.兩者性質不同　　　　　　　　B.兩者評價標準不同
　　C.兩者表現形式不同　　　　　　D.兩者實施保障機制不同
15.會計職業道德中的「參與管理」,就是要求會計人員(　　)。
　　A.全面熟悉單位經營活動　　　　B.主動提出合理化建議
　　C.代替領導決策　　　　　　　　D.積極參與管理
16.符合會計職業道德「提高技能」要求的有(　　)。
　　A.出納人員向銀行工作人員請教辨別假鈔的技術
　　B.會計人員向專家學習會計電算化操作方法
　　C.會計主管人員研究對人力資源價值的核算
　　D.總會計師通過自學提高職業判斷能力
17.下列各項中,符合會計職業道德「廉潔自律」要求的有(　　)。
　　A.樹立正確的人生觀和價值觀
　　B.嚴格劃分公私界限,公私分明,不貪不占
　　C.遵紀守法,不收受賄賂、不貪污錢財,保持清白
　　D.自覺抵制拜金主義、個人主義
18.對會計人員違反會計職業道德的行為可由(　　)給予處罰。
　　A.財政部門　　　　　　　　　　B.人民法院
　　C.本公司　　　　　　　　　　　D.會計行業組織
19.建立會計職業道德檢查與獎懲機制是一個重複的系統工程,需要運用綜合治理手段來實現,這些手段包括(　　)。
　　A.經濟　　　　　　　　　　　　B.政治
　　C.法律　　　　　　　　　　　　D.行政
20.建立會計職業道德檢查與獎懲機制現實意義主要體現在(　　)。
　　A.有利於督促會計人員在行為上遵守會計職業道德規範
　　B.有利於形成抑惡揚善的社會環境
　　C.有利於杜絕不遵守會計職業道德的現象
　　D.有利於會計人員形成良好的職業道德情感

三、判斷題

1.會計人員陳某認為,會計工作只是記記帳、算算帳,與單位經營決策關係不大,沒有必要要求會計人員「參與管理」。　　　　　　　　　　　　　　(　　)

2. 會計人員應言行一致，實事求是，正確核算，盡量減少和避免各種失誤，當帳目出現錯誤時，不惜偽造帳目，弄虛作假，也要保證單位的利益。（　）

3. 會計人員的職業判斷能力是指建立在專業知識和專業技能之上的判斷能力。（　）

4. 小李是某公司的一名會計，對於公司的其他職工經常用一些不合理的業務開支名義來報銷的情況，他總是睜一只眼閉一只眼，心想反正都是公家的。小李的這種行為違背了會計職業道德的廉潔自律。（　）

5. 會計職業道德允許個人和各經濟主體獲取合法的自身利益，但反對通過損害國家和社會公眾利益獲取違法利益。（　）

6. 會計職業道德教育是提高會計職業道德水平的重要途徑。（　）

7. 會計職業道德警示教育是指通過對違反會計職業道德行為和違法會計行為典型案例進行討論和剖析，從中得到警示，增強法律意識、會計職業道德觀念和辨別是非能力的一種教育。（　）

8. 會計職業道德檢查的目的是為進行會計職業道德的獎懲提供依據。（　）

9. 會計職業道德與會計法律制度目標相同，承擔責任相同，調整對象相同。（　）

10. 誠實守信是會計人員在職業活動中做到客觀公正、堅持準則的基礎，是參與管理的前提。（　）

11. 誠實守信是會計職業道德的基礎，愛崗敬業是會計職業道德的精髓。（　）

12. 會計職業道德中的強化服務是會計職業道德的歸宿點。（　）

13. 會計職業組織對發現違反會計職業道德規範的企業進行懲戒的方式中包括通報批評。（　）

14.「不貪污錢財，不收受賄賂，保持清白」體現了會計職業道德內容中的廉潔自律。（　）

15. 提高技能是客觀公正、堅持準則的基礎，是參與管理的前提。（　）

16. 慎獨慎欲是培養會計職業道德修養的途徑之一。（　）

17. 會計職業道德具有很強的自律性。（　）

18. 違反會計職業道德只會受到輿論譴責。（　）

19. 會計人員應當保守單位的商業秘密，在緊急情況下可以洩露單位的會計信息。（　）

20. 會計職業道德是指在一定職業活動中應遵循的、體現一定職業特徵的、調整一定職業關係的職業行為準則和規範。（　）

四、案例分析題

（一）

某公司2015年工作中存在以下情況：

1.會計人員甲將工作中知悉的商業秘密告訴了自己的好朋友,導致公司損失200萬元。

2.會計人員乙努力學習理論知識,抓住公司經營管理中的薄弱環節,以強化成本核算和管理為突破口,將成本逐層分解至各部門實行過程控制,大大降低了成本,提高了經濟效益。

3.公司要向銀行貸款,要求會計人員丙做假帳,丙遵照辦理。

4.公司處理一批報廢汽車收入5.8萬元,公司領導要求不在公司收入帳上反應,指定會計人員丁另行保管,以便應酬所用,遭到丁的拒絕。公司將丁解聘。

5.公司為加強對會計人員的職業道德建設,組織了一次座談會。

要求:根據上述資料,回答下列問題。

(1)會計人員甲違反的會計職業道德的要求有(   )。
   A.愛崗敬業   B.誠實守信
   C.堅持準則   D.客觀公正

(2)會計人員乙堅持的會計職業道德的要求有(   )。
   A.愛崗敬業   B.參與管理
   C.提高技能   D.強化服務

(3)會計人員丙違反的會計職業道德的要求有(   )。
   A.愛崗敬業   B.誠實守信
   C.堅持準則   D.客觀公正

(4)關於公司解聘會計人員丁的說法中正確的有(   )。
   A.屬於公司正常行使人事權   B.構成對丁的打擊報復
   C.對丁應當給予經濟上的補償   D.對丁應當恢復其名譽、原有職務和級別

(5)下列關於公司座談會上的觀點中正確的有(   )。
   A.會計人員與其他單位財務人員交流隱瞞業務收入的做法屬於提高技能
   B.公司生產經營決策是領導的事,與會計人員無關,所以沒有必要參與,也沒有必要過問
   C.「常在河邊走,就是不濕鞋」,這句話體現了會計職業道德強化服務的要求
   D.出納人員向銀行工作人員請教辨別假鈔的技術符合會計職業道德提高技能的要求

(二)

2015年5月某商業銀行按照財政部要求,決定在全行系統展開《會計法》執行情況檢查。在檢查中發現該銀行下屬支行行長李某、副行長胡某、財會科長羅某利用聯行清算系統存在的漏洞,將C支行的資金劃轉到有李某等人控製的D企業名下,再從D企業的銀行帳戶劃轉到境外由李某等人控製的公司帳戶。經查實C支行負責清算業務的會計張某早就知道C支行幾年來在聯行系統中存在很不正常的巨額匯差,懷疑與王某等人有關,但考慮到李某是自己的直接領導,懾於李某的地位和權威,認為多一事不如少一事,便沒有聲張,聽之任之,直至案發。

要求:根據上述資料,回答下列問題。

(1)下列關於會計職業道德作用的表述中,正確的有(　　)。
　　A.會計職業道德是實現會計目標的重要保證
　　B.會計職業道德是規範會計行為的基礎
　　C.會計職業道德是對會計法律制度的重要補充
　　D.會計職業道德是提高會計人員素質的外在要求

(2)會計張某的行為違反的會計職業道德的要求有(　　)。
　　A.張某的行為違背了廉潔自律的會計職業道德要求
　　B.張某的行為違背了強化服務的會計職業道德要求
　　C.張某的行為違背了堅持準則的會計職業道德要求
　　D.張某的行為違背了客觀公正的會計職業道德要求

(3)公私分明、不貪不占體現的是(　　)的會計職業道德要求。
　　A.客觀公正　　　　　　　B.堅持準則
　　C.廉潔自律　　　　　　　D.誠實守信

(4)會計人員運用會計知識理論為單位決策層、政府部門、投資人等提供真實、可靠的會計信息體現的是(　　)的會計職業道德規範。
　　A.參與管理　　　　　　　B.誠實守信
　　C.提高技能　　　　　　　D.強化服務

(5)下列關於會計職業道德規範的表述中,不正確的是(　　)。
　　A.愛崗敬業是會計職業道德的基礎
　　B.誠實守信是會計職業道德的內在要求
　　C.廉潔自律是會計職業道德的精髓
　　D.客觀公正是會計職業道德的理想目標

國家圖書館出版品預行編目(CIP)資料

財經法規與會計職業道德 / 胥愛榮 主編. -- 第一版.
-- 臺北市：財經錢線文化出版：崧博發行, 2018.11
　面；　公分
ISBN 978-957-680-257-7(平裝)
1.財政法規 2.經濟法規 3.會計人員 4.中國
560.23　　　107018112

書　名：財經法規與會計職業道德
作　者：胥愛榮 主編
發行人：黃振庭
出版者：財經錢線文化事業有限公司
發行者：崧博出版事業有限公司
E-mail：sonbookservice@gmail.com
粉絲頁　　　　　　網　址：
地　址：台北市中正區延平南路六十一號五樓一室
8F.-815, No.61, Sec. 1, Chongqing S. Rd., Zhongzheng Dist., Taipei City 100, Taiwan (R.O.C.)
電　話：(02)2370-3310　傳　真：(02) 2370-3210
總經銷：紅螞蟻圖書有限公司
地　址：台北市內湖區舊宗路二段 121 巷 19 號
電　話：02-2795-3656　傳真：02-2795-4100　網址：
印　刷：京峯彩色印刷有限公司（京峰數位）

　本書版權為西南財經大學出版社所有授權崧博出版事業有限公司獨家發行電子書及繁體書繁體版。若有其他相關權利及授權需求請與本公司聯繫。

定價：450元
發行日期：2018 年 11 月第一版
◎ 本書以POD印製發行